教师教育系列教材

现代教育技术应用

陈云红　主　编

邓明华　田文汇　柯文燕　副主编

清华大学出版社

北 京

内 容 简 介

本书主要包括信息化教学环境与教师发展、文本处理技术、图像处理技术、音视频处理技术、动画制作技术、课件的设计与制作、微课的设计与制作、技术促进教育变革。

本书结合教师教育课程标准的相关要求，以培养高等师范院校教师教育专业学生的教育技术基础和应用技能为主要目标，不仅介绍了常用的信息技术知识，而且强调信息技术的教学应用，用浅显的道理说明信息技术的相关概念和操作使用，便于各师范专业学生学习。

图书在版编目(CIP)数据

现代教育技术应用/陈云红主编. —北京：清华大学出版社，2021.1（2022.8重印）
教师教育系列教材
ISBN 978-7-302-56763-9

Ⅰ．①现… Ⅱ．①陈… Ⅲ．①教育技术学—师资培训—教材 Ⅳ．①G40-057

中国版本图书馆 CIP 数据核字(2020)第 211859 号

责任编辑：陈冬梅
封面设计：刘孝琼
责任校对：王明明
责任印制：杨 艳

出版发行：清华大学出版社
　　　　　网　　　址：http://www.tup.com.cn, http://www.wqbook.com
　　　　　地　　　址：北京清华大学学研大厦 A 座　　　邮　　编：100084
　　　　　社 总 机：010-83470000　　　　　　　　　邮　　购：010-62786544
　　　　　投稿与读者服务：010-62776969, c-service@tup.tsinghua.edu.cn
　　　　　质量反馈：010-62772015, zhiliang@tup.tsinghua.edu.cn
　　　　　课件下载：http://www.tup.com.cn, 010-62791865
印 刷 者：北京富博印刷有限公司
装 订 者：北京市密云县京文制本装订厂
经　　销：全国新华书店
开　　本：185mm×260mm　　印　张：15.5　　字　数：377 千字
版　　次：2021 年 1 月第 1 版　　　　　　印　次：2022 年 8 月第 6 次印刷
定　　价：48.00 元

产品编号：087947-01

本书编委会

主　编：陈云红

副主编：邓明华　田文汇　柯文燕

编　委：(按姓氏笔画排列)

　　　　田文汇　邓明华　李书明

　　　　陈云红　柯文燕　徐海霞

　　　　程文山

前　言

本书从培养高等学校师范类专业学生教育技术基础知识和应用技能出发，根据地方院校师范生信息素养研究的初步结论，结合自身多年从事"现代教育技术"课程教学实践的感悟，总结编写而成，不仅介绍了常用的信息技术知识，而且强调信息技术的教学应用，用浅显的道理说明信息技术的相关概念和操作使用，便于各师范专业学生学习。

本书共分为 8 章。第 1 章讲述信息化教学环境与教师发展，介绍教育信息化的基本内容、常见信息化教学环境及信息化时代教师专业发展；第 2 章讲述文本处理技术，介绍了文本常用格式、获取方法以及文本的可视化表达方式；第 3 章讲述图像处理技术，介绍图像的获取方法、Photoshop 软件的基本操作和图像处理技术；第 4 章讲述音视频处理技术，介绍音频视频的基本知识，音频的录制、效果处理以及视频的获取技术；第 5 章讲述动画制作技术，介绍动画制作软件以及时间轴动画、交互动画的制作方法；第 6 章讲述课件的设计与制作，介绍课件的基本知识，重点介绍 PPT 课件的制作、放映和输出；第 7 章讲述微课的设计与制作，介绍微课特点及其开发的基本知识，着重介绍微课的编辑、字幕的添加和微课的输出方法；第 8 章讲述技术促进教育变革，介绍信息技术与课程融合、未来信息技术支撑的教学新模式以及信息技术支持的课程与技术平台的特点。

本书每个章节均配有学习目标、学习测评和学习资源，大部分章节有实践训练，内容全面、系统性强，图文并茂、层次清晰，案例结合实际教育应用。

本书是在李书明及田俊主编的《多媒体技术及教育应用》一书基础上，结合技术的发展和时代需要，进行了大幅修订。因为李书明和田俊教师的工作变动原因，本书调整为由陈云红主持编写和负责全书的修改定稿，并编写了一些主要章节，邓明华、田文汇、柯文燕、徐海霞、程文山、李书明等教师编写了主要章节，杨杏本、刘兴红、杨元华、潘敏、王晶晶、江国州、陈琦、向丹丹、曹双双、李丹丹等老师为本书的编写提出了宝贵的意见和建议，吴海英、田欣雨、赵亚如、张勉参与了本书的编写工作，湖北师范大学计算机与信息工程学院的领导给予了大力支持，在此一并表示衷心的感谢。

本书可作为高等学校师范类专业"现代教育技术"课程教材，也可作为各级各类教师继续教育课程教材，还可作为教育技术、信息技术教学与管理人员的参考读物。

由于作者水平有限，本书难免有不足之处，欢迎广大读者批评指正。

编　者

目　　录

第1章　信息化教学环境与教师发展 1

1.1　教育信息化 1
   1.1.1　信息时代的人才需求 1
   1.1.2　教育信息化的核心内涵 2
1.2　信息化教学环境 4
   1.2.1　信息化教学环境概述 4
   1.2.2　信息化教学环境的类型 5
1.3　信息化时代教师专业发展 16
   1.3.1　教育信息化背景下教师专业
        发展的内涵 17
   1.3.2　教育信息化背景下提高教师
        专业发展水平的途径 18
学习测评 20
学习资源 21

第2章　文本处理技术 22

2.1　文本的常用格式 22
2.2　文本的获取 23
2.3　文本的可视化 27
   2.3.1　思维导图 27
   2.3.2　词云 37
实践训练 39
学习测评 40
学习资源 40

第3章　图像处理技术 41

3.1　图像概述 41
   3.1.1　位图和矢量图 41
   3.1.2　图像的相关概念 42
   3.1.3　图像的常用格式 45
   3.1.4　图像应用于教学的优势 46
3.2　图像的获取 47
   3.2.1　利用扫描仪扫描 47
   3.2.2　利用手机 App 扫描 48
   3.2.3　利用相机拍摄 49

   3.2.4　通过网络下载 50
   3.2.5　使用屏幕截图 50
3.3　Photoshop 软件的基本操作 51
   3.3.1　软件介绍 51
   3.3.2　基本操作 55
3.4　图像处理技术 57
   3.4.1　剪裁与修复 57
   3.4.2　选择与图层 62
   3.4.3　色彩的调色 67
   3.4.4　通道与蒙版 73
   3.4.5　特效与滤镜 76
   3.4.6　批处理图片 78
实践训练 79
学习测评 80
学习资源 80

第4章　音视频处理技术 81

4.1　声音概述 81
   4.1.1　声音的相关属性 81
   4.1.2　音频的常用格式 82
   4.1.3　音频应用于教学的优势 84
4.2　音频的录制 85
   4.2.1　Audition 软件的介绍 85
   4.2.2　在波形编辑模式下录制 88
   4.2.3　在多轨合成模式下录制 91
4.3　音频的基本编辑 93
   4.3.1　添加与选择 93
   4.3.2　复制与剪辑 97
   4.3.3　拆分与编组 98
   4.3.4　移动与伸缩 99
   4.3.5　音频文件的输出 101
4.4　音频效果的处理 102
   4.4.1　音量调整和标准化 102
   4.4.2　延迟与回声 105
   4.4.3　降噪与修复 106

4.4.4 淡入与淡出 107
4.5 视频概述 109
4.5.1 视频的相关概念 109
4.5.2 视频的常用格式和视频格式
转换 110
4.5.3 视频应用于教学的优势 112
4.6 视频的获取 112
4.6.1 视频拍摄 113
4.6.2 屏幕录制 114
4.6.3 网络下载 115
实践训练 115
学习测评 116
学习资源 117

第 5 章 动画制作技术 118
5.1 动画概述 118
5.1.1 动画的原理 118
5.1.2 常用的动画制作软件 119
5.1.3 动画应用于教学的优势及
应注意的问题 120
5.2 Flash 软件的基本操作 121
5.2.1 软件介绍 121
5.2.2 构图基础 125
5.2.3 外部素材的导入 133
5.2.4 元件和实例 134
5.3 时间轴动画的制作 137
5.3.1 逐帧动画 137
5.3.2 补间形状动画 139
5.3.3 传统补间动画 140
5.3.4 补间动画 143
5.4 遮罩动画的制作 145
5.5 交互式动画的制作 147
实践训练 151
学习测评 152
学习资源 152

第 6 章 课件的设计与制作 153
6.1 课件概述 153
6.1.1 课件的特点与分类 153

6.1.2 课件的设计原则 154
6.2 课件的开发 156
6.2.1 课件的开发流程 156
6.2.2 常用的课件制作软件 157
6.3 PPT 课件的制作 160
6.3.1 设计母版 160
6.3.2 插入和修饰多媒体素材 161
6.3.3 设置动画 170
6.3.4 设置交互 173
6.4 PPT 课件的放映 175
6.5 PPT 课件的输出 178
实践训练 179
学习测评 180
学习资源 180

第 7 章 微课的设计与制作 181
7.1 微课概述 181
7.2 微课的开发 182
7.2.1 微课的开发流程 182
7.2.2 常用的微课制作软件 183
7.2.3 微课制作的注意事项 186
7.3 Camtasia 软件的基本操作 187
7.3.1 软件介绍 187
7.3.2 常用快捷键 188
7.3.3 录制屏幕 189
7.4 微课的编辑 192
7.4.1 导入素材 193
7.4.2 剪辑素材 194
7.4.3 添加注释 197
7.4.4 添加转场和动画 198
7.4.5 添加光标效果 202
7.4.6 添加音效与视觉效果 203
7.4.7 添加交互性 206
7.5 字幕的添加 208
7.6 微课的输出 211
实践训练 214
学习测评 215
学习资源 215

第 8 章　技术促进教育变革..............216

8.1　信息技术与课程融合.........................216

 8.1.1　信息技术与课程融合的含义
   和特征........................216

 8.1.2　信息技术与课程融合的
   原则........................219

 8.1.3　信息技术与课程融合的
   途径........................220

8.2　信息技术促进教学模式创新.............221

 8.2.1　人工智能与适应性教学.........221

 8.2.2　大数据与精准教学.................224

 8.2.3　虚拟现实与情境教学.............226

8.3　信息技术支持的课程与技术平台.....228

 8.3.1　促进优质教育资源的开放
   共享........................229

 8.3.2　促进线上教学的有效互动.....230

 8.3.3　促进组卷的智能化.................230

 8.3.4　促进学习评价的深度应用.....231

实践训练...233

学习测评...235

学习资源...235

参考文献..**236**

教育部先后发布了《教育信息化"十三五"规划》《教育信息化2.0行动计划》等文件，从建设"三通两平台工程"出发，到提出"深化应用、融合创新、推进现代教育技术与教育教学深度融合"等要求，旨在实现教育信息化从专用资源向大资源转变；从提升学生信息技术应用能力，向提升信息技术素养转变；从应用融合发展，向创新融合发展转变。通过构建一体化的"互联网+教育"大平台，实现教育信息化不仅仅停留在学习环境，更要嵌入学习系统。对师范院校大学生而言，我们要充分理解，在信息化教学环境下如何科学实现教师的专业发展。

第1章 信息化教学环境与教师发展

本章学习目标

➤ 了解国家教育信息化政策。
➤ 了解信息化教学环境的含义和特点。
➤ 结合自己所在学校的实际情况，了解并熟悉多媒体教学环境、网络教学环境和虚拟教学环境。
➤ 理解教师专业发展，掌握信息化时代教师专业发展的主要内容。

1.1 教育信息化

1.1.1 信息时代的人才需求

1. 人才需求快速变化

互联网、大数据、人工智能等技术快速发展，影响了各行各业的发展和变化，也深刻改变着人们的生产生活方式。各行各业对劳动者的知识、能力、素养要求发生了变化，人才观自然也发生了改变，从而导致工业时代建立起来的教育体系已经不能完全适应信息时代的人才培养要求，"教育究竟应该培养什么样的人"成为一个重大的现实课题。信息时代的公民应该具备数字化生存能力，能主动适应社会智能化发展，利用技术或工具为自己或他人服务。因此，信息素养、计算思维、沟通协作能力、复杂问题解决能力、人机协作能力等将成为信息时代人才最重要的核心素养和能力。

2. 人才竞争进一步加剧

改革开放以来，我国整体实力不断加强，各行各业取得了举世瞩目的成绩。面对科技进步日新月异、国际竞争日趋激烈的新形势，习近平总书记深刻指出："当今世界的综合国力竞争，说到底是人才竞争，人才越来越成为推动经济社会发展的战略性资源，教育的基础性、先导性、全局性地位和作用更加突显。"面对挑战，加速教育信息化发展，推进教育深层次、系统性变革，改革人才培养体系，刻不容缓。

1.1.2　教育信息化的核心内涵

《教育信息化 2.0 行动计划》是顺应新时代智能环境下教育发展的必然选择，是推进"互联网+教育"的具体实施计划，是充分激发信息技术革命性影响的关键举措，是加快实现教育现代化的有效途径。

在全国范围内，"互联网+医疗""互联网+金融""互联网+农业"等概念和创新应用层出不穷，效果频现。相较之而言，我们应思考如何加强"互联网+教育"。"互联网+教育"主要是指通过互联网的技术和手段，实现对现有教育的增强与优化，提高教育的公平、质量和效率，创造教育新业态。

1. 重构教育的要素

在推进"互联网+教育"的过程中，首先要强调的是全面转变人才培养理念，克服应试教育的思维和标准化培养模式的束缚以及弊端，坚持以学生的全面发展为中心，理论与实践结合、过程与结果并重、继承与创新兼顾、育人与成才并举，形成高水平的人才培养体系，提高教育对国民素质提升和国家经济增长的贡献率。

1)　构建人才培养新模式

人才培养目标的转变，亟须课程教学内容体系重构和教育教学模式的变革，使得创新思维和协作能力培养的内容得到加强，跨学科内容整合成为趋势。信息技术的发展能支持形成更加智能化、个性化的教与学环境，为学生提供更加个性化、定制化的学习方案，长期困扰教育教学的规模化与个性化的矛盾将有望得以有效解决，使得实施因材施教、个性化学习的新型教学组织方式成为常态。

2)　创新教育评价方式

融合了智能技术的教育系统将实现对教与学全过程的跟踪监测和无感式、伴随性的数据采集，实现基于大数据的多维度综合性智能化评价。通过对学生情感、态度、思维和行为等方面的综合分析，使得教学评价较之于传统，更加全面、立体和多元；通过建立教学质量监测系统，开发智能化评价工具，可以让老师、家长、同学等更多主体介入评价过程，有利于保障评价结果的科学性和有效性。

3)　提升教育治理水平

"云—网—端"模式的教育公共服务平台，可以使信息识别更精准、管理服务更聪慧、学校组织体系更灵活。同时，以管理信息化和智能化为支撑，可有效促进教育的管、办、评分离，提升教育公共服务水平，从而促进教育治理体系和治理能力的现代化。依托大数据、云计算、人工智能等信息技术，可以实现对各类教育教学系统全体系、全流程、全天候、全方位的动态监测，从而促进教育服务供给精准化、资源配置最优化、管理精细化和教育信息化环境安全有序。

4）　升级教师信息素养

信息技术在教育教学中的逐步融合应用，正在加快教师角色的转型步伐，大批教师将逐步从繁重的重复性脑力劳动和体力劳动中解放出来。未来的教学场景中，技术将承担更多知识传授方面的工作，教师的工作重心将更多转向学生能力培养、核心素养培育、心理干预和人格塑造等重要方面，教师的能力标准将被重新定义和完善，教师的职业要求将被全面更新，教师信息素养的要求将被提升到前所未有的重要地位。

2．构建教育新生态

教育变革需要从构建全社会参与的良好生态出发，建立学校与外部社会的协同机制，形成校内校外相互打通、资源高度共享、流程无缝衔接的教育新生态，这样才能利用信息技术为教师、学生、学校、课堂等全面赋能，促进教育治理体系整体变革。

1）　推进教育信息化的融合创新

联合国教科文组织将教育信息化进程分为"起步、应用、融合、创新"四个阶段。"教育+互联网"是对应于起步与应用阶段，此时信息化逐步在教育教学中得到普及和应用。"互联网+教育"则对应于融合应用与创新发展阶段，此时信息化将对教育产生深刻变革，且是一个长期的过程。推进"互联网+教育"的目的就是推动融合创新，达成体系变革。为此，教育信息化的发展将摆脱以技术应用为本位的发展思路，转而以促进教育创新作为出发点和落脚点。这种创新，将主要是基于技术的原始创新和集成创新，更为重要的是教育理念、教学模式、学习方式、评价机制、管理体制的创新。

2）　推动教育变革的持续发展

"互联网+教育"不是简单利用技术辅助教学，不是在教育系统的某个或某几个环节修修补补，而是利用"互联网+"的思维、模式和技术，对教育进行系统性重构。虽然经过多年的探索，信息技术对教育的革命性影响已初步显现，但总体发展水平依然不高。事实上，信息技术对教育的改变不是局部的，而是全方位、多层次、成体系的，信息技术在与教育的融合中将不断展现出变革教育的力量。

3．促进优质资源均衡化

教育部于 2020 年 3 月发布的《教育关于加强"三个课堂"应用的指导意见》中，强调积极推进"互联网+教育"发展，比如利用专递课堂，解决农村薄弱学校和教学点缺师少教、开不出开不足国家规定课程的问题；采用网上专门开课或同步上课、利用互联网按照教学进度推送适切的优质教育资源等形式，帮助其开齐开足国家规定课程，促进教育公平和均衡发展等；利用名师课堂解决教师教学能力不足、专业发展水平不高的问题；通过组建网络研修共同体，探索网络环境下教研活动的新形态，推动优秀教师带动普通教师专业发展，使名师资源得到更大范围共享，提升广大教师特别是薄弱学校教师的教研能力与教学素养；利用名校网络课堂应对缩小区域、城乡、校际之间教育质量差距的迫切需求；以优质学校为主体，通过网络学校、网络课程等形式，系统性、全方位地推动优质教育资源在区域或全国范围内共享，满足学生对个性化发展和高质量教育的需求等，促进教育教学资源在区域内乃至全国的均衡发展。

4．支撑教育现代化

教育信息化作为重要的引擎和驱动力，已经成为影响教育现代化进程的关键环节和核心要素。教育现代化的本质是要实现人的现代化，核心是教育思想和教育理念的现代化。教育现代化的进程，就是用现代信息技术持续不断变革教育的过程。《中国教育现代化2035》将"加快信息化时代教育变革"列入十大战略任务。总体来看，信息化已经逐步成为变革教育体系、提升教育品质的内生变量。全面推动信息技术与教育教学深度融合，促进结构重组、流程再造、文化重构，构建人本、开放、平等、可持续的教育新生态，建立数字化、网络化、智能化、个性化、终身化教育体系，以教育信息化支撑引领教育现代化，是新时代我国教育改革发展的战略选择。

教育现代化是国家现代化的重点内容，国家推进的教育现代化是信息时代的教育现代化，不是工业时代的教育现代化，更不是农耕时代的教育现代化，目标是要构建信息社会的现代化教育体系。加快推进教育信息化发展既是事关教育全局的战略选择，是信息时代教育改革发展的必由之路，也是破解教育热点难点问题的紧迫任务，是促进教育公平、提高教育质量、推动教育改革的有力抓手和有效手段。因此，我们可以说"没有教育信息化就没有教育现代化"，并且要"以教育信息化支撑引领教育现代化"。

1.2　信息化教学环境

"互联网+教育"模式下的教学环境跟传统的教学环境有着显著的区别，它更强调信息化的硬件的配置和能够服务于教学的软件。因此信息化的教学环境是新时代教育体系建设的重点，它能为信息化人才的培养提供基本物质保障。

1.2.1　信息化教学环境概述

1．信息化教学环境的含义

对教学过程中的主体和客体来说，教学环境是影响教学活动的各种情况和条件的总和，是一种场所，是各种教学资源和人际关系的组合，包括教学仪器、设备、教室内外等物理设施，还包括教育理念、教学氛围、行为习惯和规范、人际交往氛围和心理适应等人文环境。信息化教学环境是建立在多媒体计算机和互联网基础之上，结合现代教育理论并且能够服务于"互联网+教育"的新教学模式，是信息化教学活动展开的过程中赖以持续的情况和条件的总和。信息化教学环境有广义和狭义之分，广义上是指信息社会中与教育教学有关的各种要素的总和，狭义上是特指开展信息化教学的软硬件环境。

2．信息化教学环境的特点

信息化教学环境不仅为教师提供了现代化的教学手段，也改变了学生的学习方式。从教师的"教"和学生的"学"的角度出发，信息化教学环境具有以下几个基本特点。

1）　教学信息多媒体化

在信息化教学环境下，教学资源种类丰富，除文本信息外，还包括大量的非文本信息，如图形、图像、声音、视频和动画等。

2）　教学资源共享化

信息化教学环境下的教学资源可以通过网络实现快速、方便、高效的复制与共享。目前，很多中小学都已建立了教学资源库、教师集体备课的网络共享空间和课程的网络教学平台，这些教学硬件和软件的有机结合有效地推动了信息化教学资源的共建共享，提高了资源利用率。

3）　学习活动合作化

信息化教学环境为学生的学习活动提供了便利，同时也为学生和教师之间的互动交流提供了多种渠道和多种方式，学生在学习活动中可以随时进行师生、生生甚至与环境之间的沟通和交流。

4）　自主学习个性化

信息化教学环境下，各种新的技术和平台不断涌现，大数据、人工智能、物联网、虚拟现实技术等为个性化学习提供了条件，并能支撑各种新型的学习方式。

5）　教育时空立体化

信息化教学环境下，教学活动不再局限于课堂和学校，网络化教学空间可以让师生随时随地参与教学与互动。国家也大力推进网络学习空间的建设，每位学生都享有个性化、多元化、资源丰富的网络学习空间，以推动学生转变学习方式。

6）　教育管理自动化

在信息化教学环境下，通过利用各种过程感知和数据采集技术，实时动态获取信息，支持教育管理者和教师对教育教学进行自动化监控、自动化管理和智能化服务，提高教育教学管理效率。

1.2.2　信息化教学环境的类型

信息化教学环境集成了数字化教学内容与资源、媒体播放设备、学习终端、集成控制技术、网络通信技术、虚拟仿真技术等要素，支持教师的教和学生的学。常见的信息化教学环境有多媒体教室、计算机教室、网络教室、录播教室、智慧教室和虚拟现实教室。

1．多媒体教室

1）　认识多媒体教室

多媒体教室是将多种教学媒体集成在传统教室内，实现教学资源的播放、控制和管理，是开展多媒体组合教学活动的教学环境，起到辅助教师教学的作用。图 1-1 所示为典型的传统多媒体教室，是一般学校开展教学活动的主要场所。

图 1-1　传统多媒体教室

2) 多媒体教室的组成

传统多媒体教室由电子讲台、音响设备和投影设备组成，电子讲台取代传统教室里的讲台，是多媒体教室的核心，包括了多媒体计算机(PC，俗称教师机)、中央智能控制系统和音响调控设备，如图 1-2 所示。为减少技术操作失误和管理方便，一般会将相关设备放在电子讲台内部，桌面设置一个便于老师操作的控制面板，通过控制面板可以控制整个多媒体教室的设施和资源。一般的控制面板实行简单的一键操作，如按下上课按钮时，PC 启动，投影仪会自动打开，投影幕布也自动落下；当按下下课按钮时，计算机、投影仪会自动关闭，投影幕布也会自动上升。

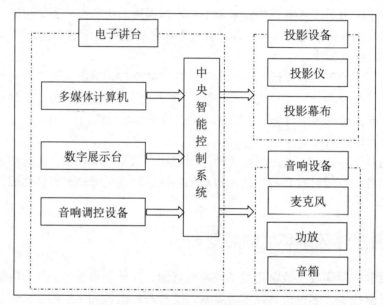

图 1-2　传统多媒体教室的组成

传统多媒体教室的各组成部分介绍如下。

(1)　中央智能控制系统。中央智能控制系统将多媒体教室中多种设备的控制集成在一个平台上，操作者通过直观的控制面板可以方便地实现设备的控制及信号的切换。

(2)　多媒体计算机。多媒体计算机是多媒体教室演示系统的核心，通过有线网或无线网方式连接网络，教学中用到的教学软件以及播放多媒体课件的软件都要由它运行。多媒体计算机的性能在很大程度上决定演示效果的质量。

(3)　数字展示台。数字展示台通过其他设备如高拍仪进行实物、照片、书本等实物资料的投影。展示台本身不具备显示功能，输出视频数字信号到投影仪，由投影仪投影到投影幕布上。

(4)　投影设备。投影设备由投影仪和投影幕布组成，投影仪与投影幕布配套使用。投影仪连接着多媒体计算机和数字展示台，它的作用是将数字信号输出成像，并在投影幕布上放大显示。

(5)　音响设备。音响设备包括麦克风(有线或无线)、功放和音箱，负责声音的输入、输出、放大和混合。

随着多媒体教学设备的更新换代，传统的多媒体教室也在不断改造升级，图 1-3 所示为在传统多媒体教室的基础上改造的新的多媒体教室。

图 1-3　改造的多媒体教室

用交互式电子白板或一体化触摸屏代替传统的多媒体教室中的幕布、投影设备甚至多媒体计算机。如在教室的正前方安装一体机，一体机的两边是两块黑板，这种配置在中小学的多媒体教室中较为常见。对于面积较大的教室，由于一体机自身屏幕尺寸大小的限制，会在教室中根据实际需要安装多台一体机，扩大显示范围，方便学生观看教学内容。

　　3)　多媒体教室的应用

多媒体教室主要的应用途径是课堂演示教学。教室中的多媒体设备主要用来辅助教师教学，教师利用多媒体设备将教学内容通过多种方式呈现给学生，在授课内容中合理增加丰富的图像、声音、视频等多媒体元素，创设特定的学习情景，将抽象的知识生动化。

2．计算机教室

1)　认识计算机教室

计算机教室又称为计算机机房，如图 1-4 所示，是以教师机为控制端、以学生机为终端、以局域网(有线、无线均可)为基础而组成的网络信息化教学环境。计算机教室的环境必须满足计算机等各种微电子设备对温度、湿度、洁净度、电磁场强度、消防、电源质量、防雷等的要求，因此，建设一间计算机教室造价较高，进入计算机教室学习要遵守计算机教室的使用制度。

图 1-4　计算机教室

2) 计算机教室的组成

计算机教室一般由一间主机房和一间辅助机房组成(见图 1-5)，主机房主要包括电子讲台、多台学生机(带耳机/话筒)、投影设备、音响设备和摄像头；辅助机房主要包括服务器和监控机。电子讲台、投影设备和音响设备的功能和多媒体教室中一样。这里只介绍电子讲台里的教师机，它和多媒体教室中的教师机有差别。

(1) 教师机。计算机机房的教师机除了安装教学中用到的教学软件以及播放多媒体课件的软件外，还要安装教师机作为控制端的广播教学软件。广播教学软件可以实现屏幕广播、班级管理、学生演示、监控转播、远程控制、屏幕录制、文件管理和系统锁定等功能。

(2) 学生机。学生机一般为普通计算机，除了安装上课中要用到的软件外，还会安装学生端的软件，和教师机端的广播软件配套使用，可以与教师机实现交互，如提交作业、提问、举手等。

(3) 服务器。服务器安装教学云平台，教师机和学生机均可通过网络访问该平台，根据教师和学生的角色不同，教师进入教师的虚拟机，学生进入学生的虚拟机。

(4) 监控主机。监控主机设在辅助机房，实时监控主机房情况，在主机房电源处设置遥控电源开关，可以通过监控主机控制遥控电源开关，若出现异常情况，可以远程切断电源。

(5) 摄像头。摄像头安装在主机房，其数量和安装位置根据计算机教室布局而定，尽量保证整个教室无死角全覆盖，实时监控主机房情况，并将主机房场景传送到监控主机。

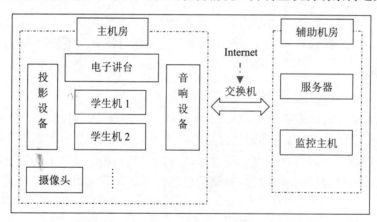

图 1-5 计算机教室的组成

3) 计算机教室的应用

计算机教室的应用主要有以下几种形式。

(1) 实验教学。计算机教室充分发挥计算机技术和网络技术的优势，主要应用于需要借助计算机完成一些操作性学习任务的实验课程，如信息技术课程。

(2) 在线测试与反馈。借助计算机机房的网络，学生可以在线完成测试，教师可以实时了解学生测试情况，及时调整教学进度。

3. 网络教室

1) 认识网络教室

网络教室是指教师借助直播平台，将学生组织到一起通过网络进行线上教学的平台。

图 1-6 所示为网络教室上课画面。

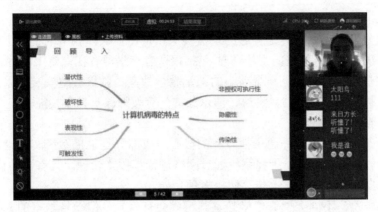

图 1-6 网络教室

2) 网络教室的组成

网络教室由教师端和学生端构成，教师端和学生端通过网络连接，借助直播平台，完成教学过程。网络教室的组成如图 1-7 所示。

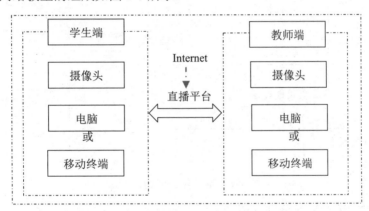

图 1-7 网络教室的组成

(1) 教师端。教师端包括教师上课用的电脑或移动终端、摄像头。电脑或移动终端上安装可用于直播教学的软件，用于直播教学的软件一般包括显示教学内容的窗口、教师人像画面窗口和讨论区。

(2) 学生端。学生端和教师端的硬件设备一样，不同的是学生端电脑或移动终端安装学生端上课用的软件。一般包括教学内容显示窗口、教师人像画面、学生人像画面窗口和讨论区。

3) 网络教室的应用

网络教室的应用具有以下功能。

(1) 随时随地的教学。网络教室使教学活动不再局限于课堂和学校，网络化教学空间可以让师生随时随地参与教学与互动，打破时间和空间的限制，打破教室容量的限制。

(2) 在线协作学习。在线协作学习中，教师主要的任务是引导和协助并组织不同学校、不同地区的学生在网络上协同工作，如分享数据、集体合作、撰写报告等，利用网络教室展示在线协作项目成果。

4．录播教室

1）认识录播教室

录播教室分为两类。一类是普通的录播教室，是在多媒体教室的基础上增加摄录像设备以及录播系统，可以将教室的现场情景(包括授课者和学习者在课堂上的行为)录制下来并播放。另一类是微格教室，是一个缩小的课堂教学教室。微格教室安装摄录像设备，用于训练师范生的教学语言、板书、讲解、演示和提问等教师课堂教学技能。

2）录播教室的组成

(1) 普通的录播教室。普通录播教室的核心组成部分是录播系统和摄录像设备，其他设备与多媒体教室配备相同。录播系统通过网络进行集控式管理，具有自动化录制、直播、点播、导播、自动跟踪和自动上传存储等多种功能。

(2) 微格教室。不同类型的微格教室其组成会有差异，但微格教室的主要组成单元包括多间微型教室、控制室和观摩室，如图 1-8 所示。

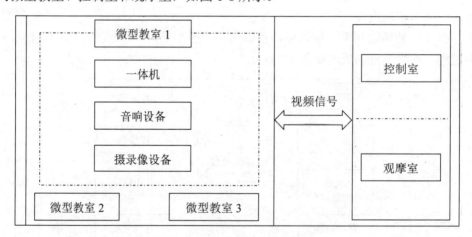

图 1-8　微格教室的组成单元

微格教室的各组成单元分别介绍如下。

① 微型教室。微型教室是缩小的课堂教学教室，是开展模拟训练的场所，又称为模拟教室。微型教室设有多间，硬件设备包括装有微格教学系统的一体机、音响设备和摄录像设备，用来拾取"模拟教师"的声音和教学活动形象。微格教学系统用来记录、重放教学过程录像，供师生下载并进行分析和评价。

② 控制室。控制室配置有电视特技机、录像控制系统、监视系统、调音台、录制系统、信号切换分配系统等。每间微型教室有"模拟教师"和"模拟学生"教学活动两路视频信号，经电视特技机控制，一路送到录像机进行录像，另一路经视频分配器把教学实况信号直接送到观摩室，供同步评述分析。

③ 观摩室。观摩室配备有多台显示设备，可以将控制室中的视频信号送到显示设备上，既可实时同步播放微型教室中"模拟教师"和"模拟学生"的教学实况，供指导教师现场评述，学生观摩分析，也可以作为班级教学实况摄像的场所。

3）录播教室的应用

(1) 普通的录播教室的应用。普通的录播教室主要有以下几种应用情形。

① 教学研讨。通过录播教室可以实现课程实时录制，教师之间可以互相学习，相互评课，相互借鉴，有助于教师之间进行教学研讨。

② 课程录制。录播教室可以实现自动化精准跟踪、切换，不会影响到老师的教学进度，在正常课堂教学中即可完成高品质课程的录制。录制的视频还可以用于在线课程建设。

③ 课堂反思。在录播教室录制一节课对教师教学能力促进非常大。首先，从备课到上课都经过了精心设计和调整。其次，课后通过反复观看视频，可以从整体到细节清楚地看到自己的教学设计、教学行为和教学效果，获得全面的自我反馈信息，便于自己有针对性地进行改进和总结，快速提升自己的教学水平。

④ 远程教育。录播系统具有自动化录制、直播、点播等功能。在远程教学中可以直播课程，可以共享优质教学资源。

(2) 微格教室的应用。微格教室的应用主要有以下几种情形。

① 师范生的教学技能训练。教师课堂教学基本技能包括导入教学技能、应变教学技能、讲解教学技能、板书板画教学技能、媒体演示操作教学技能、提问教学技能、反馈强化教学技能、归纳总结教学技能、课堂组织教学技能等，微格教室可用于训练这些技能。

② 教学观摩。教学观摩是师生开展教学经验与技巧交流的一种有效方式。师范生在进行模拟教学之前，指导教师在观摩室进行示范讲解，分析典型课例，组织学生观看优秀课堂教学录像，给学生提供示范。

③ 反馈评价。在微格教室中，教师借助摄像监控系统可以实时掌握每一组学生的训练状况，学生在完成模拟教学训练后，通过观看自己的模拟教学视频，进行自我纠正和评价。

5. 智慧教室

1) 认识智慧教室

智慧教室，又称未来教室，它是基于新型硬件设备和与之配套的软件程序构建起来的新型教室，如图 1-9 所示。和传统教室有很大区别，课桌一般是由便于开展小组学习或自主探究式学习的，可以自由组合、可移动课桌组成；除讲台外，教室四周也安装了互动设备，如触控投影一体机。除此以外，智慧教室拥有强大的硬件系统和软件系统，能使教学内容智慧化呈现、学习资源泛在获取、课堂交互立体多样、现实学习空间和网络学习空间相互融通、学生主体作用和教师主导作用充分发挥。

图 1-9 智慧教室

2) 智慧教室的组成

随着技术的发展，智慧教室的功能和实施设备会不断变化和发展，中小学常见的智慧教室通常由以下基本部分组成：教学系统、LED 显示系统、人员考勤系统、资产管理系统、灯光控制系统、空调控制系统、门窗监视系统、通风换气系统和视频监控系统，如图 1-10 所示。

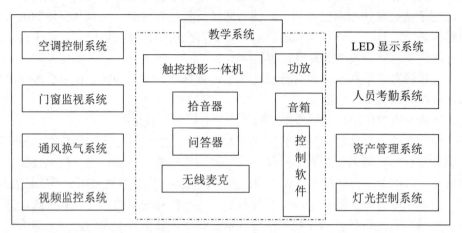

图 1-10 智慧教室的组成

智慧教室的各组成部分介绍如下。

(1) 教学系统。教学系统由内置电子白板功能的触控投影一体机、功放、音箱、无线麦克、拾音器、问答器和配套控制软件构成。使用内置电子白板功能的触控投影机代替传统的黑板和投影幕布，在每个桌位上配置问答器，实现师生交互式课堂教学。三面墙的一体机可用于学生小组讨论。

(2) LED 显示系统。LED 显示系统由 LED 面板拼接而成，一般安装在教室触控投影一体机顶部，用于显示正在上课的课程名称、专业班级、任课教师、到课率，还可以显示教室内各传感器采集的环境数据，如室内温湿度、光照度、二氧化碳浓度等。

(3) 人员考勤系统。人员考勤系统由 RFID 考勤机、考勤卡和配套控制软件构成。在教室前后门各安装一个 RFID 考勤机，采用 RFID 标签(校园一卡通)对学生进行考勤统计，对进入教室的人员进行身份识别，对合法用户进行考勤统计，对非法用户进行警告(注：RFID 是英文 Radio Frequency Identification 的缩写，对应的中文是射频识别)。通过控制软件可以远程对考勤情况进行监控、统计，还可以打印存档。

(4) 资产管理系统。资产管理系统由超高频 RFID 读卡器、纸质标签、抗金属标签和配套控制软件构成。在教室前后门各安装一个超高频读卡器，对教室内的实验仪器、设备等资产(贴有 RFID 标签，标签上存储有设备的详细信息)进行出入教室的监控与管理，对未授权用户把教室内资产带出教室，会发出报警信息，方便设备管理人员对教室设备的统一管理。

(5) 灯光控制系统。灯光控制系统由灯光控制器、光照传感器、人体传感器、窗帘控制系统和配套控制软件构成。通过人体传感器来判断教室内是否有人，若教室内无人，灯光控制器控制教室内所有灯关闭，窗帘控制系统控制窗帘闭合。光照传感器自动检测教室内光照强度，根据光照强度，灯光控制系统可以控制灯光亮暗。

(6) 空调控制系统。空调控制系统由中央空调电源控制器、温湿度传感器和配套控制软件构成。通过温湿度传感器监测室内温湿度。通过分析数据，根据软件预设最高门限值和最低门限值，当室内温湿度高于最高门限值时自动开启空调，当室内温湿度低于最低门限值时自动关闭空调，实现室内温湿度的自动控制。

(7) 门窗监控系统。门窗监控系统由窗户门磁模块及配套软件组成。窗户门磁模块用于检测门和窗户的开关状态，并将状态信息及时上传至服务器，可以远程实施对窗户和门的自动监视，如遇异常情况及时报警。

(8) 通风换气系统。通风换气系统由抽风机、二氧化碳传感器和配套监控软件构成。通过二氧化碳传感器监测室内的二氧化碳浓度，通过分析数据，根据软件预设二氧化碳浓度门限值，当室内二氧化碳浓度高于预设门限值时自动开启抽风机来进行换气，通过补充室外空气来降低室内的二氧化碳浓度。

(9) 视频监控系统。视频监控系统由无线摄像头和配套监控软件构成。在教室前后门口各安装一个无线摄像头监控人员出入和资产的出入库情况，在教室内安装一个无线摄像头监控教室内部实时情况，所采集的影像经由远端射频单元传送至终端管理电脑，提供实时的监控数据，可为安防系统、资产出入库、人员出入情况提供查询依据。

3) 智慧教室的应用

智慧教室的应用主要有以下几种情形。

(1) 基于数据的教学。传统课堂主要依靠教师的个人教学经验对课堂上学生的学习行为进行判断和制定教学策略。智慧教室可以对学生的学习行为进行采集，通过数据挖掘与分析，并用直观的数据方便教师了解学生对知识掌握的水平，支持教师的教和学生的学。同时，智慧教室要求教师要有较强驾驭教学的能力，根据教学进程中出现的新情况，能够及时调整课前的教学设计，优化和改进课堂教学进程。

(2) 个性化的教学。通过对课前预习测评和课中随堂测验的分析，准确把握每个学习者掌握知识的状况，实现对学生的个性化学习能力的评估，使老师对每一位学生的认知度更清晰，有针对性地制定教学方案和辅导策略，推送个性化的学习资料，制作针对个人的"微课"，真正实现以学生为中心的"一对一"的个性化教学服务。

(3) 合作探究式小组教学。智慧教室扇形或环形可移动课桌的设计，以及教室四周的触控设备都为开展合作探究式小组教学提供了条件。采取小组协商讨论、合作探究的学习方式帮助有相同学习需求和兴趣的学习者自动形成学习共同体，就某个问题开展深入的互动交流，有利于所学知识的意义建构，更能激发学生的学习兴趣，实现以教师"教"为主的课堂向以学生"学"为主的课堂转变。

6. 虚拟现实教室

1) 认识虚拟现实教室

虚拟现实(virtual reality, VR)技术，又称灵境技术，是以计算机技术为核心，综合了计算机图形学、仿真技术、多媒体技术、计算机网络技术、传感器技术、光学技术和人工智能技术等现代高科技技术，生成的一个集听觉、视觉、触觉、嗅觉和味觉等感官模拟的虚拟环境，用户借助多种设备在这个多维空间内与虚拟环境中的对象进行交互，从而得到身临其境的感受和体验。沉浸性、交互性和构想性是虚拟现实技术的三大特征。

虚拟现实教室是虚拟现实技术在教育领域的应用，基于虚拟现实技术打造的虚拟现实教室如图 1-11 所示。借助设备，可以让学习者沉浸到虚拟学习空间，脱离现有的真实环境，获得与真实世界相同或相似的感知，产生身临其境的感受，并通过相关交互式虚拟化学习，提高感性和理性认识，深化概念和萌发新的联想。

图 1-11　虚拟现实教室

2)　虚拟现实教室的组成

虚拟现实教室主要包括 VR 硬件、VR 课程资源和 VR 软件(见图 1-12)，分别介绍如下。

(1)　VR 硬件。虚拟现实教室的硬件包括教师端设备、学生端设备以及通信处理控制设备。教师端设备主要包含视频采集设备、声音采集设备、立体显示设备、调用教具控制设备等。学生端设备主要包括 VR 头盔显示设备和 VR 手持设备。通信处理控制设备负责整个教室各个设备的协调工作。

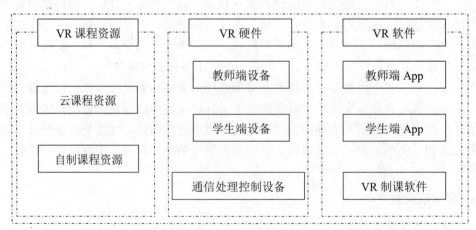

图 1-12　虚拟现实教室的组成

(2)　VR 课程资源。VR 课程资源包括云课程资源和自制课程资源。典型的和通用的课程资源，有些公司会提供下载，自制课程资源是教师根据自己课程需要，使用 VR 制课软件开发的课程资源。

(3) VR 软件。VR 软件包括教师端 App、学生端 App 和 VR 制课软件。教师端 App 是教师的教学和管理工具，学生端 App 是学生学习的助手，VR 制课软件是教师开发 VR 课件的工具。

3) 虚拟现实教室的应用

虚拟现实教室的应用主要有以下几种类型。

(1) 思政教育类。思政教育类虚拟现实教室可供完成参观体验活动和实践育人任务，使用虚拟现实技术再现各种有教育意义的景点或展馆，如将全国著名的红色景点及爱国主义教育基地做成课程资源，展示各个时期的历史瞬间，戴上 VR 眼镜，手持 VR 手柄，珍贵史料、革命圣地一览无遗，让学生瞬间身临其境，受到感染。图 1-13 所示为某高校马克思主义学院的 VR 实践实训室。

图 1-13　思政教育类虚拟现实教室

(2) 实验实训类。实验实训类虚拟现实教室(见图 1-14)结合 VR 互动、3D 演示以及电脑操作来辅助传统的实验室教学，教师使用 VR 设备进行交互演示，学生们戴上 3D 眼镜通过 3D 大屏进行实验观察，通过 VR 设备或使用电脑操作实验和学习。目前实验实训类虚拟现实教室主要涵盖小学科学、初中物理、初中化学、初中生物、高中物理、高中化学、高中生物等科目。

图 1-14　实验实训类虚拟现实教室

(3) 创客教育类。创客教育类虚拟现实教室让学生能在 VR 空间中制作 3D 立体作品，并连接 3D 打印机打印成实物，还可以将打印出的作品进行上色等二次创作。学生可以分组共享一台 VR 设备，共同完成项目，培养合作精神，以实现创客教育培养目标。创客教育类虚拟现实教室如图 1-15 所示。

图 1-15　创客教育类虚拟现实教室

(4) 英语教学类。英语教学类虚拟现实教室(见图 1-16)主要功能有 AI 语音评测、AI 语音纠错等，语音评测数据可以通过 App 微信小程序读取。在虚拟空间，犹如和真人外教一样面对面练习口语。

图 1-16　英语教学类虚拟现实教室

1.3　信息化时代教师专业发展

教育信息化涉及基础设施建设、数字资源建设与应用、软硬件运营维护、教师专业发展、教与学方法的变革等多个方面。在这一项复杂的系统工程中，以教师为代表的"人"的信息素养与能力发展是教育信息化建设与发展的基础和核心。因此，无论从宏观的国家战略还是从微观的教学应用层面来看，教师专业发展直接决定着教育改革成败与信息化教学发展水平。

1.3.1 教育信息化背景下教师专业发展的内涵

教师是一个特殊化的职业，具有从事教育教学工作的"专业理念"和"专业知识"以及"专业能力"。教师专业发展是教师的专业成长或教师内在专业结构不断更新、演进和丰富的过程，面向信息化的教师专业发展主要指在教育信息化的进程中，借助信息技术，特别是以技术作为内容、环境、途径、手段和方法，促进教师不断完善专业知识、教学技能和职业态度等方面系统的、动态的过程，帮助教师适应信息化教学、提高专业素养、提升教育教学质量。其内涵包括基本的信息素养、借助技术支持学生学习的知识和能力、利用技术提升自身的专业实践的知识和能力。

1. 基本的信息素养

基本的信息素养是信息时代每个公民的基本素质。教师这种特殊职业，需要具有专业的理念和人文、科学的精神，以及丰富的专业能力和专业智慧、系统的学科专业知识、坚实的教育专业知识。适应信息时代教学模式的教师，应该能借助技术明确信息需求、准确识别并选取资源、提取并加工信息、展示并评价信息、提升思维能力。

2. 借助技术支持学生学习的知识和能力

理论和经验都表明，教师的专业能力和水平与学生的发展之间有着密切关系，他们影响着学生的发展水平，而表征教师专业能力和水平的很重要因素，体现在支持学生的学。在信息化时代，教师要有效支持学生的学，需要掌握和提高充分利用技术支持学生学习的信息化教学设计、实施的专业知识和技能。信息化教学设计要充分利用数字化、网络化和智能化的教学资源系统，调动学生的兴趣潜能，在意义丰富的学习情境中，开展基于问题、基于项目、基于合作和基于研究的学习活动，建构并学会知识，合理解决现实的问题。

3. 利用技术提升自身的专业实践的知识和能力

教育信息化注定将带动教育、师生关系、组织管理乃至教育运行模式和机制在各个层面的革新，这种革新影响与日俱增，也对教师专业发展提出了新的要求。未来社会人才的需求倒逼教学内容的现代化，外部挑战越来越大，人与机器开始竞争与合作，面对教育信息化这全新的时代给予的机遇与挑战，教师这个职业正被赋予新的要求。教师必须掌握利用技术提升自身专业实践的知识和能力，如构建学科资源库、课程规划、评价学生、联系家长、教研交流等。具体来讲，以下 6 项信息化知识和能力，将会成为未来教师新职业能力的组成部分。

1) 数字化学习能力

教师个人的知识实质性地主导着教师的教育教学实践，是教师专业发展的根基。传统的方式已经不能适应知识迭代更新的速度，亦无法承载其近乎爆炸的海量内容。信息时代教师的知识结构不仅包括学科专业知识，还包括教育学知识、心理学知识、学科教学法知识、教学管理知识以及教研教改知识等，运用信息技术开展学习和基于技术的知识管理，将成为教师与时代同行、并持续优化自身知识结构的重要能力。

2) 网络研修和社群协作的能力

网络研修具有时间的自由性、空间的开放性、形式的多样性、交流的便捷性、资源的共享性、资料留存查阅的便捷性等诸多优点，开展基于网络的备课与研修，进行资源传递、知识分享与思想交流，将帮助教师从个体劳动走向群体联合与协同，这种能力往往能帮助教师解决传统教研不能及时解决的问题，使得研修更有效、更深入，能促进教师获得职业认同感、意识到专业的价值，更能促进教师专业化的快速成长。

3) 课程设计与开发能力

信息化时代将更加强调数字化教学设计与课程开发的能力。"互联网+"时代的混合式教学，学习的本质与内涵已经发生了变化，学生不仅需要共性的标准化的知识习得，更追求个性化知识与创造性知识的自我建构与生成。在这一过程中，如何给予学习者清晰的学习引导？如何合理地利用好新技术？如何组织教学过程？如何引导学生运用所学知识去解决真实世界中的问题？如何帮助学生建立知识间的关联？这一系列相关问题所指向的核心，正是新时期的信息化教学设计需要面对的问题。课程的设计与开发能力实际上是以教师自身所拥有的教学经验、工作经验和对社会的感知，重新对课程体系、课程结构与内容、课程评价与教学方法进行设计的一种能力，是教师一般能力(以课程实施为主)和特殊能力(以课程设计为主)的综合体现。

4) 混合式教学能力

"互联网+"时代的混合式学习赋予了学习新的内涵，学习由共性的标准化知识的习得转变为个性化知识的自主建构与创造性知识的生成。教师作为学习促进者在混合式学习过程中扮演学生学习的引导者、促进者、激励者，在学生自主或小组协作开展问题解决或任务探究的过程中从旁协助，为学生的学习搭建支架。在混合式教学中，教师需要掌握混合式教学能力，根据实际设计线上与线下学习活动。

5) 数据分析与数字化评价能力

信息化教学活动具体形态的多样性带来了评价方式的多样性，如量规、评价包、电子作品集、学习者学习行为轨迹等。如同医生手中的 X 光片和 CT 报告单，基于大数据的可视化报表将越来越多地呈现在教师面前，教师需要通过数据分析与数字化评价，了解学习如何和何时发生，分析学习者与技术的交互如何影响个人学习，模型算法和关联规则的建立和优化学习过程分析，以此为依据有效地开展诊断和评价，实现高效课堂、高效教学。

6) 人机协同的意识和能力

传统的教学中，一个教师常需面对几十个学生，没有技术的支撑，想要精确了解学生的特征是很困难的，没有人工智能的支持，要想实施因人而异的个性化教学也不可能。进入人工智能时代，在全面采集、分析学生学习过程数据的基础上，人机协同既可以实现群体班级的规模化支持，也可以实现适应每个个体发展的个性化教学。在未来人工智能时代，教育将进入教师与人工智能协作共存的时代，教师与人工智能将发挥各自的优势，协同实现个性化的教育、包容的教育、公平的教育与终身的教育，促进学生的全面发展。可见，人机协同以及人通过机器与他人合作的能力将成为未来教师一项更为重要的能力。

1.3.2 教育信息化背景下提高教师专业发展水平的途径

教育信息化背景下提高教师专业发展水平的途径具体如下。

1. 转变教学观念，提高教师信息化教学领导力

教师作为信息化教学的实践者，对信息化教学活动具有直接、具体的领导力，教师信息化领导力涉及教师信息化教学理念(对技术的认识与使用态度)、信息化教学规划与管理、信息化教学的组织实施和应用评价等多方面。这就需要教师及时转变教学观念，不断增强信息化教学目标的规划力、信息化教学课程的开发力、信息化教学资源的建设力、信息化教学组织的执行力、信息化教学绩效的评价力等，切实提高教师信息化教学领导力。

在教育信息化过程中，每一位教师要改变传统教学模式中知识传授者和灌输者的角色，不仅要时刻关注学科教学资源的更新、新技术在教学中的发展应用，更要成为信息化学习的设计者与组织者，学会进行信息化教学设计、开发、实施、管理和评价，真正成为学生自主、合作学习的指导者和个性化学习课程的开发者。教师要完成由以教师的"教"为中心转变为以学生的"学"为中心，激发学生主体积极性；由单纯的知识学习转变为知识与能力综合性发展；由单一的课堂学习转变为在线的混合式等多种方式学习。教学过程中充分利用技术，引导学生在意义丰富的情境中主动建构知识，关注每个学生的学习状态，真正实现个性化指导，提高教育教学质量。

教师要主动关注新媒体新技术的发展趋势，不断更新知识体系和能力结构，应用并借助信息技术大胆地进行学科信息化教学改革试验，甄别新技术应用优势与适用范围，提高信息化教学应用能力，充分利用信息技术创新专业发展的良好氛围，紧跟信息时代的发展步伐，提高教育教学工作效率。

2. 积极参与培训，提升教师信息化教学应用能力

培训是教师专业成长的有效途径。通过积极参与各级学科专家、信息技术专家、名师、骨干教师及优质课获奖教师等的经验交流和培训活动，解决基于信息化环境下教师自主备课、平台晒课、在线评课和开展基于网络空间的教学研究等方面存在的困惑与问题，主动将信息技术平台和学科优质教学资源融入自己的日常教学实践。要注重理论与实践相结合，提升自身信息化教学应用能力，不仅要学习教学理论，还需要关注信息技术与自己所从事学科融合的案例分析，将理论知识学习、技术实践操作和案例引导结合起来，通过同伴协作学习、项目参与式活动、教学案例分析及教学情景训练等，切实去领悟和感受信息技术对变革教学的作用。

3. 构建实践共同体，拓展教师信息化教研时空

在教育信息化背景下，构建基于网络的教师实践共同体至关重要。教育部在基础教育领域中开展的"一师一优课、一课一名师"活动便是基于国家教育资源公共服务平台的"晒课"频道，实现跨区域、跨时空的晒课、观摩、点评和教研活动，积极引导着全国的学科教师、各级教研员、技术支持人员及管理者等参与构建"优课"活动的实践共同体。教师通过充分利用资源平台汇集的学科优质教学资源和优秀教师的教学案例，学习、模仿并尝试开展各学科的信息化教学，参与或组织主题鲜明的在线网络教研，实现与全国名师和专家面对面互动交流，在平等的对话、经验的分享和团队协作中不仅可以获得最前沿的教育思想和技术，更唤醒了专业发展的自觉性，增强了探索的成就感，有助于教育智慧的形成和教师专业发展的提升。

4. 优化发展环境，增添教师专业发展新动力

教育信息化背景下促进教师专业发展，需要优化发展环境，包括组织文化、教研文化、分配机制和投入机制等因素，通过协同推进，增添教师专业发展新动力。除提供教师开展信息化教学的软硬件技术条件的支持，保证信息化教学应用基础设施可持续发展外，还要构建汇聚专家、教师、资源和教学工具等全方位的交流共享平台，提供专业的支撑；同时要建立相应的评价机制与激励机制，将信息技术支持的教师专业发展项目评估纳入教育督导范围，激发教师专业发展内驱力，为信息化背景下教师专业发展创设良好的发展环境。

教育信息化是信息时代的必然要求，广大师范生要主动适应这种变化，掌握现代信息技术，提高信息技术应用能力，自觉加强自身的学习，合理利用信息技术，提高教学、科研能力，更快更好地融入新时代的教育体系。

（1）什么是信息化教学环境？信息化教学环境下教师的"教"和学生的"学"会发生哪些变化？

（2）典型的信息化教学环境类型包括哪些？

（3）未来信息化教学环境会发生怎样的变化？给出你的看法。

（4）什么是教师专业发展？如何理解信息化环境下的教师专业发展？

 学习资源

(1) 中国大学MOOC.河南大学.现代教育技术应用.https://www.icourse163.org/.
(2) 中国大学MOOC.陕西师范大学.现代教育技术应用.https://www.icourse163.org/.

常见的多媒体素材包括文本、图形/图像、声音、视频和动画等。文本是多媒体最基本的组成要素，使用频率最高，具有编码简单、易于处理、存储空间小、形式丰富等特点。文本可以起到提纲挈领、强调、提醒等作用，掌握文本的可视化表达是教师必备的一项基本技能。

第 2 章　文本处理技术

本章学习目标

➤ 熟悉文本的常用格式。
➤ 能够使用多种方式获取文本。
➤ 能够理解思维导图的教学应用。
➤ 能够使用一款思维导图软件进行思维导图的绘制和导出。
➤ 能够使用一款词云软件进行词云图的制作和导出。

2.1　文本的常用格式

在各种媒体素材中，文本素材是最基本的素材，其常用的文本文件格式有以下几类。

1. TXT 格式

TXT 是微软在操作系统上附带的一种文本格式，是最常见的文件格式，主要用于保存文本信息。TXT 格式的文件除了换行和回车外，没有任何有关文字颜色、字体、大小等格式化信息。TXT 格式并没有明确的定义，它通常是指那些能够被系统终端或者简单的文本编辑器接受的格式。TXT 文件是通用的、跨平台的，任何能读取文字的程序都能读取带有.txt 扩展名的文件。

2. DOCX 格式

DOCX 是 Microsoft Office 系列软件中的 Word 生成的文档格式。Word 软件主要侧重于文档的编辑、排版，可以包含不同的字符格式和段落格式，还可以进行图文混排，是最常用和应用最广泛的办公用文字处理工具。在 Word 软件中，通常默认保存的文档扩展名为.docx。使用"文件"菜单中的"另存为"命令，还可以将 docx 格式转换为其他格式的文档，如图 2-1 所示。

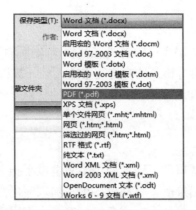

图 2-1 Word 中"另存为"的保存类型

3．WPS 格式

WPS 是国内金山公司 WPS Office 系列的文档格式，通常只在 WPS 编辑软件中使用，具有兼容性好、免费、体积小等特点。在 WPS 软件中，使用"文件"菜单中的"另存为"命令，可以将 WPS 格式文档转换为 Word 文档。

4．PDF 格式

PDF(Portable Document Format)是便携文档格式的英文缩写，是由 Adobe 公司开发的独特的跨平台文件格式。PDF 是一种专门用于阅读和打印的文档格式，无论在什么系统打开 PDF 文档，它都可以保持一致的格式和色彩，所以 PDF 文档一般来说是不支持编辑和修改的。目前越来越多的电子图书、产品说明、公司文告、网络资料、电子邮件等使用 PDF 格式文件，PDF 格式文件已成为数字化信息市场上的一个工业标准。

5．CAJ 格式

CAJ(China Academic Journals)是中国学术期刊全文数据库的英文缩写，是一种同 PDF 文件类似的文件格式，网络上的许多电子图书文献均使用这种格式，例如中国学术期刊全文数据库中的文档大部分都是 CAJ 格式，该类型的文档一般用 CAJ 全文浏览器阅读。CAJ 全文浏览器还支持 NH、KDH 和 PDF 等格式文件阅读，可配合网上原文的阅读，也可以阅读下载后的中国期刊网全文，并且它的打印效果与原版的效果一致。

6．PDG 格式

PDG 是超星数字图书的格式，它是作为一种专用技术产生的格式，该类型的文档一般用超星阅读器打开。超星阅读器是超星公司提供给用户专门阅读 PDG 文件的软件，支持下载图书离线阅读，并支持其他图书资料导入阅读，支持的图书资料有 PDG、PDZ、PDZX、PDF、HTM、HTML、TXT 等多种常用格式，同时还可用于编辑制作 PDG 格式文件。

2.2　文本的获取

文本获取的方法很多，常见的有键盘输入、手写输入、语音输入、文字识别、从网页中复制或下载等。

1．键盘输入

键盘输入是通过计算机的键盘、移动设备的软键盘进行文本录入的一种方式。这种方式使用如五笔输入法、微软拼音输入法等将文字输入到计算机或移动设备中，利用 Word、WPS、记事本等文本编辑软件进行编辑。键盘输入的优点是不需要附加其他录入设备，缺点是费时费力。

2．手写输入

手写输入是在手写设备或屏幕上通过专用手写笔或手指书写完成的一种输入方式。计算机手写设备有手写板、触摸屏等，移动设备手写输入应用更为广泛。手写输入的优点是录入者不用掌握汉字输入法，只要会写字即可，符合人们用笔写字的习惯；缺点是录入速度慢，只适合少量文本的输入。

3．语音输入

语音输入是在专业软件支撑的基础上，将话筒输入到计算机或移动设备的声音转换成文字的一种输入方法。其优点是录入者将语音转换成文本自然、方便，不需要学习汉字输入法，录入速度快；缺点是语音识别率受话筒质量、录入者的普通话标准程度等因素的影响。常用的语音输入法有讯飞输入法、讯飞随身译、微信语音识别文字、讯飞语记等。

1) 讯飞输入法

讯飞输入法是由科大讯飞推出的一款语音输入软件，目前除了支持普通话外，可以支持包括湖南话(长沙)、粤语、宁夏话、云南话(昆明)、东北话、甘肃话、合肥话等20多种方言，还可以支持藏语、维语等民族语言以及英语、韩语等 4 种外国语言，讯飞输入法还支持多达 7 种便捷的随身译方式，如图2-2所示。

图 2-2　讯飞输入法的识别模式

2) 讯飞随身译(微信公众号)

讯飞随身译的翻译模式目前支持中英、英中、中日、日中、中韩等翻译，同时出现文字和语音，实现无障碍交流，如图2-3所示。

3) 微信语音识别文字

微信聊天记录中的语音，有时需要转换为文字，可以长按语音，选择"转换为文字(仅普通话)"，普通话越标准，识别率越高，如图2-4所示。

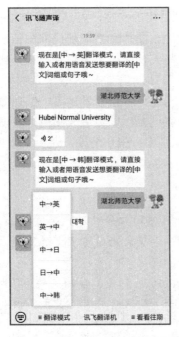

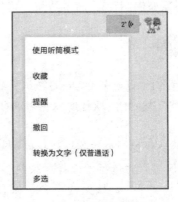

图 2-3　讯飞随身译翻译模式　　　　图 2-4　微信语音识别文字

4)　讯飞语记(App)

讯飞语记是一款语音输入的综合类云笔记,支持实时语音听写、会议录音转写、拍照识别、图文编排、智能任务提醒等功能,是写文章、写日记、记者采访、会议记录、课堂笔记、记事的 App。

(1)　说话变文字输入。支持普通话、英语、粤语等十多种语言输入,准确率高达 98%。VIP 可使用长时间语音输入转文字。

(2)　录音速记识别。支持识别文字同时保留录音;网络不佳的情况下可稍后重新识别,不需重复录音。

(3)　导入外部音频转写文字。对录音笔、手机里的音频文件,可以导入讯飞语记中转为文字,1 小时的音频可以在 5 分钟快速转换为文字。

(4)　拍照识字。OCR 功能拍照转文字,手写、印刷的中文、英文均支持。

(5)　多国语言同声翻译。支持中、英、日、韩多国语言。

(6)　专业领域识别引擎。支持医疗专业词汇准确识别,更多领域识别引擎持续接入中。

(7)　同步编辑。支持多客户端一个账号登录、同步,方便笔记整理导出。

(8)　语音识别,动态纠错。识别结果动态修正,准确输入看得见。

4．OCR 识别输入

OCR 是一个英文缩写,对应的英文全称是 Optical Character Recognition,含义是光学字符识别。OCR 识别是将图像中的文字识别出来,并转换为文本格式的文件,同时可对识别不正确的文本进行编辑修改。其优点是省时省力;缺点是必须有原文稿,最后还要人工进行核对编辑。

计算机常用的识别软件有捷速 OCR 文字识别、百度 OCR 文字识别、汉王 OCR 文字识别、天若 OCR 文字识别等，这些软件可以识别图片中的文字，还具有语音和翻译功能。

移动设备文字识别有图片文字识别微信小程序、图片文字识别提取微信小程序、迅捷文字识别微信小程序等，这些小程序能够智能地将图片中的文字识别出来，比计算机更方便的是可以现场拍照识别照片中的文字。

规范的拍摄有助于提高识别率，包括光照、角度、背景和聚焦等。拍摄时注意光照的影响，尽量避免反光和黑影；不要使拍摄角度倾斜过大，以免造成图像严重变形；少留背景(即拍摄对象充满图片)或简单背景，可以提高识别率；聚焦清晰，避免文字模糊不清楚。

案例 2-1

通过本案例学习天若 OCR 文字识别的使用。具体操作如下：

(1) 选择天若 OCR 软件，双击打开软件。软件打开之后没有固定的界面，只会缩小到任务栏中。

(2) 查看快捷键。在任务栏的软件图标上右击，在弹出的快捷菜单中选择“设置”命令，打开“设置”对话框，选择“快捷键”选项卡。默认情况下，“文字识别”的快捷键是 F4，“翻译文本”的快捷键为 F9。关闭对话框。

(3) 识别文字。打开需要识别文字的页面，如打开一个 PDF 文档，按快捷键 F4，屏幕会暗下来，选择需要识别的文字。如图 2-5 所示，左边为需要识别的文字，识别完成之后，会在右边的选择框中显示识别的结果。

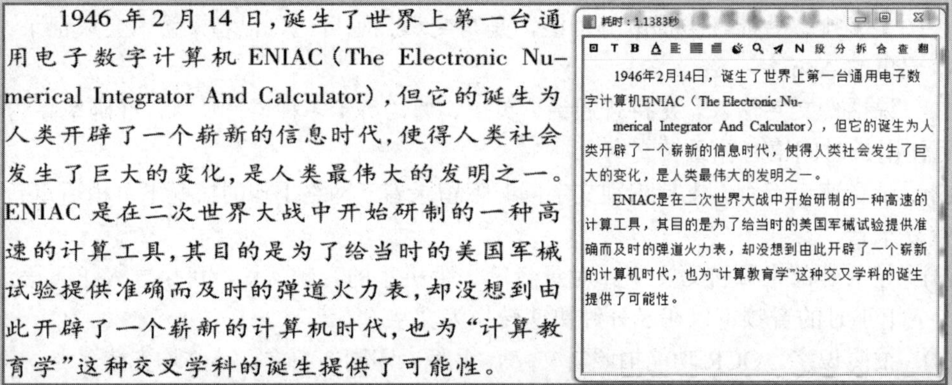
1946 年 2 月 14 日，诞生了世界上第一台通用电子数字计算机 ENIAC (The Electronic Numerical Integrator And Calculator)，但它的诞生为人类开辟了一个崭新的信息时代，使得人类社会发生了巨大的变化，是人类最伟大的发明之一。ENIAC 是在二次世界大战中开始研制的一种高速的计算工具，其目的是为了给当时的美国军械试验提供准确而及时的弹道火力表，却没想到由此开辟了一个崭新的计算机时代，也为“计算教育学”这种交叉学科的诞生提供了可能性。

图 2-5　识别 PDF 文档中的文字

(4) 工具栏的使用。单击图 2-5 所示界面右方的选择框中的工具栏，学习各工具的使用。单击“朗读”可以转换为语音，单击“合”可以将文字合为一段文本，单击“查”可以检查文本中是否有错别字，单击“翻”可以将中文翻译成英文或将英文翻译成中文。

(5) 复制文本。选定选择框中需要的文字进行复制，粘贴到相应的位置，如粘贴到 Word 文档中进行编辑。

5. 网上下载

在互联网上很多有价值的资料并非普通的网页，而是以 Word、PDF 等格式存在。百度支持对 Office 文档、PDF 文档等进行全文搜索。要搜索这类文档，在查询词后面加一个

"filetype:"用于文档类型的限定。例如,查找有关信息技术的 PDF 文档,可在百度中输入"信息技术 filetype:pdf",单击"百度一下",可以看到搜索的结果,单击标题后可以下载页面。

另一种方法是在"百度"页面的右上方选择"设置"中的"高级搜索",在如图 2-6 所示的页面中输入相关信息进行搜索下载。

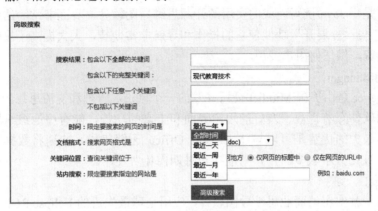

图 2-6 百度的高级搜索页面

2.3 文本的可视化

2.3.1 思维导图

1. 思维导图的概念

思维导图的英文是 the mind map,又称脑图、心智图,是英国著名心理学家托尼·巴赞于 19 世纪 60 年代在研究大脑的潜能和记忆规律时发明的表达发散性思维的有效、实用的图形思维工具。

思维导图使用一个中心主题进行形象化的构造,运用图文并重的技巧,将各级主题的关系用相互隶属和相关的层级图表现出来,将主题关键词与图像、颜色等建立记忆链接。

思维导图充分运用左右脑的机能,利用记忆、阅读、思维的规律,协助人们在科学与艺术、逻辑与想象之间平衡发展,从而开启人类大脑的潜能,因此思维导图是一种促进思维激发和思维整理的非线性的可视化思维工具。

2. 常用的思维导图软件

1) MindMaster

MindMaster 是亿图推出的一款跨平台、多功能的思维导图软件。它具有操作界面简洁、稳定性高、自定义功能强大等特点,可以快速创建内容丰富、时尚精美的思维导图。软件提供了丰富的模板、布局、剪贴画、符号等,支持多平台(客户端支持 Windows、MacOS、Linux,移动端支持 Android、iPhone、iPad,在线端支持 Web 在线使用),文件云端同步,随时查看,支持导出多种格式。普通的免费版,可供任何用户使用,可以实现大部分的功能,升级的专业版需要付费。

2) 百度脑图

百度脑图是一款在线思维导图编辑器，除基本功能以外，支持 XMind 文件导入和导出，也能导出 PNG、SVG 图像文件。具备分享功能，编辑后可在线分享给其他人浏览。无须安装包，进入 https://naotu.baidu.com/ 网页，使用百度账号登录即可使用。

3) Freemind

Freemind 是由 Java 撰写而成的实用的开源思维导图软件，界面非常简洁，操作友好方便，一键单击"折叠/展开"功能使它的操作和导航非常便捷，大大提高了思维导图的编辑效率。完全免费，供任何用户使用。

4) MindManager

MindManager 是由美国 Mindjet 公司开发的一个创造、管理和交流思想的通用标准，其可视化的绘图软件有着直观、友好的用户界面和丰富的功能，能有序地组织思维、资源和项目进程。其最大的优势是可以与 Microsoft Office 无缝集成，快速将数据导入或导出到 Microsoft 中，使用人群较多。用户只能在短时期内免费使用。

5) XMind

XMind 是一款实用的商业思维导图软件，应用全球最先进的 Eclipse RCP 软件架构，强调软件的可扩展、跨平台、稳定性和性能。XMind 的特点可用"国产而国际化发展；商业化而兼有开源版本；功能丰富且美观"来概括。基础版免费，增强版需要付费使用。

6) iMindMap

iMindMap 是一款具有手绘风格的思维导图软件，不仅有思维导图的便利性，同时有手绘风格的美观。iMindMap 界面友好，容易使用，功能丰富，是全球首个提供 3D 视图的思维导图软件，用户可以从各个角度观看自己的思维导图。用户只能在短时期内免费使用。

3．绘制思维导图的原则

绘制思维导图要遵循简洁明确、生动直观、色彩区分、平衡有序、格式得当等原则，如图 2-7 所示。

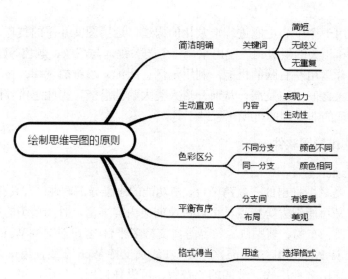

图 2-7　绘制思维导图的原则

4．思维导图的教学应用

思维导图具有焦点集中，主题突出；由内向外，主干发散；层次分明，节点连接；关键词语，理清关系；图符形象，颜色增彩等特征。在教学领域运用思维导图，能够将教学的知识和内容变得更加清晰、有条理，方便学生记忆。具体的表现如下。

1)　思维导图在教学准备中的应用

利用思维导图可以解决线性备课的局限，帮助教师整理备课思路、梳理教学内容、确定教学目标、制定教学方案、安排教学环节、设计板书和制作课件等，如图 2-8 所示。

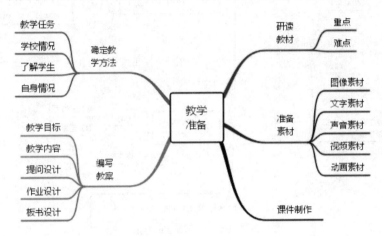

图 2-8　"教学准备"的思维导图

2)　思维导图在课堂教学中的应用

利用思维导图可以将具体教学内容的结构清晰地呈现出来，帮助教师理清教学思路，明确教学思路，突出教学重点和难点，如图 2-9 所示。

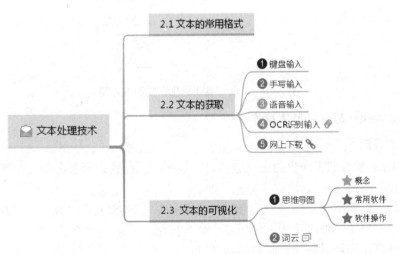

图 2-9　"文本处理技术"的思维导图

3)　思维导图在课后复习中的应用

利用思维导图可以将复习内容的知识框架清晰地呈现出来，可以帮助教师理清章节或某门课程的内容体系等，如图 2-10 所示。

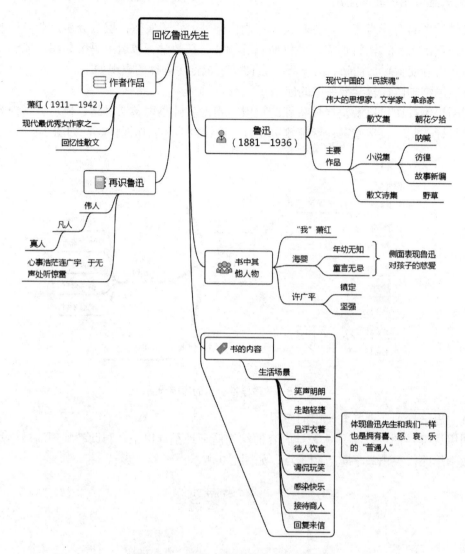

图 2-10　"回忆鲁迅先生"的思维导图

5．MindMaster 软件的基本操作

1）　工作界面

MindMaster 软件的工作界面由标题栏、功能区、工作区和面板区等几个部分组成，如图 2-11 所示。

(1)　功能区：包括"文件""开始""页面样式""幻灯片""高级""视图"和"帮助"等选项卡，每个功能区选项卡包括多个命令按钮。

(2)　工作区：思维导图的绘制和显示区域。

(3)　面板区：包括主题格式、大纲、图标、剪贴画、任务和上传图片等面板。

2）　MindMaster 软件的功能

MindMaster 软件分为两种版本，即免费版和专业版。普通的免费版，供任何用户使用，

可以实现大部分的功能；还有部分功能只有升级到专业版才能使用。该软件的功能如图 2-12
所示。

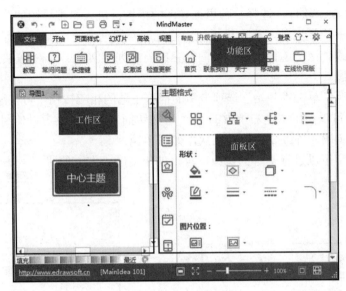

图 2-11 MindMaster 软件的工作界面

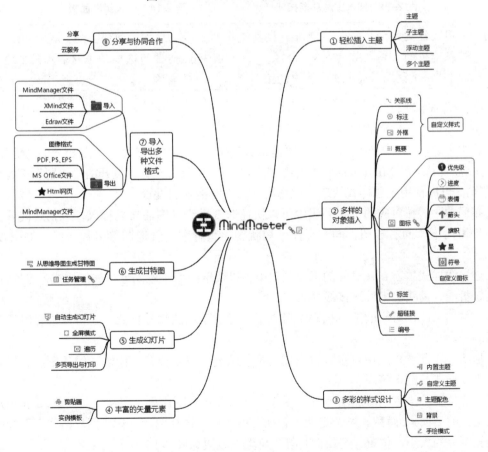

图 2-12 MindMaster 软件的功能

3) 绘制思维导图

(1) 新建文件。

打开 MindMaster 软件，选择一种思维导图的模板，进入思维导图的编辑模式。模板分为空白模板和经典模板两种，空白模板从中心主题开始创建，经典模板可以在已设置模板的基础上进行修改。这里选择"思维导图"空白模板进行创建。

(2) 插入主题。

选择中心主题，单击"开始"选项卡中的插入主题的相应按钮，可以添加相应的主题，如图 2-13 所示；可以使用主题右下方的"+"号按钮插入主题；还可以使用面板区中的"大纲"面板，插入主题，并改变主题的层次，如图 2-14 所示。

双击主题文字可以进行文字的修改。可以使用主题正右方的"+""-"对主题进行折叠和展开。

图 2-13　插入主题功能按钮

图 2-14　"大纲"面板

技巧： 利用快捷键添加主题：按 Enter 键在选中的主题之后插入同级主题，按 Shift+Enter 键在选中的主题之前插入同级主题，按 Shift+Insert 键为选中的主题插入父主题，按 Ctrl+Enter 键或 Insert 键为选中的主题插入下一级主题。

(3) 修饰主题。

① 使用"主题格式"面板。

选中主题，在右侧面板区显示"主题格式"面板，如图 2-15 所示，各部分的功能如下。

主题 ： 在 MindMaster 中有很多的主题样式可供选择(在展开的"主题"下拉列表中选择)，可以使用主题样式快速完成思维导图主题格式的设置。

布局 ： 在对应的下拉列表中可以快速改变思维导图的布局样式，包括逆向导图、双向平衡向下、向右导图、向左导图、树状图、鱼骨图、气泡图等多种布局，如图 2-16 所示。

连接线样式 ： 在对应的下拉列表中可以快速改变主题间连接线的样式，包括直线、曲线、折线、箭头等多种连接线样式。

编号 ： 在对应的下拉列表中可以给主题加不同的编号样式，还可以选择对哪几层进行编号。

形状： 在此选项组中可以设置主题的形状填充、形状样式、阴影、线条颜色、线条宽度、虚线样式、圆角等。

图片位置： 给主题添加图片时，图片的显示方式有图片显示在文字的一侧 和图片显示在文字的后面 两种。对选定的主题插入图片后，选择图片，在"图片格式"面板中可以设置图片的大小、位置、替换图片等，位置的设置如图 2-17 所示。

分支： 在此选项组中可以设置分支填充颜色、分支线条颜色、分支宽度、连接线样式、分支样式、分支的箭头样式和分支的线条样式等。

图 2-15　"主题格式"面板

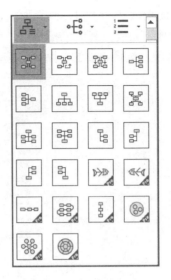

图 2-16　"布局"样式

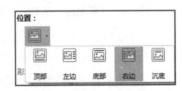

图 2-17　图片的位置

字体：在此选项组中可以设置文本的字体、字号、样式、对齐方式、文本的高光颜色、文本颜色、删除线、下划线等。

②　"图标"面板。

在右侧面板区选择"图标"面板，或单击"开始"选项卡，选择"图标"按钮，打开"图标"面板，如图 2-18 所示，可以为主题插入优先级、进度、表情、箭头、旗帜、星和符号等图标，对主题进行标识。

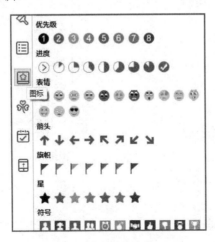

图 2-18　"图标"面板

③ "剪贴画"面板。

在右侧面板区选择"剪贴画"面板，或单击"开始"选项卡，选择"剪贴画"按钮，打开"剪贴画"面板，其中包括常用、动物、商业、教育、节日等十多种类型的剪贴画，如图 2-19 所示，选择需要的剪贴画，拖动到需要的主题上或工作区中。

图 2-19　"剪贴画"面板

(4) 插入和修饰关系线。

① 插入关系线。

不选择任何主题，单击"开始"选项卡，选择"关系线"按钮，在需要添加关系线的主题上按下鼠标左键并拖动，会出现一个带虚线的箭头，在需要插入关系线的终点单击，会在终点处插入一个浮动主题，如图 2-20 所示，并在两个主题之间生成关系线。插入关系线要注意箭头的方向。

② 修饰关系线。

默认情况下关系线为曲线，如果需要修改关系线，选中关系线，可以对曲线两端点的曲率进行调节改变曲线的样式，为曲线加标签；也可以在右侧"关系线格式"面板中进行形状主题、箭头形状类型、箭尾形状类型、线条颜色、宽度、虚线样式、标签文本样式、字体格式等修改，如图 2-21 所示。

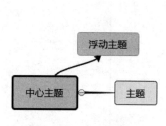

图 2-20　插入关系线

图 2-21　"关系线格式"面板

(5) 添加标注、外框、概要。

① 添加标注。

在所选主题上添加标注。选择需要添加标注的主题，单击"开始"选项卡，选择"标注"按钮或按 Alt+Enter 键添加标注，效果如图 2-22 所示。

② 添加外框。

在主题和其所有子主题周边添加外框，或者给相同层级的主题和其所有子主题添加外框。

选择需要添加标注的主题，单击"开始"选项卡，选择"外框"按钮或按 Ctrl+Shift+B 组合键添加外框，效果如图 2-23 所示。删除外框可以选中外框后按 Delete 键。

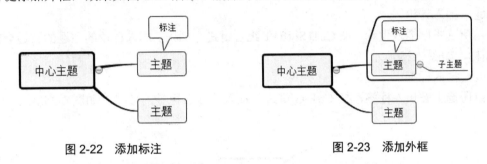

图 2-22　添加标注　　　　　　　　　　图 2-23　添加外框

③ 添加概要。

将概要添加到所选主题。按 Shift 键并单击选择多个添加概要的主题，单击"开始"选项卡，选择"概要"按钮或按 Ctrl+] 键添加概要，效果如图 2-24 所示。

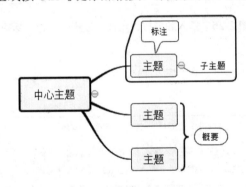

图 2-24　添加概要

(6) 插入超链接、附件、注释、评论、标签。

① 插入超链接。

给所选主题插入超链接，以快速访问某个主题、网页、文件或文件夹。

选择需要插入超链接的主题，单击"开始"选项卡，选择"超链接"按钮或按 Ctrl+K 键，弹出"超链接"对话框，完成设置后，单击"确定"按钮，在其主题的右边会出现 图标，如图 2-25 所示。将鼠标指针移动到 图标上，会出现超链接的地址，单击超链接的地址可以进行快速访问。

在超链接的图标上右击，在弹出的快捷菜单中选择相应的命令，可以编辑或移除超链接。

② 插入附件。

给所选主题插入附件。选择需要插入附件的主题，单击"开始"选项卡，选择"附件"按钮或按 Ctrl+H 键，弹出"附件"对话框，完成设置后，单击"确定"按钮，在其主题的右边会出现 @ 图标，如图 2-25 所示。将鼠标指针移动到 @ 图标上，会出现附件的名称，单击附件的名称可以打开附件。

在附件的图标上右击，在弹出的快捷菜单中选择相应的命令，可以编辑或移除附件。

③ 插入注释。

给所选主题插入注释，按 Ctrl+T 键进行插入。插入注释的主题的右边会出现 圖 图标，如图 2-25 所示。

④ 插入评论。

给所选主题插入评论，按 Ctrl+Shift+T 组合键进行插入。插入评论的主题的右边会出现 💬 图标，如图 2-25 所示。

⑤ 插入标签。

给所选主题插入标签，按 Ctrl+G 键进行插入。插入标签的效果，如图 2-25 所示。

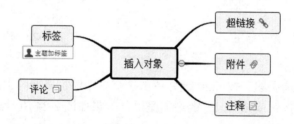

图 2-25 插入超链接、附件、注释、评论、标签

(7) 设置页面样式。

在"页面样式"功能区可以对主题、自定义主题、主题字体、背景、水印等进行设置，如图 2-26 所示。

图 2-26 "页面样式"功能区

(8) 保存和导出思维导图。

保存：在 MindMaster 的"文件"菜单中，选择"保存"命令，保存思维导图，默认的格式为"*.emmx"，是可以用该软件打开进行编辑和修改的源文件格式。

另存为：可以保存的文件类型有网页文件、文本格式、图像格式等，如图 2-27 所示。选择所需要的文件类型，将思维导图另存。

导出和发送："选择"导出和"发送"命令可以将思维导图导出为其他类型的文件，如图 2-28 所示。与"另存为"不同的是可以导出为印象笔记和有道笔记，还可以发送电子邮件。

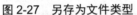

图 2-27　另存为文件类型　　　　　　　图 2-28　导出和发送

技巧：按 Ctrl+鼠标滑轮滚动可以缩放思维导图。

4)　思维导图的幻灯片功能

思维导图 MindMaster 提供了幻灯片演示功能，支持播放幻灯片、遍历主题、全屏放映等，同时支持将幻灯片导出为 PPT、PDF 文件等。具体操作如下：

(1)　新建"经典模板"中的"生活计划"思维导图。

(2)　创建幻灯片。选择"生活计划"主题，使用"幻灯片"选项卡中的"自动创建"和"添加幻灯片"功能，进行自动或手动幻灯片的创建。

(3)　浏览幻灯片和导出文件，对应的功能按钮如图 2-29 所示。

图 2-29　浏览幻灯片和导出文件

2.3.2　词云

1．词云的概念

词是最小的能够独立活动的有意义的语言成分。词云是在分词的基础上设计并实现的，"词云"这个概念是由美国西北大学新闻学副教授、新媒体专业主任里奇·戈登(Rich Gordon)提出的。词云是对网络文本中出现频率较高的"关键词"予以视觉上的突出，形成"关键词云层"或"关键词渲染"，从而过滤掉大量的文本信息，使浏览网页者只要一眼扫过文本就可以领略文本的主旨。

词云将词语按照一定顺序和规律进行排列，如按照频度递减或者字母顺序排列，并以文字的大小代表词语重要性。作为近年来最受欢迎的信息可视化形式之一，广泛应用于网站导航、社会化标签呈现、Web 文本内容分析等诸多场景中。词云不仅用于展示标签，也多用于呈现文本的关键词语，以帮助人们简明扼要地了解文本的大体内容。

"词云"是有"级别"的，因为对某个需要突出与"渲染"的关键词，可以采用不同的字号，在醒目程度上也就自然有所不同。决定"词云"级别的唯一因素就是其在文本中出现的频次，频次越高，级别越高。

词云图，也叫文字云，是对文本中出现频率较高的"关键词"予以视觉化的展现。可以根据用户的需求，订制词云图的形状、字体、尺寸、颜色等。词云绘制主要实现词云图的绘制并将生成的词云图保存到本地文件。词频分析主要实现词频数据的统计。词频统计是一种常用的文本挖掘的加权技术。可以评估一个词对于一个文本的重要程度。因为词汇的重要性和它出现的次数成正比，所以想要快速了解一个文本的热词，最直接的做法是统计该文本的词频数量。

2．词云图的制作软件

1）Wordle

Wordle 是一个用于从文本生成词云图的工具，它的优点是可以快速地分析文本或网站的词频，并以多种风格展示，且支持文字字体选择和用户自定义颜色。做完词云图，生成图像后还可以保存在网络之中供用户查看、链接、下载以及与好友分享。由于 Wordle 目前只支持英文，因此应在 Excel 或记事本里先将中文信息转换成 Wordle 可以识别的语言，即英文或数字。软件的网址为 http://www.wordle.net/。

2）WordItOut

WordItOut 的操作简单，进入网站后只需要输入一段文本即可生成各种样式的"云"文字。用户可以根据自己的需要对 WordItOut 进行再设计，比如颜色、字符、字体、背景、文字位置等，保存下载后可以复制。但是 WordItOut 无法识别中文。软件的网址为 http://worditout.com/。

3）BDP 个人版

BDP 个人版是一款数据可视化工具，除了词云，还有图表。注册后就可使用。BDP 个人版容易上手，可以设置颜色，快速实现词云可视化。软件的网址为 https://me.bdp.cn/home.html。

4）图悦

图悦是一款在线的热词分析工具，它不仅可以对载入文本或指向文本内容的链接进行词频提取和词语(重要性)权重分析，还可以导出成 Excel 格式的文件，便于后期分析和处理。同时，图悦也是一个支持在线生成个性化词云图片的工具，支持制作词云、关键词云图、词云图、词频分析等，能自动将长文本进行分词，并默认生成圆形词云图，还可变换为椭圆形。软件的网址为 http://www.picdata.cn/。

图悦可通过如图 2-30 所示的右上方的"定制图形"上传大小为 474 像素×376 像素的.png 图片。

3．词云图的教育应用

1）词云在外语学习中的应用

词云在外语学习中有着开拓式的应用。在优秀的最新电子学习网站中，已经有使用人工智能方式辅助学习者进行外语单词的学习。该方式采用自动分析的方法，进行概率统计与分析后，提供给外语学习者相应的词汇表与词云图。

图 2-30 图悦的在线界面

2) 词云在阅读中的应用

在阅读中，词云会提示关键词和主题索引，提供阅读整个信息的重点，供学生快速阅读；使用新的模式可以看到以前看不到的新颖材料，有可能成为最新的辅助阅读的形式。

3) 词云在教学中的应用

词云图给用户提供了充分的想象空间，可以将词云图应用于教学中，提高教学效率。如将词云图保存后插入教学课件中进行教学，也可将学生对问题的回答通过词频分析，投屏显示结果进行讨论等。

词云除了用于标签或关键词的可视化呈现，还可以展示更为复杂的文本信息，例如文本集合间的关系、文本内容随时间的变化等。

实践训练

1. 实验目的

(1) 学会获取文本的多种方法。

(2) 学会思维导图的制作和文件的导出。

(3) 学会词云图的制作和文件的导出。

2. 实验环境

(1) 连接局域网的计算机。

(2) Windows 7 以上的操作系统。

(3) 天若 OCR 文字识别软件和 MindMaster 软件。

3. 实验内容

(1) 在手机上安装讯飞输入法，用方言进行语音转文字。

(2) 在手机上关注讯飞随身译的微信公众号，进行不同语言的翻译。

(3) 在手机上下载讯飞语记的 App，学习讯飞语记的功能。

(4) 在计算机上完成案例 2-1 的制作，学习天若 OCR 文字识别的使用。

(5) 在计算机上利用百度高级搜索进行文本文件的搜索和下载。

(6) 在手机上下载幕布 App，将幕布中的笔记内容转换为思维导图。

(7) 进入图悦网 http://www.picdata.cn/，进行词云图的制作。

(8) 在手机上下载词云图生成器，学习词云图的制作。

(9) 应用所学的知识，设计制作一个与本专业内容相关的思维导图。

(1) 常用的文件格式有哪些，分别用什么软件打开？

(2) 文本获取的方法有哪些？各有什么优、缺点？

(3) 思维导图的软件有很多，你通常用哪个软件？该软件有什么优势？

(4) 词云的应用领域有哪些？

(1) 中国大学 MOOC. 广州大学.思维导图的教学应用.https://www.icourse163.org/.

(2) bilibili 网站.思维导图 MindMaster 与 PPT. https://www.bilibili.com/video/av67771990.

图像是认识现实世界的重要信息形式，也是多媒体教学资源中常见的组成部分。合理使用图像素材能够使抽象的信息变得直观，可视化且易于理解。要运用好图像，需要理解图像与信息表达之间的关系，掌握常用图形图像软件的使用方法。

第 3 章 图像处理技术

本章学习目标

➤ 了解计算机中图像的类型和特点。
➤ 能够使用多种途径和方法获取图像。
➤ 理解图像应用于本专业教学的优势。
➤ 掌握图像处理软件的使用方法。
➤ 学会使用 Photoshop 对图像进行相关处理。
➤ 能够使用图像处理技术设计多媒体教学资源。

3.1 图 像 概 述

在计算机中，图像大致可以分为位图和矢量图两种。处理数字图像前必须了解位图和矢量图的特点以及差异等知识，这有助于在数字图像处理软件中创建、编辑和输出图像。

3.1.1 位图和矢量图

1. 位图和矢量图的概念

1) 位图

位图也称点阵图像或栅格图像，由被称作像素的单个点组成，当许多像素的位置和色彩数据组合在一起后便构成具体的图像。位图可以逼真地记录自然界的景象，可以精确地表现色彩层次丰富的画面。当位图放大到一定的倍数后会出现失真的情况。用数码相机拍摄的照片、用扫描仪扫描的图片以及电脑的截屏等都属于位图。

2) 矢量图

矢量图也称为面向对象的图像或绘图图像，在数学上定义为一系列由线连接的点。矢量图是根据几何特性来绘制图形，记录对象的颜色、形状、线条轮廓等属性。矢量图与分辨率无关，只能靠矢量软件生成。其文件较小，很容易进行放大、缩小、旋转等操作，并且不会失真，但不适合制作色调丰富或色彩变化太多的画面。

图 3-1 是用照相机拍摄的东方明珠建筑照片，是以像素为记录图像手段的位图，图像更符合建筑的原貌，色彩相对真实，但是画质受到像素的限制。图 3-2 是用矢量绘图软件利用几何线条、色块绘制的东方明珠塔，能够大致表现建筑的外部轮廓、内部结构以及色彩等信息，如果想表现建筑的细节元素需要细致的刻画，优势是画质不受像素的限制。通过比较这两张图可以对位图和矢量图建立一定的感性认识。

 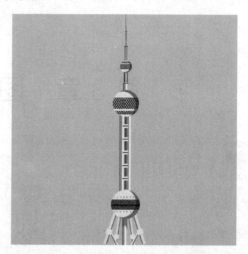

图 3-1 相机拍摄的效果(位图)   图 3-2 矢量软件绘制的效果(矢量图)

2. 位图和矢量图的区别

位图和矢量图没有好坏之分，而是各有特色，用途也不同，两者的区别如表 3-1 所示。

表 3-1 位图和矢量图的区别

比较项目	位 图	矢 量 图
在软件中放大	可能出现失真现象	不会产生失真现象
同样尺寸文件	存储文件数据量大	存储文件数据量小
表示方式	像素表示	数学函数表示
适用效果	适合表示逼真效果	不适合表示逼真效果
制作软件	Photoshop、Painter 等	CorelDRAW、Illustrator 等
获取方式	用扫描仪、摄像机等捕捉	用矢量图形软件绘制
应用领域	摄影、扫描、截图	标志设计、文字设计

3.1.2 图像的相关概念

1. 像素

像素是用来表示数字图像的最小单位，出现在位图或者点阵图中。一张图像通常由许多具有各种色彩的小方点按照横向、纵向的方式排列而组成，这些小方点就是构成图像的"像素"。将图像放大到足够大时会出现马赛克的现象，如图 3-3 所示，不断放大图中天鹅嘴巴部位，会显示出马赛克方格的效果。

2．分辨率

图像分辨率是每英寸(1 英寸=2.54 厘米)中所包含像素的点数,单位是 PPI(Pixel Per Inch,像素/英寸)。分辨率是描述图像的水平和垂直方向每英寸所包含的像素数目,是度量位图图像内数据量多少的重要参数。分辨率的大小直接影响图像品质,分辨率越高,图像越清晰,产生的文件就越大,处理速度也就越慢。

图 3-3　像素点的放大效果

图像用多大的分辨率和所采用的媒介是有直接关系的,在处理图像的时候并不是分辨率越高越好,要根据不同需求来设定。例如通常在 Photoshop 中创建的默认文件分辨率是 72PPI,适用于显示屏中显示,但是如果图片设计好后要用于打印或者喷绘,可在创建设置上把分辨率提高到 150PPI 或者 300PPI 以用于输出。

分辨率和图像的像素有直接关系,正确理解分辨率和图像之间的关系在数字图像处理工作中至关重要。例如:同样宽度和高度的图片(21cm×29.7cm)的属性如图 3-4 所示,由于分辨率不同所形成的图片属性也不同,从每英寸的图像所包含的像素的数目来看,左图每英寸包含了 72 个像素,而右图每英寸包含了 300 个像素,左图约有 50 万像素,而右图约有 900 万像素。此外,左右两幅图的文件大小也不相同,左图是 1.43MB,右图 24.9MB。根据这个对比,可以发现每英寸的像素越高,图像的像素点越密,画面越清晰,文件大小也就越大。

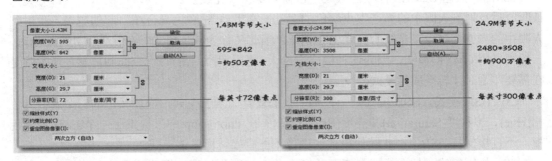

图 3-4　不同分辨率图片属性的区别

3．色彩

1)　色彩属性

图像中的色彩是由光刺激人的视觉神经而产生,在可见光范围内,不同波长的光会使人眼产生不同的感觉。例如,波长为 700nm 左右的光会让人产生红色感觉,波长为 580nm 左右的光会让人产生黄色感觉,波长为 510nm 左右的光会让人产生绿色感觉,波长为

470nm 左右的光会让人产生蓝色感觉。可见光的光谱是连续分布的，随着波长的减小，各个波长让人眼产生的颜色感觉分别为红、橙、黄、绿、青、蓝、紫。

色彩的属性可用色相、明度和纯度 3 个要素来描述，色彩的三属性是界定色彩感官识别的基础，学习色彩的属性是色彩设计的基础。

(1) 色相。色相即色彩的相貌称谓，红、橙、黄、绿、青、蓝、紫等指的就是色相。色相决定了色彩的基本特性，是区别各种不同色彩最合适的标准。从光学意义上讲，色相的产生取决于光源的光谱组成以及有色物体表面反射的各波长辐射的比值让人眼所产生的感觉，不同波长的光其色相不同。

(2) 明度。明度指色彩的明亮程度，也称亮度，它与被观察物体的反射光强度有关，光源的辐射能量越大，物体的反射能力越强，亮度就越高。另外，亮度还和波长有关，能量相同而波长不同的光使视觉引起的亮度感觉也不同。例如紫色和黄色相比，紫色让人感觉暗，黄色让人感觉亮。

(3) 纯度。纯度也称饱和度，是指彩色的深浅、浓淡程度。对于同一色调的色彩光，饱和度越高，颜色越深、越浓。饱和度的大小用百分制来衡量，100%的饱和度表示彩色光中没有其余光的成分，所有单色光的饱和度都是 100%。饱和度为 0 表示白光，没有任何色调。

2) 颜色模式

颜色模式是指图像在显示或打印输出时定义颜色的不同方式。常见的颜色模式有 RGB 模式、CMYK 模式、HSB 模式、位图模式和灰度模式等。

(1) RGB 模式。RGB 是一种光的色彩模式，由红(Red)、绿(Green)和蓝(Blue)3 种原色组合而成，由这 3 种原色混合可以产生成千上万种颜色，因此也称为加色模式。在 RGB 模式下的图像是三通道图像，每一种原色都可以表现出 256 种不同浓度的色调，3 种原色混合起来就可以生成 1670 万种颜色，也称 24 位真彩色。

(2) CMYK 模式。CMYK 模式是一种印刷模式，由青色(Cyan)、洋红色(Magenta)、黄色(Yellow)和黑色(Black)4 种颜色组成，该模式是由于光线照到不同颜色的纸上，部分光谱被吸收后反射到人眼中的光产生出颜色的感觉。由于 4 种颜色混合在一起的越多，反射到人眼中的光就会越少，光线的亮度也会越低，因此又称为减色模式。在软件中处理图像时，一般不采用 CMYK 模式，因为这种模式文件大，会占用大量的磁盘空间和内存，通常都是在需要印刷时才转换成该模式。

(3) HSB 模式。HSB 模式是一种基于人的直觉的颜色模式，描述颜色的三个属性为色相(Hue)、饱和度(Saturation)和亮度(Brightness)。在 Photoshop 中只提供了一个 HSB 的调色板，不直接支持 HSB，因此其他模式的图像不能直接转换成该模式。

(4) 位图模式。位图模式只有黑色和白色两种颜色，在该模式下只能制作黑白两色的图像，它包含的信息最少，因而图像也最小。当一幅彩色图像要转换成黑白模式时，不能直接转换，必须先将图像转换成灰度模式。

(5) 灰度模式。灰度模式是用单一色调表现图像，灰度模式中的每个像素用 8 位二进制数记录，能够表现出 256 种色调。将彩色图像转换为灰度模式时，所有的颜色信息都将被删除，灰度模式的图像再转换为彩色模式，原来已经丢失的颜色信息不能再返回，应做好图像备份。

3)　颜色深度

颜色深度用来度量图像中有多少颜色信息，简单说就是最多支持多少种颜色，其单位是"位"，所以颜色深度有时也称为"位深度"。常用的颜色深度是 1 位、8 位、24 位和 32 位。较大的颜色深度意味着数字图像具有较多的可用颜色和较精确的颜色表示。在 1 位图像中，每个像素的颜色只能是黑或白；8 位的图像，每个像素可能是 256 种颜色中的任意一种；24 位的图像包含 1670 万种颜色；32 位的图像还包含 8 位的 Alpha 通道。

3.1.3　图像的常用格式

1．GIF 格式

GIF(Graphics Interchange Format，图形交换格式)作为填补跨平台图像格式的共用标准而设计，这种格式在网络上得到大量应用。GIF 格式图像文件较小，在网络中传输的速度较快，可以实现动画功能，支持部分像素透明效果。GIF 格式的缺点是不能存储超过 256 色的图像。

2．JPEG 格式

JPEG(Joint Photo graphic Experts Group，联合图像专家组)是一种常见的图像格式，其文件的扩展名为.jpg 或.jpeg。JPEG 图片格式压缩技术十分先进，用有损压缩方式去除冗余的图像和彩色数据，在获得极高的压缩率的同时展现十分丰富生动的图像，即用最少的磁盘空间得到较好的图像质量。同时，JPEG 还是一种灵活的格式，具有调节图像质量的功能，允许用不同的压缩比例对文件进行压缩，使用中可以在图像质量和文件尺寸之间进行平衡。

由于 JPEG 优异的品质和杰出的表现，它的应用非常广泛，目前各类浏览器均支持 JPEG 图像格式。JPEG 格式的文件较小，下载速度快，使得 Web 网页有可能以较短的下载时间提供大量的图像，同时也成为网络上最受欢迎的图像格式。

3．PNG 格式

PNG(Portable Network Graphics，可移植网络图形)是一种无损压缩的图像格式，其设计目的是试图替代 GIF 和 TIFF 文件格式，同时增加一些 GIF 文件格式所不具备的特性。PNG 格式是采用无损压缩方式来减少文件的大小，这一点与牺牲图像品质以换取高压缩率的 JPEG 格式有所不同。PNG 格式能把图像文件压缩到极限以利于网络传输，又能保留所有与图像品质有关的信息，其另一大特点是可以为原图像定义 256 个透明层次，使得彩色图像的边缘能与任何背景平滑地融合，从而彻底地消除锯齿边缘。

4．PSD 格式

PSD(Photoshop Document，PS 文档)是图像处理软件 Photoshop 的专用格式，也可以理解为是利用 Photoshop 进行平面设计的一张"草稿图"。PSD 文件包含各种图层、通道、遮罩等多种设计的样稿，以便于下次打开文件时修改上一次的设计。PSD 格式在保存时会将文件压缩，以减少占用磁盘空间，但由于所包含图像数据信息较多，因此比其他格式的图像文件要大得多。

5．TIFF 格式

TIFF(Tag Image File Format，标签图像文件格式)可用于 PC、Mac、UNIX 工作站三大平台，最初是出于跨平台存储扫描图像的需要而设计的。特点是图像格式复杂，存储信息多，图像的质量高，非常有利于原稿的复制。TIFF 格式有压缩和非压缩两种形式，其中压缩可采用无损压缩方案存储。

在图像处理实际应用的过程中，可以根据工作任务和图像的不同用途，选择不同的文件存储格式。TIFF 格式用于印刷与制版，GIF、JPEG、PNG 格式用于网络传输与显示，PSD 格式便于文件修改。

3.1.4　图像应用于教学的优势

知识的呈现方式影响甚至决定着内容的创新、传播和理解，图像作为将知识可视化的重要手段之一在教育领域应用非常广泛。管理知识可视化形成恰当的视觉表征形式，可以更好地促进知识的理解、创新和传播，日益成为教育技术学研究的重要领域。图像应用于教学的优势主要体现在以下几个方面。

1．图像增强知识的表达

知识的获得建立在感知的基础上，同时人通过视觉感知获得的效果是最直接有效的。关于学习效率的研究表明，人类五官感受信息的比率分别是视觉占 83%、听觉占 11%、嗅觉占 3.5%、触觉占 1.5%、味觉占 1%。由此可见，通过"看"感受的信息占整个感受信息的绝大部分。

教育传播学理论把教学过程看成是信息的传递过程。信息通常以传播符号呈现，主要分为语言符号和非语言符号，研究表明大约 65%的信息是通过非语言符号传播的，通过语言符号传播的信息约为 35%。

2．图像促进知识的理解

知识可视化是指所有可以用来建构和传递复杂见解的图解手段。图像可以使认知结构不断协调，不断趋于平衡，学习者利用图像在学习的过程中使认知结构得以修正，或概括化，或专门化，这样就形成了新的认知结构，能扩宽学习者的思维。

联合国教科文组织就曾提出："教育应该努力地寻求获取文化知识的方法，将知识、信息可视化，以便让知识可以更好地被接受、学习、应用、评估与管理。"

3．图像维持知识的回忆

人对信息加工的过程经历信息输入、加工、输出 3 个阶段，记忆在信息加工过程中从感觉记忆，到短时记忆，再到长时记忆。

在实际教学中，静态图片与文字相结合的方法有助于学习者信息获取和知识的建构。人的大脑左半球对语言信息有较强的接受能力，大脑右半球对图像信息有较强的接受能力，在发挥大脑左半球优势的基础上，进一步增加图像的应用，有助于知识的理解和记忆。

4．图像引发知识的联想

知识可视化中的视觉隐喻是一种通过代表项和喻指对象的"相似性"与"关联性"的

发现或创造来进行视觉表征的图解手段。在实际教学中，教师可以利用含有视觉隐喻的图片展开引导式的话题讨论，在图片的观察分析、视觉元素解码、意义编码的过程中，促进程序性知识，包括语言知识和非语言知识的形成和内化。

因此，图像为"教"与"学"以及教育研究提供了有效的手段，使教学信息的呈现快速、高质、有效，在教学中合理运用图像是非常必要的。

3.2　图像的获取

获取图像的方式多种多样，选择恰当的方式可以极大提高工作效率。一般来讲，可从以下几个途径获取图像。

3.2.1　利用扫描仪扫描

1．扫描仪的功能

扫描仪(scanner)是利用光电技术和数字处理技术，以扫描方式将图像信息转换为数字信号的装置。

扫描仪为计算机的外部设备，通过扫描仪捕获图像并将其转换为计算机可以显示、编辑、存储和输出的数字化图像。扫描仪可以对照片、文本页面、图纸、美术图画、照相底片等二维对象进行扫描，也可以对纺织品、标牌面板、印制板样品等三维对象进行扫描。图 3-5 所示为平板扫描仪，图 3-6 所示为三维扫描仪。

图 3-5　平板扫描仪　　　　　　　　图 3-6　三维扫描仪

2．扫描仪的使用

扫描仪的种类很多，下面介绍平板扫描仪的使用，具体操作如下：

(1) 将扫描仪连接到计算机，安装相应的驱动程序。

(2) 在"开始"菜单中选择"Windows 传真和扫描"命令(也可使用扫描软件或 Photoshop 软件，方法类似)，打开"Windows 传真和扫描"窗口，单击左上角的"新扫描"按钮，弹出"新扫描"对话框，如图 3-7 所示。

(3) 将需要扫描的图片或文件面朝下放置在扫描仪的玻璃板上，盖好上盖，单击"预览"按钮，生成预览图。

(4) 根据扫描图片的用途，在图 3-7 所示的"新扫描"对话框中对配置文件、颜色格式、文件类型、分辨率、亮度、对比度进行设置，在扫描窗口中对扫描的范围进行调整。

图 3-7　"新扫描"对话框

(5)　通过设置和调整范围，单击"预览"按钮查看效果，当预览达到所需的要求后，单击"扫描"按钮进行扫描。扫描的图片可在"Windows 传真和扫描"窗口中进行传真、转发、保存、打印等操作。

3.2.2　利用手机 App 扫描

目前，手机 App 扫描软件的选择比较多，如扫描大师、精灵扫描、CS 扫描全能王等，下面以 CS 扫描全能王为例进行说明。

1．CS 扫描全能王的功能

CS 扫描全能王将手机变成随身携带的扫描仪，通过智慧精准的图像裁剪和图像增强算法，保证扫描的内容清晰可读。其功能主要有以下几点：

(1)　高清扫描。能快速拍摄文件、发票、设计图、笔记、证书、PPT 和白板等图像，精确去除杂乱背景，具有增亮、黑白、增强并锐化等多种图像处理模式，还支持手动调节图像参数，让文档更清晰，并可生成 PDF 或 JPEG 文件。

(2)　智能管理。在扫描全能王 App 应用中，不仅可以修改文档名称、添加标签，还能给文档添加自定义水印、手写批注，智能管理文档。

(3)　图片搜索。OCR 技术是扫描全能王的核心功能，对文档全篇 OCR 识别后，只需输入图片或文档内的关键字，即可快速查找到含有此关键字的文档。高级用户还能把图片上的文字直接变成文本导出。

(4)　文档分享。支持多个国家和地区传真文档的发送，可通过邮件、文档链接等方式分享文档，还支持共享文档，可发起邀请，和朋友一起查看、评论文档。

2．CS 扫描全能王的操作

CS 扫描全能王的操作具体如下。

(1) 在手机应用市场下载"扫描全能王",打开 App,单击右下角的"拍照"按钮。

(2) 根据扫描对象选择软件扫描模式,如证件、书籍等,尽量以垂直的角度对被拍摄物体进行拍摄。

(3) 调节拍摄图像的边缘,获得所需扫描件的范围,并且有多重调色方案可选,让扫描件更加清晰、端正。

(4) 扫描完毕后,点击"分享",即可通过利用聊天工具发送给好友、发送电子邮件、发送到计算机(手机登录 QQ 账号)、面对面快传等方式实现快速传输。

3.2.3 利用相机拍摄

1. 利用相机拍摄的注意事项

数码相机种类很多,市场上常见的数码相机可以分为便携式相机、长焦相机和单反相机 3 种类型。单反相机拥有前两类相机无可比拟的成像质量和强大的操作性能等优势。

使用相机拍摄要注意以下事项:

(1) 根据图像的用途,合理设定图像的分辨率。

(2) 设定较低的 IOS 感光度,保证影像具有较高的质量。

(3) 注意调整白平衡,重视色温的控制。

(4) 正确按"快门",先按下一半,待聚焦成功后,再按到底,这样图像才会清晰。

(5) 拍照瞬间,手一定要持稳相机,不要抖动。

2. 单反相机和手机拍照的差别

1) 成像清晰度存在差别

拍照手机的 CCD、CMOS 感光元件都比较小,普遍小于 1 英寸,而单反相机的感光元件面积,普遍比拍照手机大得多。当拍摄微距景物时,手机拍摄是加入插值的数码变焦,不像单反相机镜头体积大可以物理光学变焦。手机拍摄图片时画质差得较多。

2) 色彩还原度存在差距

常规条件下手机拍摄,成像质量较高,但与单反相机镜头相比有很大的差距,特别是在阴天多云或者灯光较暗的条件下拍摄,手机拍摄的照片很容易偏色。

3) 环境适应性存在差距

在正常日光下或者灯光比较亮的环境中用手机顺光拍摄一些小场景和单反差别不大,但在光线过强过弱的条件下,由于手机受感光度、手动曝光控制的限制,拍摄星空、灯光微弱的夜景等图片效果较差。远距离拍摄时,手机没有办法安装长焦镜头,即便手机有变焦功能,由于不是物理变焦,拍摄出来的照片质量较差。

4) 曝光宽容度存在差距

单反相机拍摄时记录的原始信息较多,后期处理时可调整的幅度比较大;手机受容量的限制,拍摄出来的照片后期编辑可改进的余地不大。

虽然手机拍摄与单反相机拍摄存在一定的差距,但是手机相比于单反相机还有自身的优势,比如轻便的体积,更适合抓拍。由于手机在光学结构上面的简化,虽然在画质上面不如单反相机,但是在反应上,在对焦速度上,都有着不少优势,更加适合随时、瞬间的抓拍。

随着手机拍照硬件和算法的升级，在大部分的情况下，手机的成像已经能够满足拍摄的需要。手机还可以安装各式各样的拍照软件，借助这些软件实现更多即时处理的效果，通过软件模拟也能够实现单反相机或者老式相机的拍照效果，实现更多不同的创意。

3.2.4　通过网络下载

1．利用浏览器的搜索栏

利用 Internet Explorer、Google、百度等浏览器，进入搜索栏搜索想要的图片关键词即可。但是这种搜索方法，往往会搜索出很多并不十分相关的图片，为了使图片搜索更加有效，需要学会使用百度图片搜索的高级功能。在搜索按钮后面的图片筛选中可以对图片的尺寸、颜色、类型进行分类筛选。

例如百度图片搜索功能，支持多关键词搜索，可以同时输入多个关键词，以获得更准确的结果。使用多关键词搜索时，各关键词之间使用空格隔开。

2．利用专业图像素材网站

如果想获得更加具有专业性和高像素的图像，需要借助专业图像素材网站，但是涉及下载源文件或者大像素图像时，部分素材需要收费。这里推荐几个常用的图片素材网站。

昵图网：http://www.nipic.com

素材中国：http://www.sccnn.com

千图网：https://www.58pic.com

千库网：https://588ku.com

Pixabay：https://pixabay.com/zh/

3.2.5　使用屏幕截图

1．利用 Windows 系统自带的截图工具

在"开始"菜单中选择"附件"子菜单中的"截图工具"，可以打开"截图工具"对话框，在"新建"下拉列表框中选择截图的方式进行截图。

2．使用电脑键盘上的 PrtSc 键

按电脑键盘上的 PrtSc 键(Print Screen)截取整个电脑屏幕，按 Alt+PrintScreen 键截取当前的活动窗口。这两种方法截取的屏幕图片保存在电脑的剪贴板中，在电脑的画图、Word、PPT 等软件中粘贴才可以显示。另外在 Word、PPT 等软件的"插入"功能区中也有"屏幕截图"功能。

3．使用截图软件

可以使用专门的截图软件进行截图，如 Snipaste、CapturePlus 等。

4．使用聊天软件

通过 QQ、微信等聊天软件截图。图 3-8 所示为 QQ 的截图功能及快捷键。

图 3-8　QQ 的截图功能及快捷键

3.3　Photoshop 软件的基本操作

Photoshop(必要时可简称 PS)是由 Adobe 公司出品的图像处理软件，主要处理以像素构成的数字图像，功能上主要可分为图像编辑、图像合成、校色调色及功能特效制作等部分。其中图像编辑是图像处理的基础，可以对图像做各种变换，如放大、缩小、旋转、倾斜、镜像、透视等，也可进行复制、去除斑点、修补、修饰图像的残损等；图像合成则是将多幅图像通过图层操作命令，合成完整的、传达明确意义的图像；校色调色可方便快捷地对图像的颜色进行明暗、色偏的调整和校正；特效制作主要通过滤镜、通道及工具综合应用完成。

3.3.1　软件介绍

1．工作界面

Photoshop 的工作界面主要由菜单栏、工具箱、工具选项栏、浮动面板、图像显示窗口、标题栏和状态栏等几部分组成，如图 3-9 所示。

图 3-9　Photoshop 的工作界面

1)　菜单栏

菜单栏包括"文件""编辑""图像""图层""文字""选择""滤镜""视图"

"窗口"和"帮助"等菜单。

单击"窗口"菜单，选择"工作区"中的"键盘快捷键和菜单"命令，弹出"键盘快捷键和菜单"对话框，从中可以设置键盘快捷键和菜单，菜单命令可以根据需要显示或隐藏，或者突出菜单栏颜色以及更改键盘快捷方式。

2) 工具箱

工具箱包含用来进行图像编辑处理的所有工具，包括选择工具、绘图工具、填充工具、编辑工具、颜色选择工具、屏幕视图工具、快速蒙版工具等。单击工具箱上方的 ，可使工具栏在单排和双排之间切换。

部分工具图标的右下方有一个黑色的小三角，表示在该工具下还有隐藏的工具。在小三角图标上单击，并按住鼠标左键不放，可弹出隐藏工具选项，如图 3-10 所示。

图 3-10 工具隐藏按钮

3) 工具选项栏

使用工具箱中的工具进行图像处理时，工具选项栏会出现当前使用工具的相应参数，可以根据自己的需要设置工具的具体参数，进行功能扩展。例如选择画笔工具，属性栏会出现画笔模式、不透明度、画笔流量等属性设置，如图 3-11 所示。

图 3-11 工具选项栏

4) 浮动面板

浮动面板是 Photoshop 重要的组成部分，包含导航器、直方图、信息、颜色、图层、通道、路径等面板，从中可以完成在图像中填充颜色、设置图层、添加样式等操作。

若需单独拆分出某个控制面板，可用鼠标指针选中该控制面板的选项卡并向工作区拖曳。要想组合控制面板，可以选中外部控制面板的选项卡，按住鼠标左键将其拖曳到要组合的面板组中，面板组的周围会出现蓝色的边框，此时释放鼠标按键，控制面板将被组合到面板组中。单击控制面板右上方的图标 ，可以弹出控制面板的相关命令菜单。

5) 图像显示窗口

图像显示窗口是显示打开图像的地方，打开了一张图像，则只有一个文档窗口；打开了多张图像，则文档窗口会按选项卡的方式进行显示，单击一个文档窗口的标题栏即可将其设置为当前工作窗口。

6) 标题栏

打开一个文件后，Photoshop 会自动创建一个标题栏，在标题栏中会显示这个文件的名称、窗口缩放比例以及颜色模式等信息。

7) 状态栏

状态栏可以提供当前文件的显示比例、文档大小、当前工具、暂存盘大小等提示信息。

2. 工具介绍

工具箱上的工具功能和名称如图 3-12 所示。

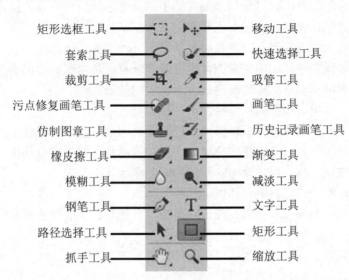

图 3-12 Photoshop 工具箱

部分工具的功能如下。

(1) 矩形选框工具组。该工具组包括矩形、椭圆、单行、单列选框工具，用于创建矩形和选框，选择工具后在页面上直接拖动操作即可绘制。按 Shift+M 键可以在矩形和椭圆之间切换，按 Shift 键则可以画正方形或者圆。

(2) 移动工具：用于拖动指定的图像。

(3) 套索工具组：包括套索工具、多边形套索工具和磁性套索工具。

(4) 快速选择工具组：包括快速选择工具和魔棒工具。

(5) 裁剪工具组。该工具组包括以下几种工具。

① 剪裁工具：可以在图像或图层中剪裁所选定的区域。

② 透视裁剪：将裁剪框架内容(非矩形)变形为正矩形的框架图。

③ 切片工具：可以将大图切为多张小图。

④ 切片选择工具：对切好的切片进行选择调整。

(6) 吸管工具组。该工具组包括以下几种工具。

① 吸管工具：用于在画面中吸取任意颜色，并将其变为前景色，一般用于要用到相同的颜色的时候。

② 颜色取样器工具：用于校对颜色并调整。

③ 标尺工具：可以在图像中测量任意两点之间的距离，并可以用来测量角度。

④ 注释工具：可以为图像增加注释，从而起到提示作用。

(7) 修复工具组：包括污点修复画笔工具、修复画笔工具、修补工具、内容感知移动工具和红眼工具。

(8) 画笔工具组。该工具组包括以下几种工具。

① 画笔工具：可以模拟画笔效果进行绘制。

② 铅笔工具：可以模拟铅笔的效果进行绘画。

③ 颜色替换工具：可以在图像中非常容易地改变任何区域的颜色。

④ 混合器画笔工具：可以绘制出逼真的手绘效果，是较为专业的绘画工具。

(9) 图章工具组：包括仿制图章工具和图案图章工具。

(10) 历史记录画笔工具组。该工具组包括以下几种工具。

① 历史记录画笔工具：用来对图像进行局部恢复，可以起到突出画面重点的作用。

② 历史艺术画笔记录：能够快速地表达模糊的效果。

(11) 橡皮擦工具组。该工具组包括以下几种工具。

① 橡皮擦工具：可以用背景色擦除背景图像或用透明色擦除图像中的图像。

② 背景橡皮擦工具：可直接在背景上使用，使用后，背景将自动转化为普通图层。

③ 魔术橡皮擦工具：可自动擦除颜色相近的区域。

(12) 渐变工具组。该工具组包括以下几种工具。

① 渐变工具：为图像填充渐变颜色，可在工具选项栏中选择各种渐变类型。

② 油漆桶工具：用来填充前景色或图案。

(13) 模糊工具组。该工具组包括以下几种工具。

① 模糊工具：主要是对图像进行局部模糊效果的添加。

② 锐化工具：可对图像进行清晰化。

③ 涂抹工具：可将颜色过渡柔和，用在颜色与颜色之间边界生硬的地方。

(14) 减淡工具组。该工具组包括以下几种工具。

① 减淡工具：用于增大图像曝光度，使图像变亮。

② 加深工具：可将图像的亮度降低。

③ 海绵工具：可增加或减少图像的色彩饱和度。

(15) 钢笔工具组。该工具组包括以下几种工具。

① 钢笔工具：通过一系列的锚点来绘制路径。

② 自由钢笔工具：绘制不规则路径。

③ 添加锚点工具：用于在路径上新添加锚点。

④ 删除锚点工具：用于删除路径上已经存在的锚点。

⑤ 转化点工具：单击或拖曳锚点可将其转换成直线锚点或曲线锚点。

(16) 文字工具组：包括横排文字工具、直排文字工具、横排文字蒙版工具和直排文字蒙版工具。

(17) 路径选择工具组。该工具组包括以下几种工具。

① 路径选择工具：用于选择一个或几个路径并对其进行移动、组合和变形。

② 直接选择工具：用于移动路径中的锚点或线段，还可以调整手柄和控制点。

(18) 形状工具组。包括矩形、圆角矩形、椭圆、多边形、直线、自定义工具，用于绘制图形。按住 Shift 键则可以画正方形或者正圆，也可选择自定义形状。

(19) 抓手工具组。该工具组包括以下几种工具。

① 抓手工具：用于平移和查看对象，前提条件是当图像未能在 Photoshop 文件窗口中全部显出来时使用。

② 旋转视图工具：是将图像旋转的操作。

(20) 缩放工具：放大或缩小视图，用快速方式，Ctrl+"+"则为放大，Ctrl+"-"则为缩小。

> **技巧：** 在选择使用大多数工具时，"属性"面板会发生变化，以显示与该工具相关联的设置。使用工具面板应检查"属性"面板中相应的属性是否符合要求，必要时加以适当的设置。

3.3.2　基本操作

1. 新建图像

选择"文件"菜单中的"新建"命令或者按 Ctrl+N 键，弹出"新建"对话框，在这个对话框中可设置新建图像的名称、宽度、高度、分辨率、颜色模式等，设置完成单击"确定"按钮。

"名称"：此文本框用于输入新建文件的名称，如果不输入名称，则默认为"未标题-1"。

"预设"：单击后面的下拉按钮，可以在弹出的下拉列表中选择各种规格，设置文件的宽度、高度、分辨率、颜色模式等。

"背景内容"：此下拉列表框用于设置图像的背景颜色，背景色表示图像的背景将使用当前的背景色。

"高级"：单击左侧的展开按钮，可以设置新建文件的"颜色配置文件"和"像素长宽比"两项内容，一般情况下可以保持默认设置。

2. 打开图像

选择"文件"菜单中的"打开"命令，或按 Ctrl+O 键，弹出"打开"对话框，选择指定文件，单击"打开"按钮，或直接双击文件，即可打开所指定的图像。

"文件类型"：此下拉列表框用于选择要打开的文件格式，如果选择"所有格式"选项，文件夹列表中所有的文件都会显示在对话框中。

> **技巧：** 在"打开"对话框中，也可以一次同时打开多个文件，只要在文件列表中将所需的几个文件选中，并单击"打开"按钮即可。在"打开"对话框中选择文件时，按住 Ctrl 键并用鼠标单击，可以选择不连续的多个文件；按住 Shift 键并用鼠标单击，可以选择连续的多个文件。

3. 保存图像

图像处理完成之后，需要对图像文件进行保存。如果是对新建图像文件进行保存，可执行"文件"菜单中的"存储"命令或者按 Ctrl+S 键；如果需要保存为其他文件或者格式，可执行"存储为"命令，并在对话框中设置保存位置即可。

> **技巧：** 对图像文件进行编辑操作的过程中，要养成经常对图像文件进行保存的习惯，避免意外情况而导致不必要的损失。

4．关闭图像

将图像存储后即可关闭，选择"文件"菜单中的"关闭"命令或按 Ctrl+W 键可以关闭图像。

> **技巧：**如想将多个文件一次性全部关闭，可按 Alt+Ctrl+W 组合键。

5．缩放图像

编辑和处理图像时，通过"缩放工具" 改变图像的显示比例，使工作界面更加地清晰。在缩放工具属性面板中单击"实际像素"，图像将以实际像素比例显示；单击"适合屏幕"按钮，窗口就会和屏幕的尺寸相适应；单击"填充屏幕"，将缩放图像以适合屏幕；单击"打印尺寸"，图像将以打印分辨率显示。

6．移动图像

想要移动图像需要用到"移动工具" ，快捷键为"V"，它主要用来将某些特定的图像进行移动、复制等操作，这些操作可以在同一个，或者不同图像中进行。可以编辑移动工具选项栏对链接图层进行对齐、平均分布及对图像进行变形操作。

对齐图层组：选择两个以上图层后，可以利用对齐图层组 中的按钮将图层进行对齐操作。

分布图层组：选择 3 个以上图层后，可以利用分布图层组 中的按钮将图层进行分布。

自动对齐图层：选择两个以上图层后，单击"自动对齐图层"按钮 ，弹出"自动对齐图层"对话框，可以根据需要进行选择。

7．变换图像

变换图像是指对图像进行缩放、旋转、扭曲等操作，可以通过选择"编辑"菜单"变换"中的各类变换命令来执行。

"斜切"：拖动控制点，可以对图像进行斜切变换。

"扭曲"：拖动控制点，可以对图像进行扭曲变形。

"透视"：拖动控制点，可以对图像进行透视变换。

此外，还有"缩放""旋转""旋转 180 度""旋转 90 度(顺时针)""旋转 90 度(逆时针)""水平翻转"和"垂直翻转"等命令，可以根据图像需要改变的方向、位置进行选择。

> **技巧：**在拖动变换框 4 个角上的控制点时，按住 Shift 键不放，可以对图像进行等比例缩放。
> 在进行缩放、旋转、斜切、扭曲和透视变换时，将鼠标指针移动到选区变换框内拖动可以移动变换框内的图像。

8．恢复历史操作

在编辑图像的过程中，如果错误地执行了步骤或对制作的效果不满意，希望恢复到前一步或原来的图像效果时，可以使用恢复操作命令。

（1）恢复到上一步的操作，按 Ctrl+Z 键。

(2)　中断操作。正在进行图像处理时，要想中断这次操作，按 Esc 键即可。

(3)　恢复到操作过程的任意步骤。通过"历史记录"面板可将进行过多次处理操作的图像恢复到任何一步操作当时的状态，即所谓的"多次恢复功能"。选择"窗口"菜单中的"历史记录"命令，即可打开该面板。

3.4　图像处理技术

在进行多媒体教学资源的设计中，使用图片素材前应该仔细观察需要处理的部分，如构图比例不好，重点不突出，图片上面有水印、杂质、需要调色等问题，应通过 Photoshop 软件进行图片处理之后再使用，同时也可通过 Photoshop 软件设计出符合教学要求的特效合成图像素材。

3.4.1　剪裁与修复

1. 剪裁

对图像进行处理初期，经常会涉及剪裁图像，以便删除多余的内容，使图像整体画面构图更加完美。"裁剪工具"可以针对选区的框型裁切，也可以对图像进行自定义裁剪，重新定义画布的大小，同时，用户还可以根据需要，对图像素材进行具体尺寸的精确裁剪。"裁剪工具"选项栏，如图 3-13 所示。

图 3-13　"裁剪工具"选项栏

"自定义裁剪"下拉列表中有以下几个选项。

(1)　"不受约束"：可以自由调整裁剪框的大小，没有比例的限制。

(2)　"原始比例"：拖动裁剪框时，始终会保持原始的比例宽度。

(3)　"预设长宽比"：可以根据预设的长宽比来调整大小。

(4)　"大小和分辨率"：可根据自己输入的图像的宽度、高度和分辨率来调整图像的大小。

(5)　"存储预设"，"删除预设"：选择"存储预设"选项会将当前创建的长度保存为一个预设文件。如果想删除预设，可选择"删除预设"选项，并在弹出的对话框中单击"确定"按钮。

(6)　"旋转裁剪框"：选择此选项可以进行旋转剪裁，调整图片的水平角度。

"视图" 视图 三等分 ，此下拉列表框的作用是在构图上为裁剪提供参考线，主要包括三等分、网格、对角、三角形、黄金比例、金色螺线 6 种构图原则。

案例 3-1

精 确 剪 裁

通过本案例学习剪裁，选取图像中所需要的局部，调整需要的构图比例，将实拍人物正面图像进行登记照尺寸的精确裁剪。具体操作如下：

(1) 打开素材图片"全身照.jpg"，观察需要剪裁的画面，此处需要将人物头部进行裁剪，如图 3-14 所示。

(2) 单击"裁剪工具"，文档的四周会出现虚线的裁切框，移动鼠标指针在裁切框边缘进行图片缩小或者放大。

(3) 如需要固定裁剪尺寸为一寸照，在工具选项栏中选择"剪裁图像大小和分辨率"命令进行自定义设置剪裁参数，宽度设为 2.5cm，高度设为 3.5cm，分辨率为 300 像素/英寸，单击并拖动鼠标等比调整裁剪区域，在适合位置裁剪后按 Enter 键确定，照片裁剪为一寸照片，如图 3-15 所示。

(4) 将文件保存到 E 盘"案例"文件夹，命名为"案例 3-1 精确裁剪.jpg"。

图 3-14 裁剪前   图 3-15 裁剪后

案例 3-2

水 平 剪 裁

通过本案例学习利用"剪裁工具"对水平线倾斜的图片进行水平校准。具体操作如下：

(1) 打开素材图片"星球.jpg"，观察画面中水平线带有倾斜角度，如图 3-16 所示。单击"裁剪工具"，或者使用工具选项栏中的 旋转裁剪框 ，并将鼠标指针放置在画面一角，当光标出现弧线双向箭头的时候，单击并旋转。

(2) 当水平线与网格辅助线平行的时候停止旋转，并将鼠标指针放置在画面中双击。剪裁完毕，得到一张地平线水平的截图，如图 3-17 所示。

(3) 将文件保存到 E 盘"案例"文件夹，命名为"案例 3-2 水平裁剪.jpg"。

图 3-16　裁剪前　　　　　　　　　　图 3-17　裁剪后

案例 3-3

透 视 剪 裁

通过本案例学习透视剪裁，调整由于拍摄角度所产生的透视变形效果。具体操作如下。

(1) 打开图片素材"证书.jpg"，选择"剪裁工具"下的"透视剪裁工具" 。

(2) 依次单击证书图像四角，选择结束后被选择区域内会出现网格线以及节点，将节点对齐奖状的四角，进行精确的调整，如图 3-18 所示，按 Enter 键即可得到裁切后的效果。

(3) "透视裁剪工具"会自动将照片的透视效果进行纠正，变成正常的平面效果，如图 3-19 所示。

(4) 将文件保存到 E 盘"案例"文件夹，命名为"案例 3-3 透视裁剪.jpg"。

图 3-18　剪裁前　　　　　　　　　　图 3-19　剪裁后

技巧：按住 Shift 键进行拖曳，可以得到正方形裁切区域。

2. 修复

修复的原理是使用图像中的样本像素进行绘画，并将样本像素的纹理、光照、透明度和阴影等信息与需要修复的像素相匹配。Photoshop 的修复有以下两个工具组。

(1) 修复工具组(包括 5 种工具)，如图 3-20 所示，快捷键为 Shift+J。

① "污点修复画笔工具"：可以快速清除照片中的污点和其他不理想部分，覆盖相似或相同颜色区域中的其他颜色。使用图像中的样本像素进行绘画，并将样本像素的纹理、光照、透明度和阴影与所修复的像素相匹配。在使用污点修复画笔工具时，不需要定义原

点，只需要确定需要修复的图像位置，调整好画笔大小，移动鼠标指针就会在确定需要修复的位置自动匹配。

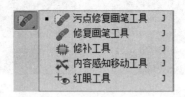

图 3-20　修复工具组

② "修复画笔工具"：将取样点的像素信息非常自然地复制到图像的破损位置。按住 Alt 键点按以定义用来修复图像的源点，如果在被修复处单击且在选项栏中未选中"对齐"复选框，则取样点一直固定不变；如果在被修复处拖动或在选项栏中选中"对齐"复选框，则取样点会随着拖动范围的改变而相对改变；另外，如果要从一幅图像中取样并应用于另一幅图像，则这两幅图像的颜色模式必须相同。

③ "修补工具"：将样本像素的纹理、光照和阴影与源像素进行匹配，用于修改有明显裂痕或污点等有缺陷或者需要更改的图像。选择状态为"源"的时候⊙源，拉取污点选区到完好区域实现修补。选择状态为"目标"的时候⊙目标，选取足够盖住污点区域的选区拖动到污点区域，盖住污点实现修补。

④ "内容感知移动工具"：实现将图片中多余部分物体去除，同时会自动计算和修复移除部分，从而实现更加完美的图片合成效果。它可以将物体移动至图像其他区域，并且重新混合组色，以便产生新的位置视觉效果。

⑤ "红眼工具"：夜晚拍照如果使用闪光灯拍摄人物照片时，往往会产生红眼现象，Photoshop 内设修复红眼工具，用来修补照片中的红眼非常方便。

(2) 图章工具组(包括两种工具)，如图 3-21 所示，快捷键为 Shift+S。

图 3-21　图章工具组

① 仿制图章工具：以指定的像素点为复制基准点，将其周围的图像复制到其他地方。按涂抹的范围复制全部或者部分到一个新的图像中，作用相当于使用"修复画笔工具"时在选项栏中选中"替换"模式。

② 图案图章工具：利用图案进行绘画，可以从图案库中选择图案或者自己创建图案。

水 印 修 复

通过本案例学习去除网络上带有水印的图片。如果水印所在位置的图像比较复杂，可以根据水印所在的位置，综合使用污点修复工具组，将取样图像和被修复的图像进行融合，配合放大图片的方式去除水印。具体操作如下：

(1) 打开图片素材"花.jpg"，观察网址文字所在的位置，下面将采用不同的修复画笔对网址文字进行去除，如图 3-22 所示。

(2) 针对文字叠加在花上的部分，使用"仿制图章工具" ⬛，按住 Alt 键，光标变为圆形十字，在相应文字旁边区域单击相似的色彩图案进行采样，在文字区域拖动复制出取样点的图案，以覆盖文字。

(3) 针对文字在背景图案或色彩比较一致的部分，使用"修补工具" ⬛ 就比较方便，在工具选项栏中选择修补项为"源" ⊙源，关闭"透明"选项，按下鼠标按键不放，并框选画面中部分文字，拖动到无文字区域中色彩或图案相似的位置，松开鼠标按键完成修复。

(4) 针对画面中细小部分的污点可以使用"污点修复画笔工具" ⬛，并配合"放大镜工具" 🔍。污点修复画笔不需要定义采样点，在想要消除的地方涂抹即可，有自动匹配颜色的功能，复制的效果与周围的色彩较为融合，如图 3-23 所示。

(5) 需要注意的是水印位置如果比较复杂，可根据需要在"污点修复画笔工具"选项栏中调整画笔大小，模式设置为"正常"，类型中选择"内容识别"，根据水印所在不同位置进行耐心的细节修复。

(6) 将文件保存到 E 盘"案例"文件夹，命名为"案例 3-4 水印修复.jpg"。

图 3-22　修复前

图 3-23　修复后

> **技巧：** 采样点即为复制的起始点，选择不同的笔刷直径会影响绘制的范围，而不同的笔刷硬度会影响绘制区域的边缘融合效果。反复按 Shift+J 键调出该污点修复画笔工具组中各项工具。

案例 3-5

内 容 识 别

通过本案例学习使用"内容识别"，修复画面中不需要的部分，并且原样拓展画面，设计一张符合需求的背景图。具体操作如下：

(1) 打开图片素材"背景.jpg"，用"套索工具" ⬛ 框选画面中白色的花朵，如图 3-24 所示。

(2) 单击"编辑"菜单，选择"填充"命令，在"填充"对话框的"内容"中选择"内容识别"，单击"确定"按钮，花朵会被旁边排列组合像素智能化地替换。

(3) 双击该图层进行解锁，单击"编辑"菜单，选择"变换"中的"水平翻转"命令，瓢虫图案换到右侧，并使用"移动工具" 将图片向右下方移动，将瓢虫图案向右移动到画面一角，画面出现底图棋盘格。

(4) 选择"矩形选框工具"，按 Shift 键，进行加选横向、纵向棋盘格空白区域。重复第(2)步操作，单击"编辑"菜单，选择"填充"命令，进行"内容识别"，图像会自动识别相近的像素和色彩信息进行修复，快速将画面原样拓展，得到需要的构图画面，如图 3-25 所示。

(5) 将文件保存到 E 盘"案例"文件夹，命名为"案例 3-5 内容识别.jpg"。

图 3-24　修复前　　　　　　　　　　图 3-25　修复后

3.4.2　选择与图层

1. 选择

在使用图像素材时，有时想要单独保留画面中局部作为主体物，或者选取部分元素移动到另外的背景中，就需要使用选择工具，能够快捷精准地选择图像是提高处理图像效率的关键。

1) 矩形选框工具组(Shift+M)

"矩形选框工具"选项栏如图 3-26 所示。

图 3-26　"矩形选框工具"选项栏

部分选项的功能如下。

"新选区"按钮：用于绘制新选区。

"添加到选区"按钮：用于在原有选区上增加新的选区。

"从选区减去"按钮：用于从原有选区上减去新选区的部分。

"与选区交叉"按钮：选择新旧选区重叠的部分。

"羽化"文本框：用于设定选区边界的羽化程度，取值范围在 0~250 之间，可羽化选区的边缘。数值越大，羽化的边缘越大。

"消除锯齿"复选框：用于清除选区边缘的锯齿。

"样式"下拉列表框：选择选区的比例样式。固定比例可设置比例尺寸，固定大小可设置像素尺寸。

"高度宽度互换"按钮：快速转换高度和宽度的数值。

2) 套索工具组(Shift+L)

套索工具是最基本的选区工具，在处理图像中起着很重要的作用。

"套索工具"：用于制作任意不规则选区。

"多边形套索工具"：用于制作规则的几何选区。

"磁性套索工具"：制作边缘比较清晰，且与背景颜色相差比较大的图片的选区。

在工具选项栏中可对不同套索工具的属性进行选择和调整。以磁性套索为例，如图3-27所示。

图3-27 "磁性套索工具"选项栏

部分功能如下。

选区加减的设置：做选区的时候，使用"新选区"按钮比较多。

"羽化"文本框：取值范围在0~250间，可羽化选区的边缘。数值越大，羽化的边缘越大。

"消除锯齿"复选框：功能是让选区更平滑。

"宽度"文本框：取值范围在1~256间，可设置一个像素宽度，一般使用的默认值为10。

"对比度"文本框：取值范围在1~100间，它可以设置"磁性套索"工具检测边缘图像灵敏度。如果选取的图像与周围图像间的颜色对比度较强，那么就应设置一个较高的百分数值；反之，输入一个较低的百分数值。

"频率"文本框：取值范围在0~100，它是用来设置在选取时关键点的创建速率的选项。数值越大，速率越快，关键点就越多。当图的边缘较复杂时，需要较多的关键点来确定边缘的准确性，可采用较大的频率值，一般使用的默认值为57。

3) 快速选择工具组(Shift+W)

"快速选择工具"：可以通过调整画笔的笔触、硬度和间距等参数，快速通过单击或拖动创建选区。拖动时，选区会自动向外扩展并自动查找图像中定义的边缘。还可配合工具选项栏中的查找边缘 调整边缘… 进行细节选择。

"魔棒工具"：根据颜色的色值分布来选取图像，对于一些分界线比较明显的图像，通过魔棒工具可以快速将图像抠出。"魔棒工具"选项栏如图3-28所示。部分选项的功能如下。

"容差"文本框：影响着选取范围的大小，数值越大，可允许颜色范围越大。

"消除锯齿"复选框：用于消除选取边缘的锯齿。

"连续"复选框：选中此选项，选择图像颜色的时候只能选择一个区域当中的颜色，不能跨区域选择。

"对所有图层取样"复选框：选中这个选项，整个图层当中相同颜色的区域都会被选中，未选中此选项，就只会选中单个图层的颜色。

图3-28 "魔棒工具"选项栏

案例 3-6

龟兔赛跑配图处理

通过本案例学习使用"魔棒工具"。对于边缘分界线比较明显的图像，使用"魔棒工具"可以很快速地将图像抠出。具体操作如下：

(1) 打开图像素材"乌龟.jpg"和"兔子.jpg"，如图 3-29 所示和图 3-30 所示，接下来需要将兔子和乌龟的漫画造型选出。

(2) 使用"裁剪工具" ⬚ 将"乌龟.jpg"图片上第一行第二个造型剪裁出来。

(3) 使用"魔棒工具" ✎，单击乌龟图像的背景。由于色彩区别较大，容差值可设置小一点，设置为 8。按 Delete 键删除背景，按 Ctrl+D 键取消选区选择，获得一张透明图层的乌龟造型。

(4) 对兔子进行选择。由于兔子背部靠着一个彩蛋，色彩区间较为复杂，可以从兔子内部开始选择。这里容差值设置高一些，设置为 55，并配合放大工具和 Shift 键进行加选。

(5) 单击"选择"菜单，选择"反选"命令，或者按 Shift+Ctrl+I 组合键对除了兔子之外的部分进行反选，按 Delete 键删除，按 Ctrl+D 键取消选区选择，获得一张透明图层

(6) 打开图像素材"森林.jpg"，使用"移动工具"将抠图后的乌龟和兔子移动至森林中合成，如图 3-31 所示。

(7) 将文件保存到 E 盘"案例"文件夹，命名为"案例 3-6 龟兔赛跑配图处理.jpg"。

图 3-29　乌龟素材

图 3-30　兔子素材

图 3-31　龟兔赛跑

技巧：使用快速选择工具和魔棒工具时，在图像已建立的选区上，按住 Shift 键不放，可继续添加到选区。选择的时候误选或多选，按住 Alt 键可实现魔棒减选，对选区进行调整。

案例 3-7

快速选择与调整边缘

通过本案例学习使用"快速选择工具"和"调整边缘"，精准地选择人物头发有毛边轮廓的图像，以便为证件照替换背景色。具体操作如下：

(1) 打开图像素材"登记照.jpg"，发现头发边缘柔和的交界处无法单纯用"魔棒工具"

直接抠除干净，如图 3-32 所示。

(2) 选择"快速选择工具" ，对主体人物进行快速选择。"快速选择工具"是选择相邻的颜色区域，比较适合做大面积的选区，对细节方面进行处理还需要调整选择工具选项栏中的 调整边缘... ，对已选择区域进行边缘细节调整，如图 3-33 所示。

(3) 在"调整边缘"对话框中，选择"视图"中的"黑底"，将半径设置为 60 像素，"移动边缘"为-14%，选择"调整边缘画笔工具" ，围绕人物周围手动调整边缘，使人物发丝及边缘的背景色去除得更为柔和。

(4) 也可在"调整边缘"对话框中选中"智能半径"复选框和"净化颜色"复选框，拖动"半径"滑块查看边缘调整情况，最终达到人物发丝边缘的效果越来越净化。

(5) 选择在"调整边缘"对话框中的"输出到新建图层"，人物直接新建为单独的透明图层。

(6) 在"图层"面板中新建图层，填充颜色为蓝色，调整图层顺序，使背景图层在人物图层下方，最终获得一张蓝底登记照，且边缘干净，如图 3-34 所示。

(7) 将文件保存到 E 盘"案例"文件夹，命名为"案例 3-7 快速选择与调整边缘.jpg"。

图 3-32　处理前

图 3-33　调整边缘

图 3-34　处理后

2．图层

可以将 Photoshop 中的图层概念理解成一张张叠起来的透明玻璃纸，透过图层的透明区域可以看到下面的图层，但是无论在上一层上如何涂画都不会影响到下面的玻璃纸，上面一层会遮挡住下面的图像。最后将玻璃纸叠加起来，通过移动各层玻璃纸的相对位置或者添加更多的玻璃纸即可改变最后的合成效果。

通过更改图层的顺序和属性，可以改变图像的合成效果。在"图层"面板中，各层自上而下依次排列，调整其位置也就相当于调整了图层的叠加顺序。

图层面板上显示了图像中的所有图层、图层组和图层效果，可以使用图层面板上的各种功能来完成一些图像编辑任务，例如创建、隐藏、复制和删除等。

还可以使用图层模式改变图层上图像的效果，如添加阴影、外发光、浮雕等。

另外可对图层的光线、色相、透明度等参数属性做修改来制作不同的效果。

1) 基本操作

图层基本编辑主要包括图层的删除、复制、移动、链接、合并等。

"复制图层"：在图层的控制面板右上角图标 中选择"复制图层"选项；也可选中

需复制的图层，右击，在弹出的快捷菜单中选择"复制图层"命令；还可以点中需要复制的图层拖至图层面板下方选择新建图层 ⬜ 按钮上，进行快速复制。

"颜色标识"：选择"图层属性"选项，可给当前图层进行颜色标识，有了颜色标识后在图层面板中查找相关图层就会更容易。

"栅格化图层"：一般建立的文字图层、形状图层、矢量蒙版和填充图层之类的图层，就不能在它们之上再使用绘画工具或滤镜进行处理。如果要在这些图层上继续操作，就要使用"栅格化图层"，将这些图层的内容转换为平面的光栅图像，右击图层选择栅格化操作。

"合并图层"：多个已确定不会再修改的图层，可将它们合并在一起便于图像管理。合并后的图层中，所有透明区域的交叠部分都会保持透明。按住 Shift 键单击需要合并的图层进行选择，然后右击"合并所选图层"；也可直接右击"合并可见图层"，即所有图层进行合并。

"隐藏图层"：单击图层控制面板中任意图层左侧的眼睛图标 👁 即可隐藏或显示这个图层。按住 Alt 键，并单击图层控制面板中任意图层左侧的眼睛图标 👁 ，此时图层控制面板中将只显示这个图层，其他图层被隐藏。

2) 图层样式 fx.

图层样式的功能强大，能够简单快捷地制作出各种立体投影、各种质感以及光景效果的图像特效，具有设计效果速度快、效果可编辑性强等优势。图 3-35 所示为"图层样式"面板。

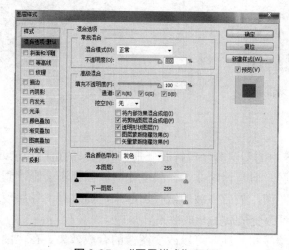

图 3-35　"图层样式"面板

3) 图层混合模式

图层的混合模式命令用于为两层图层之间添加不同的模式，使图层产生不同的混合效果。原理是用 Photoshop 的程序算法，提取一个图层中的像素，与其他图层的像素混合，以得到全新的效果。在"图层"控制面板中，"设置图层的混合模式"选项 [正常 ▼] 用于设定图层的 27 种混合模式。在 27 种混合模式中，系统会默认将其分成六大类，具体如下。

组合模式：正常、溶解。

加深混合模式：变暗、正片叠底、颜色加深、线性加深，深色。

减淡混合模式：变亮、滤色、颜色减淡、线性减淡，浅色。

对比混合模式：受加、柔光、强光、亮光、线性光、点光、实色混合。

比较混合模式：差值、排除。

色彩混合模式：色相、饱和度、颜色、亮度。

案例 3-8

图 层 调 整

通过本案例学习 Photoshop 中的图层调整，调整图层的顺序改变图层中对象的层次关系，以及合并图层等操作。具体操作如下：

(1) 打开图像素材"托盘.jpg""砝码.jpg""柠檬.jpg"，如图 3-36 所示。

(2) 使用"魔棒工具"，选择"砝码.jpg"的背景，按 Delete 键删除，选择"移动工具"将砝码拖入托盘天平图层，并移动其顺序在天平图层之上，按 Ctrl+T 键调整大小以及摆放位置。

(3) 使用"魔棒工具"，选择"柠檬.jpg"背景，按住 Shift 键不放，可将没选择的区域添加到选区。误选或多选，按住 Alt 键可实现魔棒减选。

(4) 使用"移动工具"将柠檬移动到托盘天平图层，并在"图层"面板中改变图层顺序到托盘天平图层之上，按 Ctrl+T 键调整大小以及摆放位置，如图 3-37 所示。

(5) 单击右键，复制"砝码"与"柠檬"图层。将新建的两个图层分别放置在原始图层下方，并使用 Ctrl+T 键缩放以及调整摆放位置。调整图层透明度为 20%，作为砝码与柠檬倒影，如图 3-38 所示。

(6) 选择"托盘天平"图层并右击，在弹出的快捷菜单中选择"合并可见图层"，将所有图层合并为一层。

(7) 将文件保存到 E 盘"案例"文件夹，命名为"案例 3-8 图层调整.jpg"。

图 3-36　处理前　　　　图 3-37　"图层"面板　　　　图 3-38　处理后

3.4.3　色彩的调色

调整图像色彩是 Photoshop 非常强大的功能之一，在实际运用过程当中，使用频率很高，以下挑选部分常用功能进行讲解。

"亮度/对比度"：选择此命令，在调整亮部和暗部时都是按等比调整的，比如提高暗部亮度亮部也跟着增加，高光细节就丢失了。如果调整局部亮度这种方法不适用。

"色阶"：用直方图描述出的整张图片的明暗信息，只与明度有关，与纯度、色相无关。"色阶"面板主要是利用直方图以及黑、灰、白 3 个滑块调整和控制画面中暗部、灰部、高光的部分，左侧竖直框和黑色滑块用于调整图像最暗像素的亮度，右侧竖直框和白色滑块用于调整图像最亮像素的亮度，中间滑块代表中间调，可以改变中间调的亮度，当将灰色滑块右移，就等于是有更多的中间调像素进入了暗部，图像会变暗，反之亦然。图 3-39 所示为"色阶"面板。

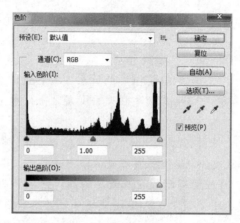

图 3-39　"色阶"面板

"曲线"：在曲线的横轴和纵轴上都有由暗到亮的渐变条，代表的是照片中的暗部和亮部。位于曲线左下角的"输入"和"输出"，"输入"可以简单理解为修改前，"输出"可以理解为修改后，如图 3-40 所示。

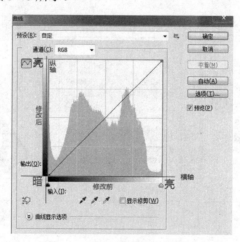

图 3-40　"曲线"面板

"曝光度"：选择此命令，调整色彩范围的高光部分，对极限阴影的影响很轻微。

"位移"：选择此命令，使阴影和中间调变暗，对高光的影响很轻微。

"灰度系数校正"：选择此命令，使用乘方函数调整图像灰度系数。

"色彩平衡"：光的成像模式都是由红色、绿色和蓝色这 3 种原色混合而成的，洋红、黄、青是三原色的补色。同时可以选择"阴影""中间调"和"高光"，调整照片不同区域光影的色彩，如图 3-41 所示。

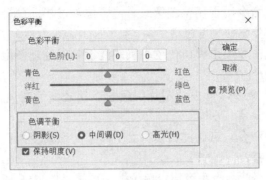

图 3-41　"色彩平衡"面板

"色相/饱和度"：每张图像都有色相、纯度、明度这 3 个属性，可以通过该命令调整图像的色彩样式、颜色纯度以及色彩的明亮程度。使用色相饱和度命令可以进行整体调整和局部调色，如图 3-42 所示。

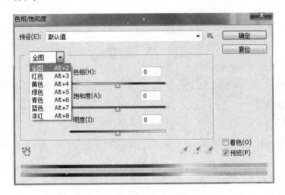

图 3-42　"色相/饱和度"面板

"可选颜色"：通过选择图像中某种颜色进行调整。如图 3-43 所示可单独调整图像中的红色。

图 3-43　"可选颜色"面板

"反相"：选择此命令，可将图像或者选区的像素颜色反转为补色，使其出现底片的效果。

"自动颜色"：选择此命令，可将图像色彩进行自动调整。

"色调均化"：此命令用于调整图像或者选区像素过黑的部分，使图像变得明亮，并将图像中其他像素平均分配在亮度色谱中。

"照片滤镜"：此命令用于模仿传统相机的滤镜效果处理图像，通过调整图片颜色可以获得各种丰富的效果。

"去色"：选择此命令，可去掉图片中色彩，使之变为灰度图，但是图像色彩模式不变。

"阈值"：选择此命令，可通过调整将大于阈值的像素变为白色，小于阈值的像素变为黑色，使图片具有反差。

"色调分离"：选择此命令，可指定色阶数，系统将以 256 阶的亮度对图像中的像素进行分配。色阶数越高，图像产生的变化越小。

"替换颜色"：选择此命令，可以将图像中某种颜色进行替换。

"匹配颜色"：此命令用于对不同的图片进行调整，统一成为协调的色彩。

案例 3-9

局 部 调 整

通过本案例学习使用曲线调整图像整体色调；调节图片任意局部的亮度；调节图片中某种色相的颜色。具体操作如下。

1) 曲线调亮

(1) 打开图片素材"逆光拍摄.jpg"照片，观察这张图片发现是逆光拍摄，前景物非常暗，天空的亮度尚可，所以需要将图片的暗部调亮，同时适当保留亮部，以免曝光过度，如图 3-44 所示。

(2) 单击"图像"菜单，选择"调整"中的"曲线"命令，或按 Ctrl+M 键，打开"曲线"对话框。曲线的横轴和纵轴，代表的是照片的输入和输出，也就是图片修改前和修改后的状态。单击曲线将其向上拖动为上弧线图像变亮(整体)，向下拖拽变为下弧线，则图像变暗(整体)。

(3) 如果想让暗部变亮、亮部不变，将鼠标指针移到曲线 1/2 处出现十字光标，先单击增加一个中间节点，在线段两边 1/2 处再增加一个节点，保持亮部的曲线不动，将暗处曲线向上变亮，如图 3-45 所示。

(4) 通过对曲线的调整，图像中逆光部分局部变亮，画面内容变得清晰，如图 3-46 所示。

(5) 也可单击"曲线"对话框左下角的手形按钮，直接在图像需要被调整的区域上拖动，向上拖动变亮，向下拖动变暗，最后在曲线框中使用路径添加锚点来精确微调。

(6) 将文件保存到 E 盘"案例"文件夹，命名为"案例 3-9 局部亮度调整.jpg"。

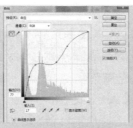

　　图 3-44　调整前　　　　　图 3-45　曲线调亮　　　　　图 3-46　调整后

2) 色彩调亮

(1) 曲线调整框里除了可以对"亮调暗调"进行调整之外，也可以选择 RGB 通道的某种颜色进行亮度调整。

(2) 选择曲线对话框中"通道"选项的"红色"通道 通道(C): 红 ▾ 进行调整，红色通道下对应的红色曲线只影响画面中带有红色调的图像元素，曲线向上照片变红，向下照片变青。通过分析图像可以看出，上弦增加当前通道的颜色，下弦增加它的对应色,如图 3-47 所示。

(3) 同样的方式选择"绿色"通道进行调整，将画面中的树木部分单独调整得更鲜艳一些，如图 3-48 所示。

(4) 通过 RGB 通道的曲线局部调色，将照片色调调整为橙红色天空和绿色前景物的对比效果，如图 3-49 所示。

(5) 将文件保存到 E 盘"案例"文件夹，命名为"案例 3-9 局部色彩亮度调整.jpg"。

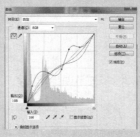

　　图 3-47　增加红色调　　　　图 3-48　曲线调色　　　　图 3-49　增加绿色调

技巧：如果对图像调整不满意，按下 Alt 键，"取消"命令会变为"复位"，单击"复位"即可将图像恢复到最初的状态。

案例 3-10

登记照背景换色

通过本案例学习使用 Photoshop 可选颜色工具，对特定的局部颜色进行调整，将蓝底照片变为红底，并改变人物衣服颜色。具体操作如下。

(1) 打开图像素材"蓝底登记照.jpg"，如图 3-50 所示。

(2) 单击"图像"菜单，选择"调整"子菜单中的"替换颜色"命令，在"替换颜色"

对话框中，选择 对选取预览图中蓝色背景部分进行单击，并调整"颜色容差"为150。

　　（3）在"替换颜色"对话框"替换"中调整参数，色相为143、饱和度为-10、明度为-15，登记照片背景蓝色调整为红色。也可以在"替换颜色"对话框"替换"的颜色预览框中双击，在"拾色器"中选择需要的红色颜色。

　　（4）将人物蓝色衣服调整为偏紫红色的色调。单击"图像"菜单，选择"调整"子菜单中的"可选颜色"命令，弹出"可选颜色"对话框，将其颜色设为蓝色。根据可选颜色原理，适当增加黄色 43%与洋红 100%数值，并减少青色数值-100%来突出红色，如图 3-51所示。

　　（5）利用"可选颜色"命令对图像进行多次调整，直到效果满意为止。

　　（6）将文件保存到 E 盘"案例"文件夹，命名为"案例 3-10 登记照背景换色.jpg"。

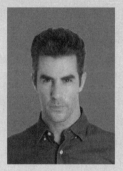

图 3-50　蓝色背景

图 3-51　可选颜色设置

案例 3-11

扫描试卷黑白处理

　　通过本案例学习使用 Photoshop 调整黑白对比度的相关命令，针对自然光下拍摄的文本图片中文字不明显的情况，将其处理为白底黑字。具体操作如下：

　　（1）打开图像素材"试卷.jpg"。这是一份自然光下拍摄的试卷，试卷纸张与字的对比度不够强烈且纸张色彩不够明亮。

　　（2）方法一：单击"图像"菜单，选择"调整"子菜单中的"色阶"命令，在弹出的"色阶"对话框中滑动阴影滑块、中间滑块及高光滑块，如图 3-52 所示，同时利用黑场、灰场、白场的取样 来调节画面的颜色值和明暗对比度。调节完成后，单击"确定"按钮，完成色阶调节。

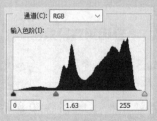

图 3-52　"色阶"对话框

(3) 方法二：单击"图像"菜单，选择"调整"子菜单中的"阈值"命令，在弹出的"阈值"对话框中适当调节阈值数值，如图 3-53 所示，调节完成后，单击"确定"按钮，增强画面的对比度以及亮度。

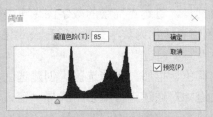

图 3-53　"阈值"对话框

(4) 方法三：单击"滤镜"菜单，选择"其他"子菜单中的"高反差保留"命令，在弹出的对话框中滑动下方滑块以调节半径(R)的像素数值，调节画面合适后，单击"确定"按钮，完成高反差保留设置。观察画面明暗度以及亮度，再次单击"图像"菜单，选择"调整"子菜单中的"阈值"命令，在弹出的"阈值"对话框中适当调节阈值数值，当画面黑白对比度合适后，单击"确定"按钮，完成此次案例调节，如图 3-54 所示。

(5) 将文件保存到 E 盘"案例"文件夹，命名为"案例 3-11 扫描试卷黑白处理.jpg"。

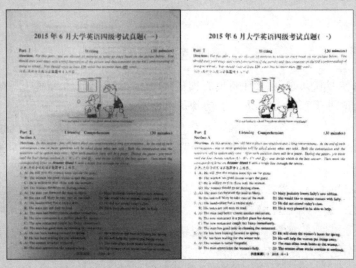

图 3-54　前后效果对比

3.4.4　通道与蒙版

1. 通道

在 Photoshop 中，不同的图像模式下，通道是不一样的。通道层中的像素颜色是由一组原色的亮度值组成，通道实际上可以理解为是选择区域的映射。通道包括 Alpha 通道、颜色通道、复合通道、专色通道和矢量通道等，在设计中常用到前两种通道。

Alpha 通道：为保存选择区域而专门设计的通道。

颜色通道：图像的模式决定了颜色通道的数量。RGB 模式有 R、G、B 3 个颜色通道；

CMYK 图像有 C、M、Y、K 4 个颜色通道；灰度模式只有一个颜色通道。

复合通道：由蒙版的概念衍生而来，用于控制两张图像叠加关系的一种简化应用。

专色通道：专色通道是一种特殊的颜色通道，例如烫金、荧光等，多用于印刷中。

矢量通道：为了减少数据量，将逐点描绘的数字图像再一次解析，运用复杂的计算方法将其上的点、线、面与颜色信息转化为数学公式，这种公式化的图形被称为"矢量图形"。而公式化的通道，则被称为"矢量通道"。

通道常被用来帮助图像调色、抠图、存储选区、创建选区、印刷出版，方便传输。通道控制面板可以管理所有通道并对通道进行编辑。选择"窗口"菜单中的"通道"命令，调出通道控制面板，面板中放置当前图像中存在的所有通道，可以通过左侧眼睛图标显示或者隐藏通道。

在"通道"面板中 4 个工具按钮。

将通道作为选区载入：用于将通道作为选择区域调出。

将选区存储为通道：用于将选择区域存入通道中。

创建新通道：用于创建或复制新的通道。

删除当前通道：用于删除图像中的通道。

案例 3-12

利用通道抠图

通过本案例学习使用通道进行精准抠图，将一张具有毛糙的头发轮廓的图片进行通道抠图。此方法也适用于抠图毛茸茸的小动物等素材。具体操作如下：

(1) 打开图片素材"长发女生.jpg"，观察这是一张头发边缘比较毛糙的照片。

(2) 选择"通道"面板，在通道中选择明暗关系比较强烈的图层进行复制。在这里选择绿色图层，如图 3-55 所示。

(3) 选择复制的通道，单击"图像"菜单，选择"调整"子菜单中的"色阶"命令或使用快捷键 Ctrl+L，调整"输入色阶"亮部、灰部、暗部的滑块，调整照片的明暗度，在保证轮廓明显的情况下，尽可能让人物头发边缘明暗关系最大化。

(4) 根据头发边缘的复杂程度，打开"色阶"细调一次，使对比度更强烈(不同的图像，调整次数也不一样)。注意一定要将头发调成纯黑，才能完整地选出来，不然选择出来的选区将会是半透明状态。

(5) 使用"画笔工具"，颜色选择纯黑色(RGB:0,0,0)进一步精确涂抹，将人物面部涂为黑色，背景保留为白色，尽量细节都处理到位，注意轮廓，如图 3-56 所示。

(6) 单击"图像"菜单，选择"调整"子菜单中的"反相"命令，得出黑色区域的选区，将人物和背景颜色互换。

(7) 完成后选择"通道"面板中的"将通道作为选区载入"。

(8) 返回图层，可以看到复制图层已自动添加蒙版。如果还需要调整一些细节，可以在图层蒙版上进一步调整。

(9) 按住 Ctrl 键，单击调整过的蒙版，可得到人物选区。

(10) 使用"移动工具"将人物换到"背景.jpg"图片之上，如图 3-57 所示。

(11) 将文件保存到 E 盘 "案例" 文件夹，命名为 "案例 3-12 利用通道抠图.jpg"。

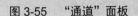

图 3-55　"通道" 面板　　　图 3-56　通道选择　　　图 3-57　最终效果

2. 蒙版

蒙版是将不同的灰度色值转化为不同程度的透明度值，并作用到它所在的图层，让图层的透明度发生相应变化。蒙版中灰度代表透明度，纯黑色表示完全透明，纯白色表示完全不透明。

蒙版一词本身即来自生活应用，也就是 "蒙在上面的板子" 的含义。蒙版可以理解是浮在图层之上的一块玻璃挡板，它本身不包含图像数据，只是对图层的部分起到遮挡的作用，当我们对图层进行操作时，被遮挡的部分是不会受到影响的。

1) 蒙版的作用

蒙版的作用：用于抠图、设计图的边缘淡化效果、图层间的融合。

2) 蒙版的优点

蒙版的优点：修改方便，不会因为使用橡皮擦或剪切删除而造成不可挽回的遗憾；可运用不同滤镜，以产生丰富的特效；任何一张灰度图都可作为蒙版使用。

3) 蒙版的类型

Photoshop 中有图层蒙版、剪贴蒙版、矢量蒙版和快速蒙版。

图层蒙版：跟橡皮擦工具差不多，橡皮擦工具能把图片上不要的内容擦掉，而图层蒙版就可以理解为是一个不但可以擦掉，而且还可把擦掉的地方还原的橡皮擦工具。

剪贴蒙版：通过让处于下方图层的形状来限制上方图层的显示区域，达到遮罩的效果。

矢量蒙版：矢量蒙版中创建的形状是矢量图，可以任意放大或缩小蒙版，通过形状控制图像显示区域，仅能作用于当前图层。

快速蒙版：是一种临时蒙版，它可以在临时蒙版和选区之间快速转换。使用快速蒙版将选区转为临时蒙版后，可以使用任何绘画工具或滤镜编辑和修改它，但是快速蒙版不具备存储功能。

案例 3-13

利用蒙版合成图片

通过本案例学习使用 "图层蒙版" 工具，利用蒙版对图片进行合成，使之达到更好的融合效果。具体操作如下：

(1) 打开图片素材“日出.jpg”“海边.jpg”，如图 3-58 所示。

(2) 使用“移动工具”将“日出.jpg”放到“海边.jpg”的图层上方，按 Ctrl+T 键调整图片大小与海平面的位置，必要时可降低上层图层的透明度以便于观察。

(3) 选中图层 2，单击面板下方的“添加图层蒙版”。

(4) 选中上一步添加的蒙版(蒙版的四周出现白色边框即为选中)，选择“渐变工具”，设置前景色为白色，背景色为黑色，设置渐变样式为线性渐变，渐变类型为“从前景色到背景色”，在图层蒙版上按住鼠标左键由下到上拖动，完成渐变填充。

(5) 调整渐变填充的过渡，以及上、下图层的位置，达到更好的融合。

(6) 观察图片发现椅子上端部分也被天空图层遮挡，选择黑色“画笔工具”，在天空图层蒙版上对遮挡椅子的部分进行擦除，如果有画错的部分，用白色笔触涂抹修复，如图 3-59 所示。

(7) 单击“图层”面板中的“创建新的填充和调整图层”按钮，调整椅子图层的滤镜，添加黄色暖光，以及调整曲线，将上下两张图片的色调进行协调，如图 3-60 所示。

(8) 将文件保存到 E 盘“案例”文件夹，命名为“案例 3-13 利用蒙版合成图片.jpg”。

图 3-58　调整前

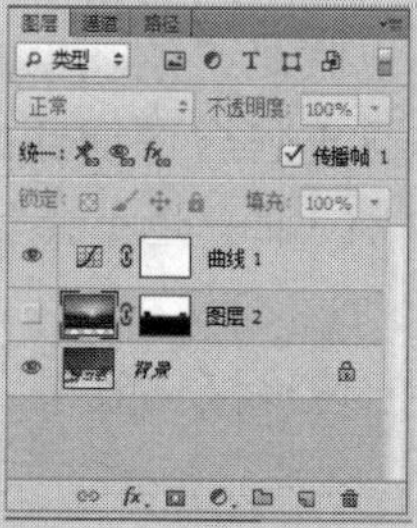

图 3-59　“图层”面板

图 3-60　调整后

技巧：在蒙版状态下可以反复修改蒙版，以产生不同效果。渐变的范围决定了遮挡的范围，黑白的深浅决定了遮挡的程度。按下 Shift 键单击图层蒙版，可以临时关闭图层蒙版，再次单击图层蒙版则可重新打开图层蒙版。

3.4.5　特效与滤镜

滤镜主要是用来实现图像的各种特殊效果。目前有许多滤镜可以在智能手机上使用，这些软件使滤镜变得更简单，只需一键就能使许多照片达到最美的效果。Photoshop 中具有多种强大的滤镜功能，可根据需要进行调整和叠加，并为每一个滤镜提供了直观的预览效果，使用十分方便。

“自适应广角”：自适应广角滤镜可以对具有广角、超广角及鱼眼效果的图片进行校正。

“镜头校正”：镜头校正滤镜可以修复常见的镜头瑕疵，如桶形失真、枕形失真、晕影和色差等，也可以用该滤镜来旋转图像，或修复由于照相机在垂直或水平方向上倾斜而导致的图像透视错视效果。

"油画"："油画"滤镜可将照片或图片制作成油画效果。

"消失点"：应用消失点滤镜可制作建筑物或任何矩形对象的透视效果。

"风格化"：通过置换像素和通过查找并增加图像的对比度，在选区中生成绘画或印象派的艺术效果。它是完全模拟真实艺术手法进行创作的滤镜效果。

"模糊"：可以使图像中过于清晰或对比度过于强烈的区域产生模糊效果。

"液化"：液化滤镜可制作各种类似液化的图像变形效果，可利用向前变形工具、重建工具、褶皱工具、膨胀工具、左推工具、抓手工具和缩放工具改变图像的任意区域。创建的扭曲可以是细微的或剧烈的，这就使"液化"命令成为修饰图像和创建艺术效果的强大工具。

"扭曲"：这一系列滤镜都是用几何学的原理来把一幅影像变形，以创造出三维效果或其他的整体变化。

"锐化"：锐化滤镜可以通过生成更大的对比度来使图像清晰化和增强处理图像的轮廓，此滤镜可减弱图像的模糊效果。

"像素化"：像素化滤镜可以用于将图像分块或将图像平面化。

"渲染"：可模拟的光反射在图片中产生照明的效果，从而产生不同的光源效果和夜景效果。

"杂色"：主要用于校正图像处理过程的瑕疵(如扫描)。

案例 3-14

水墨风格配图处理

通过本案例学习使用 Photoshop 滤镜效果对图像进行风格化处理，将实拍的照片处理成水墨风格的配图。具体操作如下：

(1) 打开图片素材"江南.jpg"，如图 3-61 所示，按 Ctrl+J 键复制一层。

(2) 选中复制图层，单击"滤镜"菜单，选择"风格化"中的"查找边缘"命令，为画面元素勾勒边缘线条。

(3) 单击"图像"菜单，选择"调整"中的"去色"命令，将彩色照片变为黑白色调，然后按 Ctrl+L 键调出色阶对话框，在通道一栏"输入色阶"最左侧的文本框中输入 130，单击"确定"。

(4) 单击图层面板中"设置图层混合模式"，选择"叠加"，在右侧不透明度的文本框中输入 80%，接着按 Ctrl+J 键复制一层。

(5) 选择上一步中复制的图层，单击"滤镜"菜单，选择"模糊"中的"方框模糊"，在弹出的对话框中将半径改为 23，单击"确定"。

(6) 单击"滤镜"菜单，选择"滤镜库"，在弹出的对话框中单击"画笔描边"，单击"喷溅"，右侧喷射半径设置为 15，平滑度设置为 9，通过调节喷色半径和平滑度数值调节水墨笔触效果，单击"确定"，如图 3-62 所示。

(7) 单击图层面板中"设置图层混合模式"，在弹出的快捷菜单中选择"正片叠底"即可。

(8) 在工具栏左侧找到直排文字工具 IT，选择合适的字体，颜色为黑色，对字体大小进行调节，为图片添加古诗《咏柳》。最终效果如图 3-63 所示。

(9) 将文件保存到 E 盘"案例"文件夹，命名为"案例 3-14 水墨风格配图处理.jpg"。

图 3-61　素材图　　　　　　图 3-62　滤镜处理　　　　　图 3-63　最终效果

3.4.6　批处理图片

批处理顾名思义就是对某些对象进行批量的处理，通常被认为是一种简化的脚本语言。如果对许多图片做同一种处理，可以利用批处理功能，大大提高工作效率。

Photoshop 的批处理功能主要用来批量处理具有相同修改要求的图片，常用的批处理功能如统一修改图片尺寸、调整颜色、转换格式等，也可以处理组合的命令。

案例 3-15

批处理图片

通过本案例学习 Photoshop 图像批处理命令，快速裁剪大量图片，并对图片亮度进行调节。具体操作如下：

(1) 打开"小马王"文件夹，如图 3-64 所示，观察文件夹中所有的图片四周均有黑色边框，需要把黑边全部裁掉。

(2) 打开文件夹中任意一张图片，选择"窗口"菜单中的"动作"命令，单击 🔲 新建动作，在弹出的对话框中将其名称编辑为"裁剪调色"，单击"记录"按钮完成动作的新建。观察发现动作面板下方出现一个红色按钮 ■ ● ▶，表示对以下操作的批处理动作开始录制。

(3) 选择"裁剪工具" 🖾，将其工具状态栏图像比例设置为"不受约束"，裁去图像四周黑色边框并单击状态栏，完成裁剪。

(4) 单击"图像"菜单，选择"调整"子菜单中的"曲线"命令，弹出"曲线"对话框，利用 Photoshop 的曲线调色原理将曲线适当向上拉取以调亮图像，单击"确定"按钮，完成图像调色。

(5) 选择"文件"菜单中的"存储为"命令，新建一个文件夹，并将调整后的图片置于该文件夹中，单击"保存"按钮。回到 Photoshop 界面关闭图像并单击动作面板下方第一个按钮 ■ 完成动作录制。

(6) 单击"文件"菜单，选择"自动"子菜单中的"批处理"命令，在弹出的对话框中选择"播放"选项的组为"组 1"，动作为"裁剪调色"，将源文件夹设置为存放素材的"小马王"文件夹，将目标文件夹设置为"新建文件夹"，同时选中"包含所有子文件夹"复选框，如图 3-65 所示，单击"确定"按钮，Photoshop 自动开始图像的批处理。

(7) 批处理完成后，打开"新建文件夹"，观察图像均已被裁剪并调色。

图 3-64　批处理前　　　　　　　　图 3-65　"批处理"对话框

1. 实验目的

(1) 学会获取图片的多种方法。

(2) 学会用 Photoshop 软件进行图像处理。

2. 实验环境

(1) 连接局域网的计算机。

(2) Windows 7 及以上操作系统。

(3) Photoshop 软件及相应的多媒体素材。

3. 实验内容

(1) 在手机上安装 CS 扫描王进行纸质文档扫描。

(2) 通过屏幕截图，截取 Photoshop 工作面板图像。

(3) 完成剪裁案例 3-1 至案例 3-3 的操作，学会将生活中倾斜、透视的图像进行裁剪，并能对图像进行精确尺寸的裁剪。

(4) 完成修复案例 3-4 的操作，学会对图片进行修复，能够使用图章工具、修补工具、污点修复画笔工具对不同效果的水印、瑕疵进行有针对性的修复。课后练习去除人物脸部瑕疵。

(5) 完成修复案例 3-5 的操作，学会用内容识别工具，对画面中不需要的部分进行去除。

课后练习去除建筑前的游客照片。

(6) 完成选择案例 3-6、案例 3-7 的操作，学会使用魔术棒选择边界明显的图像，使用快速选择工具选择有毛边轮廓的对象。课后练习选择小动物的图像。

(7) 完成图层案例 3-8 的操作，了解图层顺序、图层样式和图层属性的功能。课后练习将白色衣物叠加不同花纹的图层样式。

(8) 完成色彩案例 3-9 至案例 3-11 的操作，学会对图像进行局部调色、替换颜色、黑白调色等操作。课后练习将春天的照片调整为秋天的色彩。

(9) 完成蒙版案例 3-12 的操作，学会用通道选择头发飞扬的照片。课后练习用通道抠选羽毛图片。

(10) 完成通道案例 3-13 的操作，学会在不改变原图的基础上用通道修改图像。课后练习利用图层蒙版将早晨和夜晚的图片结合在同一画面中。

(11) 完成滤镜案例 3-14 的操作，学会利用 Photoshop 中不同的滤镜效果。课后练习将风景照处理成水彩画的效果。

(12) 完成批处理案例 3-15 的操作，学会利用批处理提高处理图像的效率。课后练习批处理统一为大量图像去色和裁剪为正方形的操作。

(1) 常用的图片文件格式有哪些？
(2) 矢量图和点阵图的概念是什么？其各有什么特点？
(3) 你常用的 Photoshop 图像处理技术是哪些？
(4) Photoshop 图像处理技术与你本专业的结合有哪些？

(1) PS 学习网. http://www.ps-xxw.cn/shilijiaocheng/.

(2) bilibili 网站 photoshop 教程. https://www.bilibili.com/video/av875977?from=search&seid=16848882503682032851 3.

(3) 中国大学 MOOC. https://www.icourse163.org/course/WSPC-1002698010.

(4) 中国大学 MOOC. https://www.icourse163.org/course/ZZCSJR-1205968801.

(5) 中国大学 MOOC. https://www.icourse163.org/course/ZJU-1206449833.

音视频是多媒体教学的重要组成要素。利用音频视频生动形象的特点开展教学，能使教学由平面走向立体，使静态变为动态，化抽象为具体，突破了时间和空间、微观和宏观、历史和现实的限制；能激发学生的兴趣、降低学习的难度、缩短认知过程、实现教学过程的优化。学习音视频处理技术是掌握多媒体教学素材制作的必要环节。

第 4 章　音视频处理技术

本章学习目标

➢ 了解声音的本质、声音的传播和音频的常用格式。
➢ 结合自身所学专业阐述音视频应用于本专业教学的作用。
➢ 熟练掌握在波形模式和多轨合成模式下录制音频。
➢ 熟练使用 Audition 软件对音频进行基本编辑和效果处理。
➢ 了解视频的分辨率、帧率和码率以及视频的常用格式。
➢ 熟悉视频的拍摄及熟练使用屏幕录制软件获取视频。

4.1　声　音　概　述

4.1.1　声音的相关属性

人类生活在一个充满声音的世界中，人们通过声音了解周围事物、交换信息、交流情感。优美动听的音乐可以令人心旷神怡，机器的轰鸣声却可能干扰人们正常的学习、生活。那么声音是如何产生和传播的呢？

1．声音的产生

【试一试】取手边一张纸，怎样使它发出声音？
(1)　摩擦或敲打可以使纸发出声音。
(2)　做成纸筒引起空气的振动也可以发出声音。
结论：声音是由于物体的振动而产生的，振动停止，发声停止。

2．声音的传播

【看一看】图 4-1 的 4 幅图中声音分别是通过什么传播的？

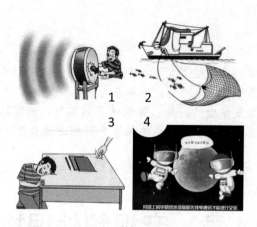

图 4-1 声音的传播

第一幅图是敲鼓,声音通过空气传播;第二幅图是捕鱼,声音通过水传播后吸引鱼群;第三幅图是敲桌子,声音通过木板传播;第四幅图中,月球上的宇航员即使距离很近也无法听到对方声音,必须借助无线电通信。

结论:声音的传播需要介质。气体、液体和固体都能传声,而月球上是真空,没有介质,所以声音无法传播。

声音的本质其实是由于物体的振动在空气等弹性介质中传播形成的机械波,它传播到耳膜引起耳膜的振动,牵动听觉神经,经过大脑加工处理后,就会产生听觉。这种机械波频率在 20Hz~20kHz 范围内的能被人感觉到,称为声波。频率低于 20Hz 的机械波称为次声波,频率高于 20kHz 的机械波称为超声波,次声波和超声波都不能被人耳感觉到。

4.1.2 音频的常用格式

音频以文件的形式保存在计算机中,由于文件编码方法有很多种,因此产生了许多不同格式的音频文件。音频文件通常分为两类:声音文件和 MIDI 文件。

声音文件直接记录了真实声音的二进制采样数据,通常文件较大;而 MIDI 文件则是一种音乐演奏指令序列,相当于乐谱,其文件较小。常见的音频文件格式有以下几类。

1. WAV 格式

WAV 是一种无损音频文件格式,WAV 音频文件又称为波形声音文件,直接记录声音的波形,不作压缩。在 Windows 平台下,WAV 是被支持得最好的音频格式,所有音频软件都能完美支持。由于本身可以达到较高的音质要求,因此,WAV 也是音乐编辑创作的首选格式,适合保存音乐素材。WAV 作为一种中介的格式,常常使用在其他编码的相互转换之中。音质与 CD 相差无几,但 WAV 格式对存储空间需求比较大,因为 WAV 文件本身容量比较大,不便于交流和传播。

2. CDA 格式

CDA 是 CD 音乐光盘中的文件格式,标准的 CD 格式是 44.1kHz 的采样频率,16 位量化位数。CD 音轨可以说是近似无损的,因此它的声音基本上是忠于原声的。CD 光盘可以在 CD 唱机中播放,也能用电脑里的各种播放软件来重放。一个 CD 音频文件是一个*.cda

文件，这只是一个索引信息，并不是真正的包含声音信息，所以不论 CD 音乐的长短，在电脑上看到的*.cda 文件都是 44 字节长。不能直接复制 CD 格式的*.cda 文件到硬盘上播放，需要使用 Windows Media Player/格式工厂把 CD 格式的文件转换成 WAV 格式。

3．MP3 格式

MP3 是一种通用的有损压缩音频格式。所谓的 MP3 指的是 MPEG 标准中的音频部分，MPEG 音频层根据压缩质量和编码处理的不同分为三层，分别对应 *.mp1/*.mp2/*.mp3 这三种声音文件。MPEG3 音频编码具有 10∶1 至 12∶1 的高压缩率，同时基本保持低音频部分不失真，但是牺牲了声音文件中 12kHz 到 16kHz 高音频这部分的质量来换取文件的尺寸。相同长度的音乐文件，用*.mp3 格式来储存，一般只有 *.wav 文件的 1/10，因而音质要次于 CD 格式或 WAV 格式的声音文件。由于其文件尺寸小，音质好，因此一直被作为主流音频格式使用。

4．FLAC 格式

FLAC(Free Lossless Audio Codec)为无损音频压缩编码格式。不同于其他有损压缩编码如 MP3，FLAC 编码压缩后不会丢失任何信息，它不会破坏任何原有的音频资讯，所以可以还原音乐光盘音质，还原后与压缩前的文件内容相同，而且可以使用播放器直接播放FLAC 压缩的文件，就像播放 MP3 文件一样。FLAC 文件的体积约为普通音频 CD 的一半，并且可以自由地互相转换。在播放当中，FLAC 文件的每个数据帧都包含了解码所需的全部信息，中间的错误不会影响其他帧的正常播放，这保证了它的实用、有效和最小的网络时间延迟。目前 FLAC 和 APE 是两大最常用无损音频格式之一。

5．APE 格式

与 MP3 这类有损压缩方式不同，APE 是一种无损压缩音频技术，是一种流行的数字音乐文件格式。通过 Monkey's Audio 软件可以将庞大的 WAV 音频文件压缩为 APE，体积虽然变小了，但音质和原来一样。解压缩还原以后得到的 WAV 文件可以做到与压缩前的源文件完全一致，从而保证了文件的完整性。APE 文件的体积大概为原 CD 的一半，便于存储。APE 相较同类文件格式 FLAC，有查错能力但不提供纠错功能，以保证文件的无损和纯正。目前只能把音乐 CD 中的曲目和未压缩的 WAV 文件转换成 APE 格式，MP3 文件还无法转换为 APE 格式。

6．AIF 格式

AIF/AIFF(Audio Interchange File Format)是 Apple 公司开发的一种声音文件格式，是Apple 苹果电脑上的标准音频格式，属于 QuickTime 技术的一部分，被 Macintosh 平台及其应用程序所支持。Netscape Navigator 浏览器中的 LiveAudio 也支持 AIFF 格式，SGI 及其他专业音频软件包也同样支持 AIFF 格式。AIFF 支持 ACE2、ACE8、MAC3 和 MAC6 压缩，支持 16 位 44.1kHz 立体声。虽然 AIFF 是苹果电脑上的格式，在 PC 平台上并没有得到很大的流行，但几乎所有的音频编辑软件和播放软件都能支持 AIFF 格式。

7．MID 格式

MID 格式是由 MIDI(Musical Instrument Digital Interface，音乐设备数字及接口)发展而

来。MID 文件并不是一段录制好的声音文件，而是记录声音的信息。一个 MIDI 文件每存 1 分钟的音乐只需 5～10KB 的存储容量。MID 文件主要用于原始乐器作品、游戏音轨以及电子贺卡等。*.mid 文件最大用处是在电脑作曲领域，播放的效果完全依赖声卡的档次。*.mid 文件可以用作曲软件写出，也可以通过声卡的 MIDI 口把外接音序器演奏的乐曲输入电脑里制成*.mid 文件。

4.1.3　音频应用于教学的优势

现阶段，多媒体技术飞速发展，音频资源渐渐被课堂教学广泛利用。搭配了声音的教学不仅能丰富教学内容，还能让学生在感官的冲击下激发对知识的兴趣，调动其参与的积极性，从而加深对知识的理解与记忆。

1．音频应用于教学的优势

音频应用于教学具有以下优势。

1)　创设情境，激发学生兴趣

音频应用于教学，为学生创设特定的听觉环境，使教学不再是枯燥乏味的文字学习，而是在生动的场景中去体会教材中的内容，从而提高教学效率。如在古诗词教学中，通过合适的背景音乐，让学生身临其境，感受作者的情绪，引导其独立思考。

2)　刺激听觉感观，调动学生积极性

声音能表现喜、怒、哀、乐等多种情绪，利用感官的刺激来打开学生的思维大门，能帮助学生对教学内容进行理解。它向学生传递丰富的听觉信息，充分刺激学生的听感，给学生以奇妙的听觉感受，促使学生积极参与课堂学习。

3)　丰富教学内容，塑造学生创新意识

音频素材信息量大，能丰富教学内容，丰富学生视野，开发内在潜力，提高创新意识，培养良好的学习习惯，让其在教学中感到快乐，进而对学习产生欲望，真正地实现寓教于乐。如在音乐课堂上，可以通过各类丰富的音乐素材，来激发学生灵感，加深学生对音乐的感知。

2．音频应用于教学应注意的问题

虽然声音表现力强，有着鲜明的特点，在教学活动中能够发挥积极作用，但在实际教学工作中也需要考虑它的特点和适用范围。辅助教学的音频素材，不能一味求新、求多。在教学中应注意以下几点。

(1)　音频素材不宜过多。过于频繁的音频容易将学生的注意力吸引到与教学内容无关的东西上。

(2)　音频音量要合适。音量太大，会淹没教师声音；音量太小，无法产生辅助效果。

(3)　音频类型要合适。根据教学内容选择不同的音频素材进行特别处理：情感丰富的地方可以选择重音乐，渲染气氛，带动情绪；情感平和的地方可以选择轻音乐，静静思考。

(4)　在音频的使用中，需要注意多引导学生参与思考、发现问题、解决问题、掌握知识。

因此，要正确对待音频素材，既要认识到它的优势，也要认识到它的不足，一分为二地看待，才能更好地利用它，对教学起到更大的帮助。

4.2 音频的录制

录制音频的设备有很多，如手机、录音笔、电脑加麦克风等，这里我们主要学习使用电脑加麦克风以及音频处理软件 Audition CS6 录制音频的方法。

4.2.1 Audition 软件的介绍

Audition CS6 是专业的音频处理软件，提供了完善的音频编辑功能。Audition CS6 工作界面主要包括菜单栏、工具栏、舞台和工作区、时间轴、属性面板以及浮动面板。使用 Audition CS6 的图形化界面，可以清晰而快速地完成音频的编辑工作，如图 4-2 所示。

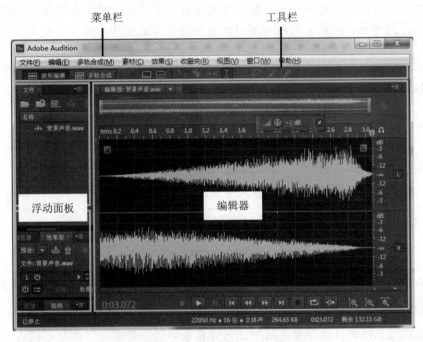

图 4-2　Audition CS6 工作界面

1. 菜单栏

工作界面顶部的菜单栏包括"文件""编辑""多轨合成""素材""效果""收藏夹""视图""窗口"和"帮助"等菜单。

> **技巧**：在 Audition CS6 工作界面中，按 F1 键，也可以快速打开 Audition CS6 的帮助窗口，在其中可以查阅相应的帮助信息。

2. 工具栏

工具栏位于菜单栏的下方，主要用于对音频文件进行简单的编辑操作，它提供了控制音频文件的相关工具，如图 4-3 所示。下面通过具体操作讲解各工具的使用。

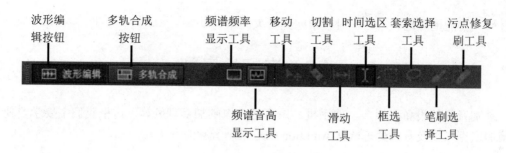

图 4-3　工具栏

（1）波形编辑按钮：切换至波形编辑模式，此时可以编辑单轨中的音频。

（2）多轨合成按钮：切换至多轨合成模式，此时可以编辑多轨中的音频。

（3）移动工具：可以实现将一小段音频移至合适的位置，完成对音频文件的移动操作。此工具在多轨合成模式下使用。

（4）切割工具：可以将音乐的片头与高潮部分切割开来。使用此工具可以将一段音频文件切割为好几部分，然后分别对各部分的音频进行编辑操作。此工具在多轨合成模式下使用。

（5）滑动工具：调整音乐在轨道中的播放内容。运用滑动工具可以移动音乐文件中的内容，该操作不会移动音乐文件的整体位置。此工具在多轨合成模式下使用，具体操作如下：

①　打开一段音频素材。选中"滑动工具"，将鼠标指针移至音乐素材上，此时鼠标呈 🔳 形状。

②　向右拖动，将隐藏的音乐内容拖显出来，此时音频文件的音波显示有所变化。由此即可完成使用滑动工具移动音乐内容的操作。

提示：滑动工具只能移动切割过的音频文件的内容。

（6）时间选区工具：可以选择音乐文件中的某一部分。此工具在两种模式下均能使用。

技巧：在 Audition CS6 软件中，还可以通过以下两种方法选取时间选区工具：选择"编辑"菜单下"工具"中的"时间选区"命令；按 T 键，切换至时间选区工具。

（7）框选工具：可以使用框选的方式选择音乐中的低音部分。在波形模式下切换至频谱频率显示状态即可使用此工具。具体操作如下：

①　打开一段音频素材。在工具栏中单击"频谱频率显示"，切换至频谱频率显示状态。

②　选择"框选工具"，将鼠标指针移至音乐频谱中合适位置，框选音乐中的低音部分。

③　再次单击"频谱频率显示"，退出频谱频率显示状态，此时在"编辑器"窗口中显示了刚选取的低音部分的音乐。

（8）套索选择工具：可以用套索的方式选择音乐中的部分音乐。在波形模式下切换至频谱频率显示状态即可使用此工具。具体操作如下：

①　打开一段音频素材。切换至"频谱频率显示"。

②　选择"套索选择工具"或者按 D 键。

③　将鼠标指针移至音乐频谱中合适位置，绘制一个封闭图形，选择片尾音乐部分。

④　退出"频谱频率显示"，此时在"编辑器"窗口中显示了刚选取的片尾音乐部分。

（9）笔刷选择工具：可以选择音乐中的杂音部分，然后将杂音部分的音乐删除。在波形模式下切换至频谱频率显示状态即可使用此工具。具体操作如下：

①　打开一段音频素材。切换至"频谱频率显示"。

②　选择"笔刷选择工具"，将鼠标指针移至音乐频谱中合适位置，绘制一条直线，选择音乐中的杂音部分。

③　退出"频谱频率显示"，此时在"编辑器"窗口中显示了刚选取的音乐杂音部分。按 Delete 键，即可删除杂音部分。

3．浮动面板

浮动面板位于工具界面的左侧和下方，主要用于对当前的音频文件进行相应设置。单击"窗口"菜单，在弹出的下拉菜单中选择相应的命令，即可显示相应的浮动面板。

4．编辑器

在 Audition CS6 中，编辑器分为两种类型，第一种为"波形编辑"状态下的"编辑器"窗口，第二种为"多轨合成"状态下的"编辑器"窗口。当打开或导入音频文件后，音波即可显示在"编辑器"窗口中，此时所有操作将只针对该"编辑器"窗口，若想对其他音频文件进行编辑，则需要切换至其他音频的"编辑器"窗口。在 Audition CS6 工作界面的工具栏中，单击"波形编辑"按钮后，即可查看"波形编辑"状态下的"编辑"窗口。如图 4-4 所示为打开音频文件"背景声音.wav"后所对应的编辑器窗口。

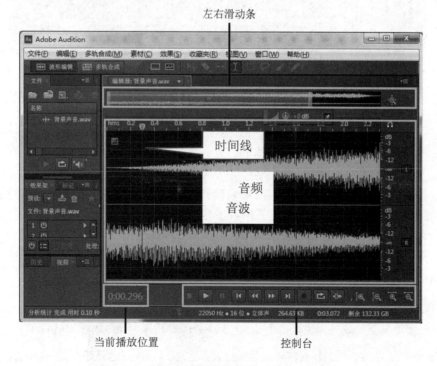

图 4-4　"波形编辑"状态下的"编辑器"窗口

在 Audition CS6 工作界面的工具栏中，单击"多轨合成"按钮后(若此时工作界面内未打开项目文件，则会弹出"新建多轨项目"对话框)，即可查看"多轨合成"状态下的"编辑"窗口。多轨模式下编辑的是一个工程文件，只能用 Audition 软件打开和编辑，保存时将以.sesx 作为扩展名保存。空白的*.sesx 文件导入音频素材后方可进行编辑，多轨缩混后可导出一个独立的音频文件，被其他的声音播放软件播放，或作为声音素材在其他多媒体作品中使用。图 4-5 所示为新建项目文件"项目 1.sesx"导入音频文件"花的微笑.mp3"素材后所对应的编辑器窗口。

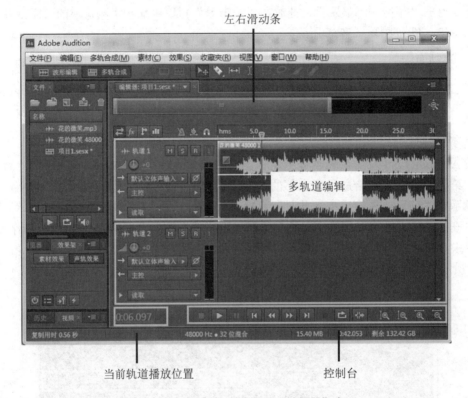

图 4-5 "多轨合成"状态下的"编辑器"窗口

4.2.2 在波形编辑模式下录制

Audition CS6 有两种编辑模式：波形编辑和多轨合成。录制前需检查电脑的输入输出设备采样率设置是否一致。可以在任务栏右下角"音量"图标上右击，在弹出的快捷菜单中选择"声音"选项，分别对"播放"选项里的"扬声器"和"录制"选项里的"麦克风"的属性进行设置，并取消扬声器和麦克风的独占模式，如图 4-6 所示。下面将通过两个案例演示如何在波形编辑模式下录制音频。

> **提示：** 音频采样率是指录音设备在一秒钟内对声音信号的采样次数。采样频率越高，声音的还原度越高。常用的采样率为 44.1kHz(CD 的采样标准)和 48kHz(DVD 的采样标准)。

图4-6 输入输出设备采样率设置一致

案例 4-1

用麦克风录制清唱歌曲

通过本案例学习在波形编辑模式下用麦克风录制音频。具体操作如下。

1) 新建空白音频文件

(1) 进入 Audition 工作界面，单击"文件"菜单，选择"新建"子菜单中的"音频文件"命令，或单击工具栏中的"波形编辑"按钮。

(2) 执行操作后，弹出"新建音频文件"对话框，在对话框中可以输入文件名"案例4-1"，设置采样率 48000Hz、声道和位深度(可使用默认的立体声和 32 位)，完成后单击"确定"按钮，即可新建空白音频文件。

技巧：除了使用上述方法可以新建空白音频文件外，还可以按 Ctrl+Shift+N 组合键或在文件面板中，单击面板上方的"新建文件"按钮 ，快速新建空白音频文件。

2) 利用麦克风录制声音

(1) 将麦克风连接至电脑主机的输入接口中，在"编辑器"窗口的下方，单击"录制"按钮 。

(2) 对着麦克风清唱歌曲，在录音过程中，"编辑器"窗口将会显示录制的音频音波，待歌曲清唱完成后，单击"停止"按钮 即可。

(3) 在录制的歌曲中发现有一部分唱得不理想，需要重新录制，此时可使用"时间选区工具"选中歌曲中录得不理想的时间区域，再单击"录制"按钮，重录即可，如图4-7所示；或选中歌曲中录得不理想的时间区域，使用"调节振幅"使该部分静音，再单击"录制"按钮重录即可。

(4) 保存文件。将文件保存到 E 盘"案例"文件夹，选择 MP3 格式，即可得到录制的音频文件"案例 4-1.mp3"。

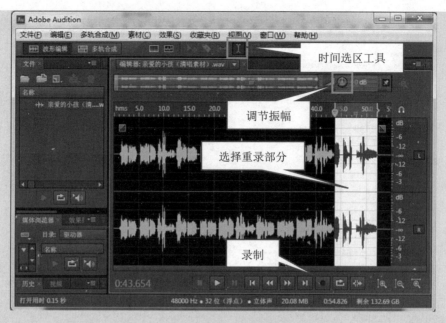

图 4-7　重新录制唱得不理想的部分

案例 4-2

混合录制麦克风声音与背景音乐

通过本案例学习在波形模式下一边播放背景音乐，一边用麦克风录制声音。因为是混合录音，所以要注意本机中各种声音的音量平衡。具体操作如下。

(1) 设置麦克风的级别。在 Windows 系统的任务栏的"音量"图标上右击，在弹出的快捷菜单中选择"录音设备"，弹出"声音"对话框，如图 4-8 所示，选择"录制"选项卡中的"麦克风"，单击右下角的"属性"按钮，弹出"麦克风 属性"对话框，如图 4-9 所示。

单击"级别"选项卡，将"麦克风加强"的滑块向右拖动至+30dB 或+36dB(不同麦克风这个数值有些微不同)的位置即可。

(2) 新建空白音频文件。输入文件名"案例 4-2"，设置采样率 48000Hz、立体声道和 32 位深度。

(3) 用音乐播放软件如酷我、网易云、QQ 音乐、暴风影音等播放背景音乐"昙花一现雨及时.flac"。

(4) 混合录制背景音乐和麦克风声音。切换到 Audition 工作界面，单击"编辑器"窗口下的"录制"按钮，开始录制，此时编辑器显示区域会显示录制的背景音乐的音波。若同时对着麦克风唱歌或说话将混合录制麦克风声音和背景音乐。录制完成后，单击"停止"按钮即可。

(5) 保存文件。将文件保存到 E 盘"案例"文件夹，选择 MP3 格式，即可得到混合录制的音频文件"案例 4-2.mp3"。

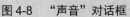

图 4-8 "声音"对话框　　　　图 4-9 "麦克风 属性"对话框

4.2.3 在多轨合成模式下录制

在 Audition CS6 的多轨合成模式下，可以实现对多个轨道录音。下面通过两个案例演示如何在多轨合成模式下进行音频录制。

案例 4-3

播放伴奏录制独唱歌声

通过本案例学习在多轨合成模式下录制音频，在轨道 1 中插入伴奏，在轨道 2 中进行录音，制作完成的效果如图 4-10 所示。具体操作如下：

1) 新建项目文件

(1) 单击"文件"菜单，选择"新建"中的"多轨合成项目"命令；或直接单击工具栏中的"多轨合成"按钮。

(2) 执行操作后，弹出"新建多轨项目"对话框，在对话框中输入项目名称"案例 4-3"，选择保存到 E 盘的"案例"文件夹，设置采样率 44100Hz、32 位深度和立体声，单击"确定"按钮，即可新建多轨合成项目文件"案例 4-3.sesx"。

2) 导入伴奏素材

单击"文件"菜单，选择"导入"子菜单中的"文件"命令，选择准备好的音乐伴奏"亲爱的小孩(伴奏).mp3"，单击"打开"按钮，实现在项目文件"案例 4-3"中导入所需的音乐伴奏。

3) 在多轨模式下录制声音

(1) 选择伴奏文件，并将其拖动至多轨编辑器的轨道 1 上。

(2) 单击轨道 2 中的"录制准备"按钮"R"，启用轨道录制功能，此时"录制准备"按钮呈红色状态。

(3) 单击"编辑器"下方红色的"录制"按钮，此时轨道 1 中的音乐会开始播放，与此同时，轨道 2 也会同步开始录音，用户根据音乐伴奏清唱歌曲即可。录制完成后，单击"停止"按钮。通过"播放"按钮试听录制音频，无误后则可再次单击轨道 1 上的"录制准备"，关闭轨道录制功能，此时按钮"R"呈灰色状态。

4）保存文件

（1）单击"文件"菜单，选择"保存"命令，可直接保存项目文件"案例 4-3.sesx"。

（2）单击"文件"菜单，选择"导出"中的"多轨缩混"中的"整个项目"命令，在"导出多轨缩混"对话框中输入文件名"案例 4-3"，将文件保存到 E 盘"案例"文件夹，选择MP3 音频格式，单击"确定"按钮，即可导出得到音频文件"案例 4-3.mp3"。

若要录制男女对唱歌声，选择在轨道 2 录制女声部分，在轨道 3 录制男声部分即可。

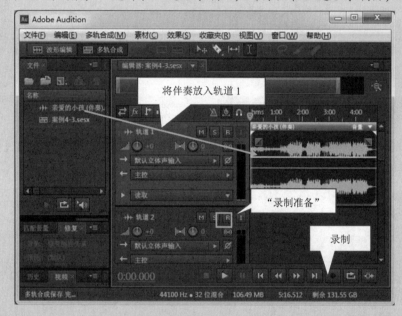

图 4-10　播放伴奏录制独唱歌声

案例 4-4

播放视频录制歌声

通过本案例学习在多轨合成模式下为视频录制声音，制作完成的效果如图 4-11 所示。具体操作如下：

（1）新建项目文件。命名为"案例 4-4.sesx"，保存到 E 盘的"案例"文件夹。

（2）导入视频素材"小树发芽.mp4"。

（3）预览视频素材。在文件面板中选择导入的视频文件，将其拖动至多轨编辑器中，此时编辑器上会显示一条"视频参考"轨道。选择"窗口"菜单中的"视频"命令，可以打开视频面板，预览视频画面。

（4）启用轨道录制功能。在轨道 1 上单击"录制准备"按钮"R"即可开启录制准备。

（5）录制。单击编辑器下方的"录制"按钮开始录制，此时用户可以跟着播放的视频画面录制歌声，录制完成后单击"停止"按钮。通过"播放"按钮试听无误后，则可取消轨道 1 上的"录制准备",使其恢复灰色状态。

(6) 保存文件。

① 直接保存项目文件"案例 4-4 播放视频录制歌声 .sesx"。

② 导出成音频文件,将文件导出到 E 盘"案例"文件夹,选择 MP3 格式,即可得到音频文件"案例 4-4.mp3"。

③ 若本机安装了 Adobe Premiere 视频编辑软件,可以选择"多轨合成"菜单中的"导出到 Adobe Premiere Pro(X)"命令,将配好音的视频导出到视频编辑软件中进行编辑,保存成所需视频文件。

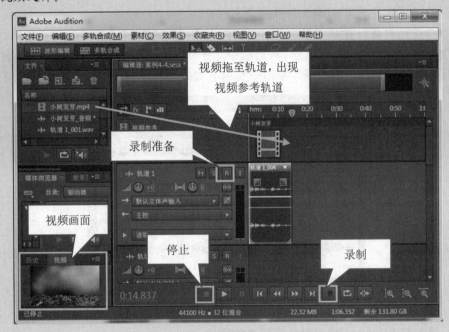

图 4-11　播放视频录制歌声

4.3　音频的基本编辑

4.3.1　添加与选择

1. 添加音频

在 Audition CS6 的工作界面中,添加音频的操作有两种方式:打开和导入。

1) 打开音频

(1) 通过命令打开音频文件。

单击"文件"菜单,选择"打开"命令,弹出"打开文件"对话框;找到文件存放的路径,选择要打开的音频文件,单击"打开"按钮,即可打开选择的音频文件。在"编辑器"窗口中可以查看打开的音频效果。

技巧:除了运用上述方法可以打开音频文件外,按 Ctrl+O 键,可快速打开音频文件。

(2) 通过按钮打开音频文件。

在"文件"面板中,单击面板上方的"打开文件"按钮,如图 4-12 所示。在"打开文件"对话框中选择要打开的音频文件即可。

图 4-12　通过"文件"面板打开文件

(3) 追加打开音频文件(追加打开到新文件)。

打开"飞机声音"音频文件,单击"文件"菜单,选择"追加打开"子菜单中的"到新文件"命令;在"追加打开到新建"对话框中选择要追加打开的音频文件"火车声音.mp3",单击"打开"按钮,在"编辑器"窗口中显示追加打开的音频文件,如图 4-13 所示。

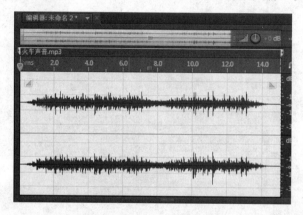

图 4-13　追加打开到新文件

(4) 追加打开音频文件(追加打开到当前文件)。

打开"车声"音频文件,单击"文件"菜单,选择"追加打开"子菜单中的"到当前文件"命令;在弹出的"追加打开到当前文件"对话框中选择要追加打开的音频文件"开车声音.mp3",单击"打开"按钮,在"编辑器"窗口中显示追加打开的音频文件,如图 4-14 所示。

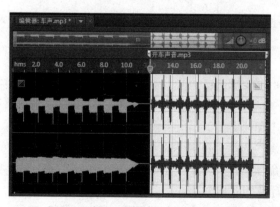

图 4-14　追加打开到当前文件

2) 导入音频

(1) 按 Ctrl+Shift+N 组合键新建一个空白音频文件。单击"文件"菜单，选择"导入"子菜单中的"文件"命令；在"导入文件"对话框中选择需要导入的音频文件，单击"打开"按钮，即可将选择的音频文件导入"文件"面板。

(2) 在"文件"面板中，选中导入的音频文件，拖至"编辑器"窗口中，即可查看音频文件的音波。

2．选择音频

在 Audition CS6 工作界面中，提供了多种选择音频文件的方法，包括全选音频文件、选中声轨内的全部素材、选中声轨至结束的素材以及取消音频的选择操作等，如图 4-15 所示。

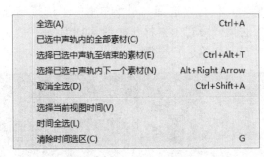

图 4-15　选择音频

1) 选中声轨内的全部素材——选中需要编辑的音乐文件

(1) 打开一个项目文件"无尽的爱.sesx"。

(2) 选择轨道 2，单击"编辑"菜单，执行"选择"子菜单中的"已选中声轨内的全部素材"命令，或按 Ctrl+A 键，即可选中轨道 2 中的所有素材文件，如图 4-16 所示。

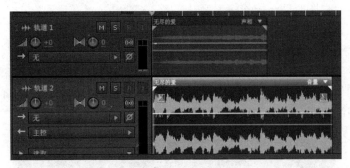

图 4-16　选择轨道 2 中的所有素材文件

2) 选中声轨至结束的素材——选择后半部分音乐文件

(1) 打开项目文件"电影音乐.sesx"，在轨道 1 中将时间线定位到第 1 段音乐的后面。

(2) 单击"编辑"菜单，执行"选择"子菜单中的"选择已选中声轨至结束的素材"命令，或按 Ctrl+Alt+T 键，在轨道 1 中时间线后面的所有音乐素材都将呈选中状态，如图 4-17 所示。

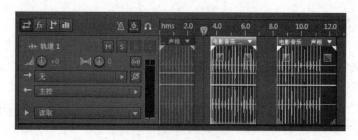

图4-17 时间线后面的所有音乐素材都呈选中状态

3) 选中声轨内下一个素材——选择下一段音乐素材

(1) 打开项目文件"颁奖音乐.sesx",将时间线定位到第一段素材的后面,然后选择轨道2。

(2) 单击"编辑"菜单,执行"选择"子菜单中的"选择已选中声轨内下一个素材"命令,即可选择时间线后的第一段音乐素材,如图4-18所示。"选择已选中声轨内下一个素材"命令是以时间线为起点开始进行选择的。

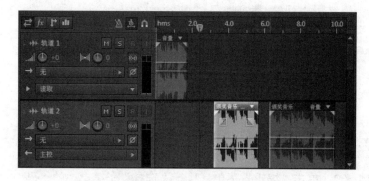

图4-18 选择时间线后的第一段音乐素材

4) 选择当前视图时间——选择音乐中的整个时间段

(1) 打开项目文件"公鸡打鸣.sesx"。

(2) 单击"编辑"菜单,执行"选择"子菜单中的"选择当前视图"命令。此外用户还可以在"编辑"菜单下,依次按S、V键,来选择当前视图的时间区域。

(3) 执行操作后,即可选择当前视图时间。向右拖动"编辑器"窗口上方的滑块,即可查看选择的视图时间区域,如图4-19所示。

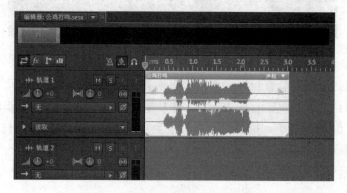

图4-19 查看选择的视图时间区域

5) 时间全选——选择项目中的整个时间线

单击"编辑"菜单，执行"选择"子菜单中的"时间全选"命令；或在"编辑"菜单下，依次按 S、L 键，来选择当前视图的时间区域。此时标尺上呈浅绿色显示，表示选择整个项目的时间段。

4.3.2 复制与剪辑

音频的复制与剪辑，包括复制、粘贴、裁剪、剪切和删除等基本操作。在编辑音乐的过程中，遇到开头留白时间太短，或与上一部分相同的音频时，可以使用复制功能来增加留白时间和避免重复的编辑工作。遇到喜欢的片段可以裁剪留下，单独进行编辑。遇到较长停顿、不喜欢的片段或录制中的意外声音等均可以使用剪切或删除处理。本节通过四种具体操作讲解对音频的复制与剪辑，注意剪辑中的剪切与裁剪的区别。

1．复制粘贴音频——用复制粘贴来配背景音乐

在音频的编辑过程中，复制粘贴操作是比较频繁的，该操作可以为编辑音乐节省时间。

(1) 打开一段音频素材，在"编辑器"窗口中，选择需要复制的音频片段。

(2) 复制并粘贴到时间线定位的需要粘贴音乐的位置。

2．复制粘贴为新文件——将音频的高潮部分单独存于新文件中

(1) 打开一段音频素材，选择需要复制的音频片段进行复制。

(2) 单击"编辑"菜单，选择"粘贴为新文件"命令，或按 Ctrl+Alt+V 组合键，此时"编辑器"窗口的名称将显示"未命名 1"，同时左侧"文件"面板将出现一个新的音频文件"未命名 1"，如图 4-20 所示。

技巧：选择需要复制的音频片段，单击右键复制为新文件，可以达到同样的效果。

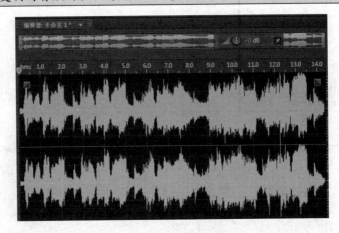

图 4-20 复制粘贴为新文件

3．裁剪音频——留下音乐片段中喜欢的部分

根据需要对音乐片段进行裁剪操作，使制作的音乐更加符合用户需求。

(1) 打开一段音频素材。在"编辑器"窗口中，选择需要裁剪的音乐片段。

(2) 单击"编辑"菜单中的"裁剪"命令或按 Ctrl+T 键，裁剪音乐片段。

(3) 编辑器音波显示为裁剪的片段，而非整个音频素材。此时可单独对裁剪下的片段进行编辑后另存为一个新的音频文件，作为手机铃声使用。

4．剪切或删除音频

录音时过长的停顿或音乐中不喜欢的音乐片段均可以通过剪切或删除去掉。

打开一段音频素材，在"编辑器"窗口中，选择需要剪切或删除的片段，单击右键，选择"删除"命令或按 Delete 键即可删除。或按 Ctrl+X 键即可剪切选中的音乐片段。

4.3.3 拆分与编组

在 Audition CS6 的多轨模式下，可以对轨道中的音频根据需求进行拆分与编组。下面通过一个案例讲解拆分与编组的运用。

案例 4-5

多个音乐片段的联排

通过本案例学习使用"拆分"命令对多轨音乐进行快速拆分，使用"编组"命令对多个音乐片段进行编组操作。制作完成的效果如图 4-21 所示。具体操作如下：

(1) 按 Ctrl+N 键新建一个项目文件"案例 4-5.sesx"，保存到 E 盘的"案例"文件夹，设置采样率为 48000Hz，位深度为 32 位。

(2) 导入音频文件"竹林深处.mp3""安妮的仙境.mp3"和"十一月的某一天.mp3"，并分别放入轨道 1 至轨道 3。

图 4-21　依次拆分轨道上的音乐片段

(3) 拆分音频片段。

① 选中轨道 1，启动"独奏"按钮"S"，此时其他轨道音波呈现灰色。

② 在"编辑器"窗口中单击"播放"按钮，开始播放音乐。将音乐播放到需要拆分的位置后，单击"停止"按钮定位时间线的位置。

③ 单击"素材"菜单，选择"拆分"命令或按 Ctrl+K 键，即可拆分当前播放音乐片段。选择拆分后的音乐片段，按 Delete 键，即可删除拆分后不需要的音乐片段。

④ 再次按下按钮"S"，取消轨道 1 的独奏状态。此时其他轨道音波恢复为绿色。依次类推，对其他轨道的音频根据需要进行拆分。

(4) 多个音频片段编组联排。

① 顺序放置音频片段。将轨道 2 和 3 拆分后的音频片段按顺序放入轨道 1 片段后，相邻两个片段结尾和开头衔接处可以采取叠放方式，实现淡入淡出效果，此时音波上会呈现一上一下的两条黄色线条。最后一个片段可以在结尾的淡出标识上按住鼠标左键，向下拖动实现淡出效果，这时结尾处出现一条向下的黄色线条。

② 编组素材。按住 Ctrl 键依次选中轨道上的所有音频片段，选择"素材"菜单"编组"中的"编组素材"命令或按 Ctrl+G 键，即可编组当前选中片段。编组的片段无法再单独移动和编辑，如图 4-22 所示。

图 4-22　编组后的音频素材

③ 调整编组。若需要重新调整已编组音乐的位置，可以使用"挂起编组"命令。挂起编组的音乐可以进行单独的移动操作。若需要移除编组不喜欢的音乐片段，则选中该片段，使用"移除焦点素材"命令，此时该片段呈绿色显示。若需要将所有音乐片段从编组中解除，则使用"解散已选中素材"命令，此时素材均呈绿色显示。若不需要调整，可跳过该步骤。

(5) 保存或导出文件。保存可得到项目文件"案例 4-5.sesx"，也可导出得到音频文件，导出格式可根据需要选择。

4.3.4　移动与伸缩

在 Audition CS6 的多轨模式下，如果轨道中的音乐片段位置不合适或长短不太符合个人需求，可以对音乐素材进行移动和伸缩处理。

案例 4-6

制作一个快节奏的 1 分钟音频

通过本案例学习对素材进行切割、移动和伸缩，改变素材的播放时间和速度，制作完成的效果如图 4-23 所示。具体操作如下：

(1) 按 Ctrl+N 键新建一个项目文件"案例 4-6.sesx"，保存到 E 盘的"案例"文件夹，设置采样率为 48000Hz，位深度为 32 位。

(2) 导入音频文件"安妮的仙境.mp3""卡门序曲.mp3"和"女朋友.mp3"，并分别放入轨道 1 至轨道 3。

(3) 移动音频素材。试听素材后，按欢快、安静、欢快类型依次选中轨道素材，移动到合适位置。

(4) 伸缩调整素材时长。伸缩前可先将素材运用切割工具进行切割处理，保证三个素材原始长度相当。

① 启用伸缩功能。选中轨道 1 素材"卡门序曲.mp3"，选择"素材"菜单"伸缩"中的"启用全局素材伸缩"命令，此时该素材开始和结尾处出现白色实心三角形状，将鼠标指针移上去，会出现双向箭头和"伸缩"提示。

② 设置素材伸缩模式。素材的伸缩模式包括 3 种：关闭模式、实时模式和渲染模式。在菜单栏中，选择"素材"菜单"伸缩"子菜单中的"伸缩模式"命令或直接在左侧属性面板中设置。本案例设置为实时模式。

③ 调整音频片段时长到 20s。将鼠标指针移至音乐片段右上方的实心三角形处，此时鼠标指针呈双向箭头形状，提示"伸缩"字样，拖动至时间线的 20s 处，释放鼠标左键即可。此时时间长度变为原素材的 64%，节奏变快。

④ 将轨道 2 和 3 的音频素材时间均实时伸缩至 20s，并对最后一个片段结尾进行淡出处理。

(5) 保存项目文件，并导出缩混为 MP3 格式的音频文件"案例 4-6.mp3"。

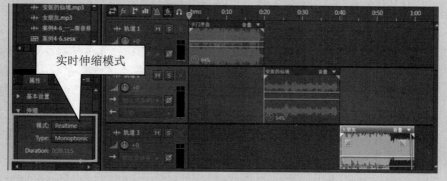

图 4-23　实时伸缩音频片段

4.3.5　音频文件的输出

利用 Audition CS6 可以完成音频文件、多轨缩混文件和项目文件的导出。导出时可以选择输出格式：MP3 格式、APE 格式、FLAC 格式、AIFF 格式以及 WAV 格式等，还可以重设音频输出采样类型以及重设音频输出的格式。

1．输出音频文件

输出音频文件的具体操作步骤如下。

(1)　打开一段音频素材"滴滴声.wav"。

(2)　单击"文件"菜单，选择"导出"子菜单中的"文件"命令。在"导出文件"对话框中，单击"位置"右侧的浏览按钮，弹出"另存为"对话框，设置文件的导出文件名和导出位置，单击"保存"按钮，返回"导出文件"对话框。

(3)　单击"格式"右侧的下三角按钮，可选择音频文件的输出格式。

(4)　单击"采样类型"右侧的"更改"按钮，弹出"转换采样类型"对话框。单击"采样率"右侧的下三角按钮，在弹出的下拉列表中选择，单击"确定"按钮即可完成导出时采样类型的重设。

(5)　单击"确定"按钮完成音频文件的输出。

2．输出多轨缩混文件

输出的多轨缩混文件可以是整个项目文件，也可以是某一小段音频。具体操作步骤如下。

(1)　打开项目文件"黑暗天使.sesx"。

(2)　运用时间选区工具，在多轨编辑器中选择音频区间，单击"文件"菜单，选择"导出"→"多轨混缩"子菜单中的"时间选区"命令，如图 4-24 所示。

图 4-24　输出多轨缩混文件

(3)　在"导出多轨混缩"对话框中设置文件的名称和导出位置，单击"保存"按钮，返回"导出多轨混缩"对话框。采样类型和音频格式可根据需要进行设置，混缩后的文件为音频文件。

(4) 同理，也可多轨混缩整个项目文件，此前不需要运用时间选区选择音频区间，混缩后的文件同样为音频文件。

3. 输出项目文件

打开项目文件"萤火虫之舞.sesx"，进行一系列编辑后，选择"文件"→"导出"子菜单中的"项目"命令，设置文件的名称与导出位置，导出为.sesx 格式的项目文件，如图 4-25 所示。

图 4-25 输出项目文件

4.4 音频效果的处理

4.4.1 音量调整和标准化

在录音过程中，由于受多种因素影响，录制的效果与期望的效果之间还有差别，比如音量偏小、声音不清晰(有些传声器低音很重，影响声音的清晰度)。这些情况会影响到音频的质量和使用效果，此时可以使用不同效果器对音频进行音量调整和标准化。处理可以针对选择的部分波形，也可以针对整个波形。如果选择了部分波形，则处理对象是被选择的部分波形；若没有作选择，则处理的对象是整个波形。下面通过案例讲解在波形模式下使用效果器实现音量调整和标准化的方法。

案例 4-7

音乐素材音量的提升与降低

通过本案例学习使用增幅效果器提升或衰减音频素材的音量。具体操作如下：

(1) 按 Ctrl+O 键打开音频素材"数码宝贝.mp3"。

(2) 单击"效果"菜单，选择"振幅与压限"子菜单中的"增幅"命令；在"效果-增幅"对话框中选择"+10dB 提升"(增加 10 分贝)选项，如图 4-26 所示。

(3) 在"增益"选项组中将显示相应的预设参数，表示将音频的音量提升 10dB。单击

"应用"按钮,此时"编辑器"窗口中的音频音波将被放大。效果对比如图 4-27 所示。

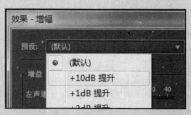

图 4-26 "效果-增幅"对话框的设置

图 4-27 增幅前后对比效果

> **提示:** 如果需要降低音频的音量,只需在"预设"下拉列表框中,选择相应的音量消减选项即可。此外还可以在"增益"选项组中,向左拖动"左声道"与"右声道"右侧的滑块,来降低音频的音量属性。

案例 4-8

交换音乐素材的左右声道

通过本案例学习使用声道混合器改变立体声或环绕声声道的平衡,该效果可以明显改变声音位置、纠正不匹配的音量或解决相位问题。制作完成的对比效果如图 4-28 所示。具体操作如下:

(1) 打开音频素材"音乐小调.mp3"。

(2) 单击"效果"菜单,选择"振幅与压限"子菜单中的"声道混合"命令,在"效果-声道混合"对话框中单击"预设"列表框右侧的下三角按钮,在弹出的列表框中选择"交换左右声道"选项。

(3) 单击"应用"按钮,即可交换音乐的左右声道,在"编辑器"窗口中可以查看音乐的音波效果。

图 4-28 交换左右声道前后对比

案例 4-9

波形标准化

通过本案例学习使用标准化效果器，该效果器可以在音乐不失真的情况下对一个文件或部分峰值音量设置标准化，当标准化音频为 100%时，则达到了数字化音频允许的最大振幅 0dBFS。具体操作如下：

(1) 打开素材文件。打开音频素材"嘟嘟声音.mp3"，从"编辑器"窗口中可以显示此时音频波形峰值比较小。

(2) 波形标准化处理。选择需要标准化的峰值区间，单击"效果"菜单，选择"振幅与压限"子菜单中的"标准化(破坏性处理)"命令。在"标准化"对话框中，分别选中"标准化为：100.0"复选框和"平均标准化所有声道"复选框，如图 4-29 所示，单击"确定"按钮。

图 4-29　部分峰值波形标准化

(3) 试听效果，查看波形。在"编辑器"窗口中单击播放按钮试听标准化后的音频和比较处理前后的音乐音波变化。

案例 4-10

平均整段音乐的整体音量

通过本案例学习使用语音音量电平效果器平衡整体音量，它能优化对话、平均音量与消除背景噪声。制作完成的对比效果如图 4-30 所示。具体操作如下：

(1) 打开音频素材"Aria.mp3"，课件素材前后音量区别较大。

(2) 单击"效果"菜单，选择"振幅与压限"子菜单中的"语音音量电平"命令，在"效果-语音音量放大"对话框中单击"预设"下拉列表框右侧的下三角按钮，在弹出的下拉列表中选择 Strong 选项。

(3) 对话框的下方将显示 Strong 预设相关参数，单击"应用"按钮。在"编辑器"窗口中可以查看处理后的音乐音波效果，较之前整体音量明显平均了。

此外"单段压限效果器"可以降低动态范围，产生一致的音量水平，增加感知响度，单段压缩画外音特别有效，它有助于在配乐和背景音乐中突出语音。

图 4-30　平均整段音量处理前后对比

4.4.2　延迟与回声

在音频素材的编辑过程中，有时需要通过使用延迟和回声效果来表现距离和空旷感，增加环境气氛。延迟是原始信号的复制，以毫秒间隔再次出现。回声与原始音频的间隔比较长，因此可以清楚地分辨出原始信号与回声信号。本节通过两个案例讲解在波形模式下三种延迟与回声效果器的应用。

案例 4-11

在音乐中模拟延迟特效

通过本案例学习使用模拟延迟效果器模拟延迟效果。具体操作如下：

(1) 打开音频素材"幻想音乐.mp3"，在编辑器中播放试听处理前音频效果。

(2) 设置模拟延迟效果。单击"效果"菜单，选择"延迟与回声"子菜单中的"模拟延迟"命令。在"效果-Analog Delay"对话框中设置"预设"选项，图 4-31 所示为"Dagon Lives"效果的相关预设参数。此外也可预设为自定义，根据需要调整参数值，将鼠标指针移至右侧对应参数值上，鼠标指针呈现手形，并出现黑色双向箭头，此时可以按住鼠标左键左右滑动改变参数值。

图 4-31　模拟延迟效果"Dagon Lives"的参数设置

(3) 单击"预演播放"按钮试听模拟效果，单击"应用"按钮即可完成处理。

技巧：在模拟延迟效果器中，如果需要创建离散回声，可以指定延迟为35ms或更多；如果
　　　需要创建更微妙的延迟声音效果，则需要指定更短的延迟时间。

案例 4-1.2

通过单个或多重回声特效创建合唱和回声效果

通过本案例学习使用延迟或回声效果器模拟合唱和回声效果。延迟效果器可以创建单个回声以及其他一些效果，延迟35ms或更多，创建离散的回声，而在15ms至34ms之间，可以创建一个简单的合唱效果。使用回声效果器则可以添加一系列重复的、衰减的回声到声音中。具体操作如下：

(1) 打开音频素材"亲爱的小孩(源文件).mp3"。

(2) 创建简单的合唱效果。单击"效果"菜单，选择"延迟与回声"子菜单中的"延迟"命令，在"效果-回声"对话框中可以设置不同的"预设"创建单个回声特效达到简单合唱效果。

(3) 创建多重回声效果。单击"效果"菜单，选择"延迟与回声"子菜单中的"回声"命令，在"效果-回声"对话框中选择不同选项达到不同效果，比如 Echo Weighted Left 选项，如图 4-32 所示。单击"预演播放"按钮试听，同时调节右侧的"连续回声均衡器"，可以更明显地感受到声音带来的空间变化感。

(4) 单击"应用"按钮即可完成效果处理。

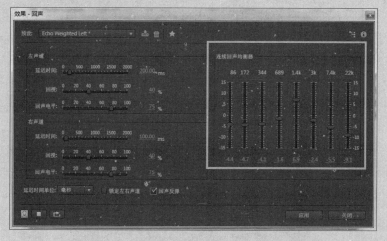

图 4-32　Echo Weighted Left 选项预设的相关参数

4.4.3　降噪与修复

在普通环境下录制音频时，避免不了在录制间隙出现意外的噪声，比如脚步声、翻书的声音等；或是出现持续噪声(通常是设备自身产生的，系统无法克服)，这时需要对音频进行降噪与修复处理。本节通过一个案例讲解在波形模式下降噪效果器的应用。

案例 4-13

去除说话时出现的明显沙沙声(使用降噪效果器)

本案例通过学习使用降噪效果器降低音频中的噪声,包括麦克风的背景噪声、电源线的嗡嗡声,或者整个波形中持续的任何噪声等。具体操作如下:

(1) 打开音频素材"回答问题.m4a"。

(2) 播放音频,找到噪声出现的区域并选择。此时可以根据个人需要在编辑器窗口下方单击"放大(振幅)"和"放大(时间)"按钮,将波形时间变宽幅度变大,调整"效果"菜单中的"时间与变调"子菜单中的"伸缩"参数将说话速度变慢,方便更清楚地选择噪声。

(3) 采集噪声样本并降噪。选择噪声区域,单击"效果"菜单,选择"降噪/修复"子菜单中的"降噪"命令,在"效果-降噪"对话框中单击"采集噪声样本",如图 4-33 所示,然后单击"选择整个文件"按钮,最后单击"应用"按钮完成降噪。可以多次重复步骤(3),以达到较好的去噪效果,降噪后的噪声区域的波形将变得较平滑。

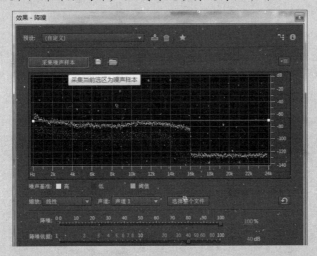

图 4-33 降噪处理

如果需要对整个音乐素材进行降噪处理,可以使用"明月几时有(降噪)-素材.wav"。在音乐中,降低噪声的多少取决于背景噪声的类型和剩余的信号质量可接受的损失。一般情况下,可以增加 5dB~20dB 的信号噪声比并保留高音质。单击"效果"菜单,选择"降噪/修复"子菜单中的"降噪"命令,在"效果-降噪"对话框的下方设置"降噪"为 33%、"降噪依据"为 6.4dB,然后试听效果。还可以利用本书提供的噪声音频素材使用其他不同的效果器进行降噪与修复处理的练习。

4.4.4 淡入与淡出

在 Audition 软件中,用户可以根据需要为音乐素材设置淡入与淡出特效,使音乐播放起来更加协调和融洽。

案例 4-14

制作包含两首歌曲的手机铃声

通过本案例学习在多轨编辑器中使用淡入淡出效果。本案例要求音乐以慢慢淡入的方式开始，以慢慢淡出的方式结束，并且两首音乐衔接处淡入淡出。制作完成的效果如图4-34所示。具体操作如下：

(1) 按 Ctrl+N 键，新建一个多轨合成项目文件"案例4-14.sesx"，保存到 E 盘的"案例"文件夹。

(2) 导入音乐素材"小幸运.mp3"和"有点甜.mp3"，并将其拖曳至轨道1和轨道2。

(3) 对轨道1素材"小幸运.mp3"进行淡入淡出效果处理。首先选择轨道1素材，单击编辑器下方控制台右侧的"缩小时间"按钮，调整素材宽度。然后依次选择"素材"→"淡入"子菜单中的"淡入"命令和"淡出"命令。

(4) 对轨道2素材"有点甜.mp3"进行淡入淡出效果处理。选择轨道2的素材，依次选择"淡入"子菜单中的"淡入"命令和"淡出"命令。

(5) 移动轨道2的素材，将其开始与轨道1素材的结尾对齐，实现两首音乐的衔接。

(6) 执行操作后，还可以调整淡入淡出时间值。例如选择轨道1素材，将鼠标指针移至结尾附近灰色正方形"淡出"标识上，会出现"淡出"字样，此时按住鼠标左键向下移动，即可实现对淡出效果的调整。

(7) 保存项目文件，并导出为轨道缩混后的音频文件"案例4-14.mp3"。

图4-34 为音乐片段添加淡入淡出效果

此外还可以通过淡化包络效果器在歌曲开头或结尾位置实现淡化效果，流畅播放。在波形模式下打开一段音频素材，单击"效果"菜单，选择"振幅与压限"子菜单中的"淡化包络(破坏性处理)"命令，弹出"效果-淡化包络"对话框；单击"预设"列表框右侧的下三角按钮，在弹出的下拉列表中选择 Pulse 选项，在对话框中选中"曲线"复选框，此时音波上会出现对应曲线，如图4-35所示，单击"应用"按钮即可。

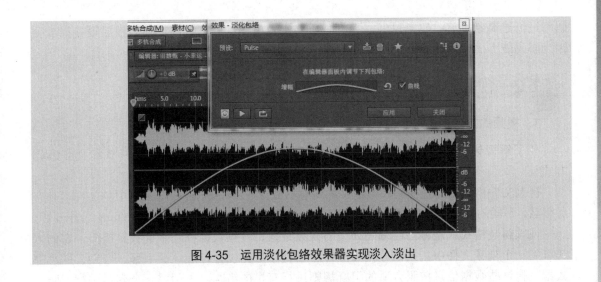

图 4-35　运用淡化包络效果器实现淡入淡出

4.5　视　频　概　述

4.5.1　视频的相关概念

视频是指将一系列静态画面进行记录、处理、存储、播放，使人眼产生运动的感觉。视频的相关概念和技术在视频的拍摄、处理、存储、播放各个环节都会涉及。根据技术参数的不同，视频的质量会有很大的差异，主要有视频的播放流畅度、清晰度等。

1．视频分辨率

因为视频是由一系列静态画面组成，所以画面的分辨率实际上就是视频的分辨率。在前面已经学过，画面的分辨率是以横向和纵向的像素数量来衡量的，表示画面的精细度。例如 1080p 视频分辨率指的是 1920×1080，就是每张画面在水平方向上有 1920 个像素，在垂直方向上有 1080 个像素。

2．帧率

当视频记录或者播放时，每秒钟记录或者播放的静态画面数，就是视频的帧率。帧，就是指单幅影像画面。由于人眼暂留的生理特性，视频帧率通常不低于每秒 24 帧，也就是视频通常每秒记录或者播放 24 帧画面以上。电影院播放的电影帧率有 24 帧/秒，也有 30 帧/秒，甚至可以高达 120 帧/秒。电视机播放的电视通常只有 25 帧/秒和 30 帧/秒两种帧率。帧率过低时，会感觉画面闪烁，画面动作不连续，画质整体偏暗、模糊，影响观感。视频文件的大小与帧率成正比，帧率越高，视频文件越大。

3．码率

码率指视频单位时间传输的数据流量。如果视频文件没有经过压缩，那么码率是固定的，而压缩过的数字视频，因为压缩算法不同，则视频码率不同。一般来说同样的视频分辨率下，视频码率越大，压缩比越小，画面质量越高，要求播放设备的解码能力也越高。

码率过低过高都不好：码率过低，视频画质会比较模糊；码率过高，很多播放设备播放会因为解码能力出现问题导致卡顿现象。

4.5.2 视频的常用格式和视频格式转换

1. 视频的常用格式

要了解视频格式必须先弄明白三个概念：视频文件格式、视频封装格式和视频编码方式。

视频文件格式指的是视频在电脑中的保存格式。在 Windows 操作系统中的文件名都有后缀名，不同的后缀名由不同的应用程序打开。常见的视频文件格式有 avi、mpg、rmvb 等。

视频封装格式就是将已经编码处理的视频数据、音频数据以及字幕数据按照一定的方式放到一个视频文件中。大部分视频文件除了视频数据以外，还包括字幕、音频、图片等数据。将这些数据信息按照合适的组合规则进行有机的组合，再利用一个容器进行封装，这个容器就是封装格式。与视频部分相关的信息组合方式就是视频编码方式。

视频编码方式指的是通过视频压缩技术，将原始视频格式的文件转换成另一种视频格式文件的方式。原始视频文件通常有大量的冗余信息，通过压缩技术可以将原始视频文件中的冗余信息去除。

视频封装格式来源于有关国际组织、民间组织及企业制定的视频封装标准。研究视频封装的主要目的是适应某种播放方式以及保护版权的需要。编码方式与封装格式的名称有时是一致的：例如 MPEG、WMV、RMVB 等格式，既是编码方式，也是封装格式；有时却不一致，例如 MKV 是一种能容纳多种不同类型编码的视频、音频及字幕流的通用视频封装格式，同样以.mkv 为扩展名的视频文件，可能封装了不同编码格式的视频数据。由于视音频数据经过编码后还需要经过封装的步骤才能供普通用户使用，因此普通用户接触到的视频格式，严格地讲，应当是视频的封装格式。

1) AVI 格式

AVI 格式是由 Microsoft 公司开发的一种数字音频和视频文件格式，早期仅用于 Microsoft 操作系统平台，现今已经可以跨平台使用。

AVI 视频格式的优点是图像质量好，可以跨平台使用；缺点是 AVI 格式允许视频和音频交错在一起同步播放。但由于 AVI 文件没有限定压缩标准，由此就造成了 AVI 文件格式不具有兼容性。最普遍的现象就是高版本 Windows 媒体播放器播放不了采用早期编码编辑的 AVI 格式视频，而低版本 Windows 媒体播放器又播放不了采用最新编码编辑的 AVI 格式视频。采用不同压缩标准生成的 AVI 文件，必须使用相应的解压缩算法，才能将其播放出来。

2) MPEG 格式

MPEG 是动态图像专家组的简称，由 ISO 和 IEC(国际电工委员会)于 1988 年成立，专门致力于运动图像和语音压缩制定国际标准化工作。

MPEG 采用有损压缩算法来减少运动图像中的冗余信息，从而达到高压缩比的目的。MPEG 压缩的基本方法是：在单位时间内采集并保存第一帧信息，然后只存储其余帧相对第一帧发生变化的部分，从而达到压缩的目的。

MPEG 家族中包括了 MPEG-1、MPEG-2 和 MPEG-4 等在内的多种视频格式。平均压缩比为 50∶1，最高可达 200∶1，压缩效率非常高。同时图像和音响的质量也非常好，并且在计算机上有统一的标准格式，兼容性相当好。

MPEG 标准包括 MPEG 视频、MPEG 音频和 MPEG 系统(视频、音频同步)三个部分，而 MP3 音频文件就是 MPEG 音频的一个典型应用，VCD、DVD 则是采用了 MPEG-1、MPEG-2 视频格式。

3)　MOV 格式

MOV 即 QuickTime 影片格式，是 Apple 公司开发的一种音频和视频文件格式。QuickTime 用于存储常用数字媒体类型，现在被包括 Apple Mac OS、Microsoft Windows 在内的所有主流 PC 平台支持。

当选择 QuickTime 作为保存类型时，视频将保存为.mov 文件。

QuickTime 因具有跨平台、存储空间要求小、图像质量高等技术特点，得到了广泛认可。

4)　WMV 格式

WMV(Windows Media Video)是微软公司推出的一种流媒体格式，是一种独立于编码方式的能在 Internet 上实时传播音视频的技术标准。在同等视频质量下，WMV 格式的文件体积非常小，因此很适合在网上播放和传输。

WMV 的主要优点在于：本地或网络回放、可扩充的媒体类型、可伸缩的媒体类型、多语言支持、环境独立性、流的优先级化、丰富的流间关系以及可扩展性等。

5)　FLV/F4V 格式

FLV 是 Adobe 公司推出的一种视频流媒体格式。FLV 格式是压缩比最大的视频格式之一。由于 FLV 文件较小、加载速度很快，因此成为了网络视频主要使用的视频格式。

FLV 的主要优点在于：压缩比大，体积较小，图像质量尚可。缺点在于：由于压缩比过大，信息损失较多，虽然从图像质量清晰度等方面来看损失度并不大，但是如果用来做后期转换调节等处理时，视频数据不够，容易失真。

F4V 是继 FLV 格式后 Adobe 公司推出的支持 H.264 的高清流媒体格式。F4V 和 FLV 的主要区别在于：FLV 格式采用的是 H.263 编码，而 F4V 则支持 H.264 编码的高清晰视频。相比起 FLV，F4V 在同等大小文件的前提下，能够实现更高的分辨率，支持更高比特率，因此更有利于网络传播。F4V 已逐渐取代 FLV，被大多数主流在线视频网站使用。

F4V 是兼容格式，FLV 是 Adobe 公司独有的格式。FLV 也可以用来封装 H.264 编码，因此有些视频文件的后缀名虽然是.flv，但实际上不是 FLV 格式，而是 F4V 格式。这是视频编码方式与封装格式不一致的体现。

2．视频格式转换

视频格式转换，通常指的是转换视频的封装格式和编码方式。通过软件，将视频的格式进行转化，使其达到用户的需求。

常用的视频格式有影像格式、流媒体格式。每一种格式的文件需要有对应的播放器：AVI 格式文件用 Windows Media Player 播放，MOV 格式文件用 QuickTime 播放。若出现只装有 Windows Media Player 播放器，需要播放的是一个 MOV 格式文件。为了播放，需要对视频进行格式转换。格式转换软件推荐如下。

1) 格式工厂

格式工厂是一款免费多功能的多媒体文件转换软件，由上海格式工厂网络有限公司开发。格式工厂可以转换音乐、视频、图片等多种文件格式，操作简单，容易上手，是最为人熟知的视频格式转换软件。

2) 魔影工厂

魔影工厂是一款简单实用的全能格式转换软件，是海外流行的视频格式转换软件WinAVI面向中国用户推出的官方中文版。魔影工厂针对中国用户的使用习惯做了大量的调整，具有完善的移动设备支持、界面轻松上手、视频格式支持广泛且完全免费等特点。格式转换的过程中还可以对视频文件进行剪辑，也可以批量转换多个文件。

3) 小丸工具箱

小丸工具箱是一款用于处理音视频等多媒体文件的软件，提供了在质量、压缩时间、最后文件的体积之间尽可能平衡的参数，可以用来压缩视频文件、降低视频的帧率。

4) Apowersoft

Apowersoft 是一款集视频格式转换、录屏、视频剪辑、在线应用等多功能于一体的软件，对视频进行压缩转换时能最大限度保证画面质量，可以设置转换文件的大小。

4.5.3　视频应用于教学的优势

视频应用于教学的优势具体如下。

1．教师通过视频教学可以不断修正教学模式

对于自己课堂教学的方式和教育体系的了解是教师必须掌握的一种基本能力，而传统课堂教学必须在有限的时间内阐述完课程知识点，课堂教学错漏在所难免，事后补救也不容易。而通过视频教学则能让教师明白自己教学上知识点的错漏所在，学生也能对知识点掌握得更好。

2．学生通过视频教学能更积极地参与学习

学生在课堂上学习时通常会遇到无法理解的知识点，虽然课后可以通过与同学交流、询问老师等方式得到一定程度的解决，但是效率过低。通过视频教学，学生可以得到一种更加具象化的知识点讲解，也可以在线上进行交流答疑，或者通过直播教学的方式在线询问，这种方式能让学生更好地理解知识点。

3．教师通过视频教学可以实现自我价值

视频教学不但能让教师的教学更加完善，学生上课更加积极，随着近些年网络课堂、网络直播的逐步成熟，视频教学也有了更加广阔的空间。如果一门视频课程非常优秀，会在全国甚至全世界范围内被更多人学习，教师能够通过视频教学实现更高的自我价值，也能获得更广泛的反馈来完善教学。

4.6　视频的获取

获取视频通常有视频拍摄、屏幕录制、网络下载三种方式。

4.6.1 视频拍摄

视频拍摄通过手机、专业摄像机等摄录像设备来完成。摄像机拍摄视频画质较好，但是笨重，携带不便，参数较多，使用较为复杂；手机拍摄画质一般，但是轻巧便捷，傻瓜式操作，可以作为摄像机拍摄的有益补充。有时需要将拍摄的视频与其他场景进行合成，可以在绿幕背景下进行拍摄，如图 4-36 所示。

图 4-36 绿幕背景的拍摄

教学视频在拍摄时需要注意以下几个方面。

1．镜头稳定

无论是拍视频或者拍照片，人们通常都倾向于观看清晰稳定的画面。而画面的清晰与稳定也相关，所以拍摄时镜头稳定非常重要。要想拍摄时镜头稳定，需要用到三脚架，调整好三脚架上的水平仪，再进行拍摄，会得到非常平稳的画面。如果拍摄设备不是特别沉重，那么三脚架不需要买太昂贵的，普通的三脚架就能起到非常良好的稳定作用。

2．运镜匀速

拍摄视频时，运动镜头需要拍摄者移动摄像机跟随被摄对象拍摄。教学拍摄通常不需要太复杂的运动镜头，但旋转摄像机时，跟随拍摄者的摇镜头还是经常会用到。旋转三脚架上的摄像机，跟随被摄者，需要稳定匀速地旋转拍摄，不匀速的镜头会给观看者一种突兀感，影响观看体验。

3．弱光环境下注意光线

在弱光环境下，拍摄的视频中很容易出现被摄物体暗淡模糊，影响观感。在没有专业灯光设备的情况下，可以借助已有的灯光和自然光，比如打开室内灯光、拉开教室窗帘等方式加强光亮。如果是拍摄课堂教学，可以将摄像设备移到教室顺光方向进行拍摄，通常是将摄像机置于室内靠近室外窗户一侧，借用太阳光进行照明。

4．注意拍摄现场安静

拍摄课堂教学时，尽量使用指向性麦克风对教师上课声音进行同期录音，教师一般很少有时间和精力进行后期录音，由于教室环境通常比较嘈杂，因此需要提前通知学生保持安静，特别是前排的学生，否则会将杂音录入，后期难以处理。

4.6.2 屏幕录制

屏幕录制是指将计算机屏幕的活动画面记录下来，并保存为视频格式文件。在制作电子教程演示和多媒体作品时，将计算机屏幕的活动状况录制下来并配上声音解说，可以帮助学生更好地理解操作内容；需要手写时亦可以配合手绘板来录制，如图 4-37 所示。

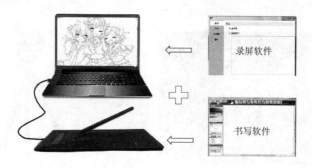

图 4-37 书写录屏

屏幕录制可以使用 Bandicam、Camtasia Studio、屏幕录像专家等软件。

1. Bandicam

Bandicam 有多种屏幕录制模式，同时音频、录像质量、截图质量都可以通过参数进行调节，包括视频格式、帧数、码率等，如图 4-38 所示。

图 4-38 Bandicam 的工作界面

2. Camtasia Studio

Camtasia Studio 是一款专门用于屏幕音影捕捉的工具，软件功能强大，可以进行屏幕录制、视频剪辑、视频制作等操作。此外 Camtasia Studio 还具有支持多种输出格式、及时播放和编辑压缩的功能。

3. 手机自带"屏幕录制"

iOS 录屏方法很简单，因为从 IOS11 开始已自带屏幕录制功能，但需要手动打开。打开步骤为：打开"设置"中的"控制中心"，开启"自定义控制"，即可打开"屏幕录制"功能。如果想结束录屏，可以单击上方的红色区域结束录屏。

安卓手机基本上都内置了录屏功能，华为、小米、三星等品牌都有。以华为手机为例，手放在屏幕顶部往下滑动，使用"控制栏"中的"屏幕录制"进行录制。

4.6.3 网络下载

获取视频素材除了拍摄和屏幕录制方式外，还可以通过网络下载获取。下载视频相对文字和图片的难度在于通过哪些渠道可以下载获取免费专业的高清、超清、4K、8K 视频。下面介绍几个可供免费下载视频素材的网站。

1．Distill

Distill 是专门提供创意短视频的平台，这个平台的所有视频内容都是由众多视频创作者一起贡献，视频风格多样化，可在网站预览后下载。

2．Pexels Videos

Pexels Videos 是高清的免费视频素材下载平台，这个网站的所有素材都经过 CCO 许可证授权，可以随意下载使用，即使是应用于商业也可以。

3．视觉中国

视觉中国是优质正版图片、视频等视觉内容平台型互联网上市公司，通过旗下中文网站平台向用户提供来自全球范围的优质创意图片、影音素材和视觉服务。网站的图片和视频素材量非常庞大，但是下载素材需要支付一定的费用。视觉中国是目前国内最大的素材提供网站。

4．千图网

千图网是一个免费的图片设计以及视频素材下载的网站，提供了几百万个免费素材方便下载，分类众多，种类齐全，基本上能够满足各种素材需求。

5．包图网

包图网是一个起源于图片制作、素材质量高且分类丰富的素材网站，包括 AE(After Effects)模板、MG(Motion Graphic)动画、PR（Premiere）模板、实拍视频等。

实践训练

1．实验目的

(1) 熟悉 Audition 软件的基本操作。

(2) 学会不同模式下音频的录制。

(3) 学会音频的基本编辑：添加、复制、剪辑、拆分、编组、移动、伸缩和输出。

(4) 学会音乐的效果处理：音量调整、延迟、回声、降噪、修复、淡入与淡出。

(5) 学会音频文件的导出。

2. 实验环境

(1) 连接局域网的计算机。

(2) Windows 7 及以上操作系统。

(3) Audition 软件及相应的多媒体素材。

3. 实验内容

(1) 完成案例 4-1 至案例 4-4 的制作，学习在波形和多轨合成模式下录制音频，并将作品输出为.mp3 的音频文件。

(2) 完成案例 4-5 和案例 4-6 的制作，学习使用拆分、编组和伸缩对音频素材进行联排，并将作品输出为.mp3 的音频文件。

(3) 完成案例 4-7 至案例 4-10 的制作，学习对音频进行音量调整和波形标准化处理。

(4) 完成案例 4-11、案例 4-12 的制作，学习对音频素材添加延迟和回声，达到合唱效果，并将作品发布为.mp3 的音频文件。

(5) 完成案例 4-13 的制作，学习降噪效果的处理。

(6) 完成案例 4-14 的制作，学习使用淡入淡出效果制作个性化铃声。

(7) 综合应用所学的知识完成对一个 2~3 分钟视频的配乐和配音(包括背景音乐和人声)。

学习测评

(1) 声音是如何产生和传播的？

(2) 音频文件通常包括哪两类？常见的声音文件的格式有哪些，各有什么特点？

(3) 要将一款网络游戏中的效果声录制成为声音文件，用于其他多媒体文件中，应如何操作？简述操作过程。

(4) 有人在一个座谈会(轮流发言)现场放置一支话筒进行录音，发现由于不同的发言人距离话筒远近不同，录制的声音大小不一致。请使用音频编辑软件设法将不同发言人的声音调整到相同大小。

(5) 如果要将某一段旁白录制中出现的翻书声去掉，应如何操作？简述操作过程。

(6) 想给某人清唱的歌曲录音配上伴奏，从网上下载了相应的伴奏曲子，发现伴奏的节奏比清唱的要快一些，请设法将两者合成一个完整的歌曲。

(7) 如果你准备传一个视频到视频网站上去，你会选择什么视频格式？为什么？

 **学习资源**

(1) 大学生自学网. Adobe Audition CS6 教程. http://v.dxsbb.com/ruanjian/audition/506/.

(2) 翼弧网. Adobe Audition CS6 基础培训视频教程. https://www.yiihuu.com/a_1291.html.

(3) 文杰书院. Adobe Audition CS6 音频编辑入门与应用. https://pan.baidu.com/s/1kVCAjDd.

(4) [美] Adobe 公司. Adobe Audition CS6 中文版经典教程[M]. 袁鹏飞，译. 北京：人民邮电出版社，2014.

(5) 软件自学网. Premiere 视频教程. http://www.rjzxw.com/jc-97.html.

动画是多媒体的一个重要组成要素，具有品质高、能加入声音信息、表现力丰富、交互控制能力强大等优点，可用来表现特定教学情景、增强教学效果。动画可以作为教学素材的组成内容，也可以制作成课件直接应用在教学上。掌握动画制作技术可以提高教师动画类素材的制作水平。

第5章 动画制作技术

本章学习目标

➤ 了解动画基本类型和常用的动画制作软件。
➤ 结合自己所学的专业描述动画应用于本专业课程教学的优势。
➤ 理解动画的制作流程和发布设置。
➤ 学会使用相关动画制作软件进行动画的制作。
➤ 能够使用脚本语言实现常用的交互功能。

5.1 动 画 概 述

动画是通过连续播放一系列画面，给视觉造成动态变化的图画。从制作技术和手段上看，动画可以分为以手工绘制为主的传统动画和以计算机为工具手段的数字动画。随着计算机技术的高速发展，动画从制作方式到制作理念都产生了巨大变化。

5.1.1 动画的原理

现在提到的动画多指计算机动画。计算机动画是以计算机图形技术为基础，综合运用艺术、数学、物理学、生命科学及人工智能等学科和领域的知识，借助编程或动画制作软件生成一系列的动态画面。计算机在制作过程中辅助或代替了传统颜料、画笔和制模工具。随着动画应用领域的拓宽，动画已不再单指传统意义上的带有一定剧情的影片或动画片，还包括在教育、工业、商业等领域用来进行演示的非实物拍摄的屏幕作品。

动画片的艺术形式更接近于电影和电视，而且它的基本原理与电影、电视一样，都是人眼视觉暂留现象的应用。利用人的视觉生理特性可以制作出具有丰富想象力和表现力的动画影片。

视觉暂留原理于1824年由英国人彼得·马克·罗杰特提出。视觉暂留现象首先被中国人运用，走马灯便是据历史记载中最早的视觉暂留运用。宋时已有走马灯，当时称"马骑灯"。

随后法国人保罗·罗盖在 1828 年发明了留影盘，它是一个被绳子在两面穿过的圆盘，盘的一个面画了一只鸟，另外一面画了一个空笼子，当圆盘被旋转时，鸟在笼子中出现了。这证明了当眼睛看到一系列图像时，它一次保留一个图像，如图 5-1 所示。物体在快速运动时，当人眼所看到的影像消失后，人眼仍能继续保留其影像 0.1～0.4 秒的时间，这种现象被称为视觉暂留现象。

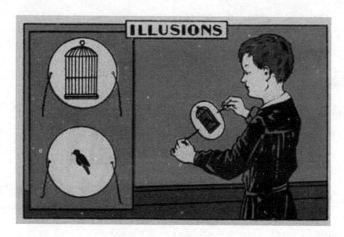

图 5-1　鸟入笼实验

5.1.2　常用的动画制作软件

根据视觉空间的不同，计算机动画可分为二维动画和三维动画两大类。

1．二维动画制作软件

二维动画又可称为平面动画，这种动画无论画面的立体感有多强，终究只是在二维空间上模拟三维空间效果，同一画面内只有物体的位置移动和形状改变，没有视角的变化。制作软件主要有 GIF 动画制作软件、万彩动画大师和 Flash 动画制作软件。

1）　Ulead GIF Animator

GIF(Graphic Interchange Format)是 1987 年 CompuServe 公司为制订彩色图像传输协议而开发的图像文件格式。Ulead GIF Animator，是一个很方便的 GIF 动画制作软件，由 Ulead Systems.Inc 创作，不但可以把一系列图片保存为 GIF 动画格式，还能产生二十多种 2D 或 3D 的动态效果，足以满足制作网页动画的要求。

2）　万彩动画大师

万彩动画大师是一款好用的动画视频制作工具，操作简单易上手，可用来制作企业宣传片、动画片、产品介绍短片、趣味课件、微视频、演示演讲动画视频等。万彩动画大师提供大量精美的场景模板让用户快速开始制作动画视频。当然，用户也可以利用软件内置的角色、.svg 图片以及气泡素材来丰富动画视频的场景内容。

3）　Flash

Adobe 公司的 Flash 是目前二维动画领域占主流地位的软件。利用 Flash 制作的动画作品已在计算机辅助教学领域得到了广泛应用。Flash 动画具有以下特点。

(1) 矢量图系统。使用 Flash 创建的元素是用矢量来描述的。与位图不同的是，矢量图可以任意缩放尺寸而不影响图形的质量。

(2) 流式播放技术。流式播放技术使得动画可以边下载边播放，即使后面的内容还没有下载到硬盘，用户也可以开始欣赏动画。

(3) 文件容量小。通过关键帧和组件技术的使用使得所生成的动画(.swf)文件非常小。

(4) 支持 MP3 音频。可以将 MP3 音频压缩格式的文件直接导入 Flash 中，将音乐、动画、声效等融为一体。

(5) 增强的 Flash 交互功能。Flash 使用 ActionScript 语句，增强了对交互事件的动作控制，使用户可以更精确、更容易地控制动画的播放。

2．三维动画制作软件

三维动画制作软件对计算机系统的性能要求较高，主要有 Autodesk 公司的 3ds Max、Maya 和 LightWave 3D 等。三维动画中不但有物体本身位置和动作的改变，还可以连续地展现视角的变化。

1) 3ds Max

3ds Max 是 Autodesk 公司的基于 PC 系统的三维动画渲染和制作软件，广泛应用于多媒体制作、广告、影视、工业设计、建筑设计、三维动画、游戏以及工程可视化等领域。3ds Max 软件将向智能化、多元化方向发展。

2) Maya

Maya 软件是 Autodesk 旗下的著名三维建模和动画软件，已成为三维动画软件的主流。在国内外该软件的使用越来越普及，它可以应用在电影、电视、游戏等各大领域，比如《星球大战》系列、《指环王》系列、《蜘蛛侠》系列、《哈利波特》系列、《木乃伊归来》、《最终幻想》、《精灵鼠小弟》、《马达加斯加》、《Sherk》以及《金刚》等都是用 Maya 开发制作完成的。

3) LightWave 3D

美国 NewTek 公司开发的 LightWave 3D 是一款高性价比的三维动画制作软件，它的功能非常强大，是业界为数不多的几款重量级三维动画软件之一，被广泛应用在电影、电视、游戏、网页、广告、印刷、动画等各领域。好莱坞大片《TITANIC》中细致逼真的船体模型、《RED PLANET》中的电影特效以及《恐龙危机 2》、《生化危机-代号维洛尼卡》等许多经典游戏均由 LightWave 3D 开发制作完成。

5.1.3　动画应用于教学的优势及应注意的问题

1．动画应用于教学的优势

动画应用于教学具有以下优势。

1) 创设教学情境，激发学生兴趣

计算机动画应用于教学，可充分发挥其形象、生动、表现力丰富的特点，为学生创设特定的虚拟场景，激发学生的情感体验，调动学生的学习兴趣和参与教学活动的主动性，从而提高教学效率。如在地理教学中，可利用计算机三维动画模拟地势、地貌，通过动画情境的创设，让学生身临其境，刺激他们的学习兴趣，引导其独立思考。

2) 刺激视听感官,调动学生积极性

计算机动画融合了多种表现形式,它通过连续的画面、悦耳的声音向学生传递丰富的视觉信息和听觉信息,能充分刺激学生的视听感官,给学生以奇妙的视听感受,促使学生积极投身课堂学习,配合老师形成活跃的课堂气氛。

3) 增加课堂信息,丰富教学内容

计算机动画运用在教学上,增加了课堂信息,丰富了教学内容。如在英语课堂上,通过精心制作的丰富多彩的会话情景,可营造出生动活泼的氛围,通过语言、图像和声音等多种信息的结合,可训练学生的视听能力。

4) 演绎抽象过程,简化教学难题

动画的表现力和演绎能力可以使抽象问题形象化、复杂过程具体化,学生能更好地理解和记忆知识点,而不是死记硬背。在数理化等抽象思维要求高、实验性强的科目上,利用计算机动画对逻辑推理、实验原理、实验过程和现象进行合理抽象、动画模拟和演绎,把原本抽象、枯燥的文字讲解转化为具体、形象的演示,既简化了教学的难题,又充分调动了学生的兴趣。利用计算机动画的可控性和交互性,还可实现不同变量(如实验条件改变等)下的对照演示、反复演示、逐步分解演示等,凸显变化规律,细化操作过程,帮助学生透过现象看本质。

2. 动画应用于教学应注意的问题

虽然动画在教学活动中能够发挥积极作用,但在实际教学工作中也需要考虑动画的特点和适用范围,选择合适的教学内容用动画的形式来表现。在教学中应注意以下几点。

(1) 在开发过程中应注意界面的艺术性设计与可用性设计之间的平衡。如动画的界面不应过于复杂、花哨,导航方式不应过难,不能将学生的注意力吸引到与教学无关的内容上面。

(2) 在动画的制作过程中,应力求让动画更"智能"。即能够适应所有可能出现的问题,实现所有可能发生的结果,而不只是单向的结果或者只是特例。

(3) 动画并不能代替所有的辅助教学手段,尤其不可以完全替代实验。动画只是对真实环境的模拟,不可能完全相同。

(4) 在动画的设计过程中,需要注意多引导学生参与思考、发现问题、解决问题、掌握知识。

5.2 Flash 软件的基本操作

5.2.1 软件介绍

1. 工作界面

Flash 的工作界面由菜单栏、工具箱、工作区、时间轴、属性面板以及浮动面板等几部分组成,如图 5-2 所示。

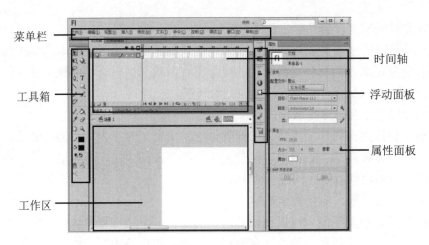

菜单栏

工具箱

工作区

时间轴

浮动面板

属性面板

图 5-2　Flash 工作界面

1)　菜单栏

工作界面顶部的菜单栏包括"文件""编辑""视图""插入""修改""文本""命令""控制""窗口"和"帮助"等菜单。

2)　工具箱

工具箱列出了 Flash 中常用的 30 种工具，用户可以单击相应的工具按钮，或按下这些工具所对应的快捷键，来调用这些工具。

> 提示：在 Flash 中，按 V 键可以快速切换到选择工具，将鼠标指针移动到选择工具上，可以
> 看到其快捷键。其他工具依次类推。

3)　工作区

工作区中放置内容的矩形区域称为舞台。在创作过程中，为了编辑的方便，在工作时可以放大和缩小舞台尺寸，也可以利用网格、辅助线和标尺精确地放置内容。

舞台的实际尺寸在"文档属性"中设置，舞台尺寸是播放动画影片时显示的矩形空间。舞台是工作区的一部分，生成测试影片或其他格式的文件时，只有舞台上的内容能够显示。

4)　时间轴

时间轴用于组织和控制文档内容在一定时间内播放的图层数和帧数。按照功能的不同，时间轴窗口分为左右两部分，分别为图层控制区和时间线控制区。

图层控制区中图层有助于组织文档中的对象，每个图层包含一个显示在舞台中的不同对象，在某图层上绘制和编辑对象，不会影响其他图层的对象。

当创建了一个新的 Flash 文档之后，它只包含一个图层。可以添加更多的图层，可以隐藏、锁定或重新排列图层，还可以通过创建"图层文件夹"对图层进行组织和管理。

时间线控制区包括帧、播放头及下方的功能按钮。可以通过时间轴的菜单按钮改变帧的显示属性。

5)　属性面板

属性面板是使用频率最高的面板。属性面板默认情况上为文档的属性，当选择某个工具时，属性面板显示的是当前工具的属性面板；当选择某个关键帧时，属性面板显示的是关键帧的属性面板；当选择某个对象时，属性面板显示的是对象的属性面板。

6) 浮动面板

Flash 提供了许多种自定义工作区的方式,以满足设计和开发需要。面板的显示、隐藏和布局可以通过单击浮动面板上的按钮或"窗口"菜单下的一系列命令来实现。下面介绍常用的面板。

(1) "库"面板:存储和组织导入的图像、声音、视频和元件等,其中元件是指创建一次即可多次重复使用的图形、按钮或影片剪辑元件。

(2) "变形"面板:用于对选中的对象进行旋转、变形、缩放和复制等操作。

(3) "信息"面板:用于对舞台对象的大小及其位置进行精确的编辑调整。

(4) "对齐"面板:用于对选中的多个对象进行对齐、分布和匹配大小等操作。

(5) "动作"面板:用于创建和编辑对象或帧的交互语句。

(6) "颜色"面板:用于为图形设置边框颜色和填充颜色。在设置边框和填充颜色时,可以选择无、纯色、线性渐变、径向渐变或位图填充,还可为图形设置透明度属性。

2．Flash 动画的制作流程

制作 Flash 动画,主要分为以下几个过程:

(1) 新建和保存动画文件。可以通过"常规"选项卡创建空白文档,也可以通过"模板"选项卡创建相应的模板文档。文件编辑的过程中要随时注意保存。Flash 动画文件的扩展名为.fla,此类型的文件是可以多次编辑的源文件格式。

(2) 设置文档的属性。主要包括帧频、文档大小和背景颜色。

(3) 导入多媒体素材。Flash 中可以导入图形/图像、声音、视频、外部库等多种类型的素材。

(4) 动画制作。通过 Flash 的工具箱创建的图形和导入的素材并制作动画。

(5) 添加交互。通过"动作"面板在关键帧上为创建和编辑的对象添加脚本语句,实现交互功能。

(6) 测试影片。制作完成的动画通过"测试影片"可以生成.swf 格式的播放文件。

(7) 导出与发布。可以将完成的动画作品导出或发布为其他格式的文件。

案例 5-1

矩形变椭圆的动画

通过本案例熟悉 Flash 工作界面,了解动画的制作流程。具体操作如下:

(1) 单击"文件"菜单,选择"新建"命令,弹出"新建文档"对话框,如图 5-3 所示;在"常规"选项卡中选择"ActionScript 3.0",文档大小为 400 像素×300 像素,背景为淡蓝色,使用默认帧频 24FPS,将文件保存到 E 盘"案例"文件夹,命名为"案例 5-1 矩形变椭圆的动画.fla"。

(2) 使用"矩形工具",在工具栏的下方将 🖊 "笔触颜色"选择为"无", 🖍 "填充颜色"选择红色(或在"属性"面板中设置),在舞台中绘制一个无边框的红色矩形。

(3) 在时间轴的第 40 帧右击,在弹出的快捷菜单中选择"插入空白关键帧",或按功能键 F7,插入一个空白关键帧;使用"椭圆工具"在舞台之中绘制一个无边框的绿色椭圆。

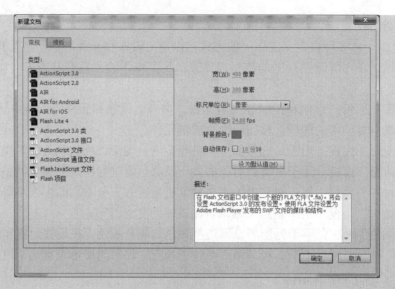

图 5-3 "新建文档"对话框

（4）在时间线的第 1 帧和第 40 帧之间右击，在弹出的快捷菜单中选择"创建补间形状"命令，时间轴效果如图 5-4 所示。

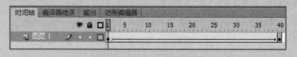

图 5-4 创建补间形状的时间轴

（5）保存文件后，单击"控制"菜单，选择"测试影片"子菜单中的"测试"命令，或按 Ctrl+Enter 键，则在保存文件的 E 盘"案例"文件夹下生成名为"案例 5-1 矩形变椭圆的动画.swf"的播放文件，双击文件可以进行播放。

3. 作品的导出

Flash 可以将作品导出为图像或影片。例如，可以将整个影片导出为 Flash 影片、系列位图图像、单一的帧或图像文件，以及不同格式的活动、静止图像等，包括 GIF、JPEG、PNG、BMP、AVI 等格式。单击"文件"菜单，选择"导出"子菜单中的相关命令，如图 5-5 所示。选择导出的类型，设置文件的格式后，在相应的对话框中对文件的宽、高、分辨率等进行相关设置后即可导出。

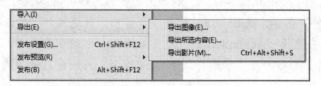

图 5-5 "导出"的相关命令

4. 作品的发布

Flash 可以将作品一次性发布为多种格式的文件。具体操作如下：

（1）单击"文件"菜单，选择"发布设置"命令，弹出"发布设置"对话框，如图 5-6

所示；可以创建*.swf 文件、插入浏览器窗口中的 HTML 文档、GIF、JPEG、PNG、EXE 等格式的文件。

(2) 对每种格式进行相应的设置，完成后，单击对话框下方的"发布"按钮，即可完成发布。

(3) 如果下次需要实现相同的发布设置，可以单击"文件"菜单，选择"发布"命令进行发布。

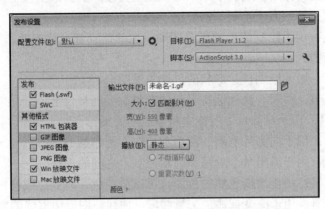

图 5-6 "发布设置"对话框

5.2.2 构图基础

1. 绘图工具介绍

工具箱中的绘图工具，功能和名称如图 5-7 所示。一些工具是以工具组的方式存在的，打开该工具组的下拉列表，在下拉列表中选择相应的工具即可。

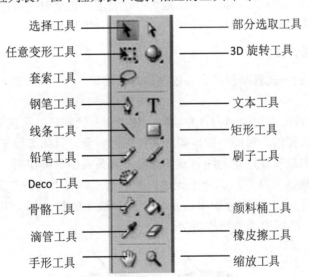

图 5-7 Flash 的绘图工具

1) 绘图工具的功能

部分工具的功能如下。

(1) 选择工具：用于选择和移动舞台上对象，改变对象的形状等。

(2) 部分选取工具：用于抓取、选择、移动和改变路径等。

(3) 3D 旋转工具：可以在 3D 空间中旋转影片剪辑实例。

(4) 3D 平移工具：可以在 3D 空间中移动影片剪辑实例。

(5) 套索工具：用于在舞台上选择不规则的区域或多个对象。

(6) 基本矩形工具：用于绘制基本矩形，此工具绘制的图形上包含图元节点。

(7) 基本椭圆工具：用于绘制基本椭圆。

(8) 铅笔工具：用于绘制简单的矢量图形、运动路径等，其辅助选项中有伸直、平滑和墨水三种绘图模式。

(9) 刷子工具：用于绘制任意形状的色块矢量图形。

(10) 喷涂刷工具：用于一次性地将形状图案"刷"到舞台上。

(11) Deco 工具：用于对舞台上的选定对象应用效果。

(12) 骨骼工具：用于向影片剪辑、图形和按钮实例添加 IK 骨骼。

(13) 绑定工具：用于编辑单个骨骼和形状控制点之间的连接。

(14) 颜料桶工具：用于改变色块的色彩，可以是纯色、渐变色或位图。

(15) 墨水瓶工具：用于改变或添加矢量线段、曲线、图形边框线的宽度、样式和颜色。

(16) 滴管工具：用于将舞台图形的属性赋予当前绘图工具。

(17) 橡皮擦工具：用于擦除舞台上的图形。

2) 绘图工具的使用方法

在使用大多数 Flash 工具时，"属性"面板会发生变化，以显示与该工具相关联的设置。使用绘图工具，具体操作如下：

(1) 选择需要使用的工具。

(2) 检查"属性"面板中相应的属性是否符合要求，必要时加以适当的设置。

(3) 确认所选工具和属性均符合要求后，再在舞台中绘制。

2．Flash 的绘制方式

Flash 绘制图形的方式有两种：合并绘制和对象绘制。

1) 合并绘制

默认情况下，Flash 中的绘制为合并绘制。使用合并绘制，矢量图形的填充和边框两部分是可以分别进行选择的。对同一图层同一关键帧的对象，具体可如下操作。

(1) 当所绘制的线条穿过别的线条或图形时，线条或图形被切割。

例如：使用"椭圆工具"绘制一个无边框的椭圆，再用"线条工具"绘制一条穿过椭圆的线条，使用"选择工具"分别单击选择椭圆和线条的每一部分并移动，可以看到如图 5-8 所示的效果，椭圆和线条均被切割。

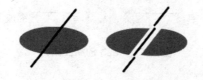

图 5-8　同一关键帧中线条和图形的切割

(2) 当两个没有边框且填充不同的图形发生重叠时，重叠部分具有后绘制图形的属性。

例如：使用"椭圆工具"绘制一个无边框的大椭圆，改变填充色，再绘制一个无边框的小椭圆，且两个椭圆有重叠，使用"选择工具"单击选择小椭圆并移动，可以看到如图 5-9 所示的效果。

图 5-9　同一关键帧中不同颜色的两图形的分割

(3) 当两个没有边框且填充相同的图形发生重叠时，两图形将会合并为一个图形。

例如：使用"椭圆工具"绘制一个无边框的椭圆，再使用"矩形工具"绘制一个无边框的矩形，使用"选择工具"选择矩形并拖动至与椭圆有重叠，松开鼠标，在空白处单击，取消矩形的选择，再次单击矩形，可以看出椭圆和矩形融为一体，如图 5-10 所示。利用这一特点，可以方便地将简单、规则的形状组合成复杂的不规则形状。

图 5-10　同一关键帧中相同颜色的两图形的结合

2) 对象绘制

选择一种绘制工具，如椭圆工具，按下工具栏下方的"对象绘制"按钮 ◯，在舞台上绘制一个有边框和填充的椭圆，使用"选择工具"选择椭圆，可以看出使用对象绘制时，矢量图形为一个整体。

本章节中主要学习合并绘制。

3. 绘制线条、矩形和椭圆

可以使用"线条工具""矩形工具""椭圆工具"等轻松创建基本几何形状。下面介绍与其他软件的不同之处。

绘制线条：线条是组成图形最基本的单位，任何图形都是由线条组成的，可以通过"线条工具"和"铅笔工具"来绘制。

绘制矩形：选择"矩形工具"，在"属性"面板中设置"填充和笔触""矩形选项"，在舞台上绘制矩形，设置如图 5-11 所示，可以看到各个角度为正值、0 和负值显示效果是不一样的。

绘制椭圆：选择"椭圆工具"，在"属性"面板中设置"填充和笔触""椭圆选项"，设置如图 5-12 所示，在舞台上按住 Shift 键并绘制，可以看出水平向右为 0°，顺时针方向旋转角度为正值，内径的值表示的是内半径是外径的百分数。

提示：在 Flash 中，"矩形工具"和"椭圆工具"的选项，只能在绘制之前设置，无法在绘制之后更改参数。

图 5-11　绘制矩形

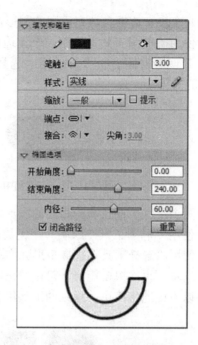

图 5-12　绘制椭圆

> **技巧**：使用"线条工具"，在按住 Shift 键的同时绘制可以将线条限制为倾斜 45° 的倍数；使用"椭圆工具"或"矩形工具"，在按住 Shift 键的同时绘制可以将形状限制为圆或正方形；使用"矩形工具"，在绘制时按住上下箭头键可以调整圆角半径。

4．绘制多边形和星形

使用"多角星形工具"，可以绘制多边形和星形。具体操作如下：

(1) 选择"多角星形工具"，在"属性"面板中设置填充和笔触，单击"选项"按钮，弹出"工具设置"对话框，如图 5-13 所示。

(2) 在"样式"中选择多边形或星形。在"边数"中输入边数，范围为 3~32 的整数；"星形顶点大小"是指星形顶点的深度，范围为 0~1 之间的小数，此数字越接近 0，创建的顶点就越深。如果是绘制多边形，"星形顶点大小"不会影响多边形的形状。

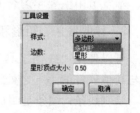

图 5-13　"工具设置"对话框

(3) 设置好参数后，在舞台上绘制。

5．绘制折线和曲线

使用"钢笔工具"可以绘制多段直线或者平滑的曲线。当使用"钢笔工具"绘制时，单击、移动位置后再单击，可以创建直线；移动位置后再拖动鼠标可以创建曲线。使用钢笔工具组中的"添加锚点工具""删除锚点工具""转换锚点工具"可以对钢笔绘制的线条进行节点的添加、删除、曲率等调节。

提示：要完成一条开放路径，可双击最后一个点或按住 Ctrl 键的同时单击路径外的任何地方；要闭合路径，将"钢笔工具"放置到第一个节点上，如果定位准确，就会在靠近钢笔尖的地方出现一个小圆圈，单击或拖动可以闭合路径。

6．图形的选择与形状的修改

1) 图形的选择

使用"选择工具"，在工作区上单击合并绘制图形的边框，选择折线的一段线条，如矩形；双击合并绘制图形的边框，选择连接的所有线条；单击合并绘制图形的填充只选择填充；双击合并绘制图形的填充，同时选择填充和边框。

使用"选择工具"，可以框选工作区中的多个对象，也可以选择图形的一个矩形区域，还可以按住 Shift 键加选对象。

使用"套索工具"对图形进行不规则区域的选择。

2) 形状的修改

使用"选择工具"拖动线条上的任意点，可以改变线条的形状。如果鼠标指针的右下角为直角，可移动节点；如果鼠标指针的右下角为弧形，可以调整直线为曲线或改变曲线的形状。按住 Ctrl 键的同时拖动线条上任一点，可以创建一个新的节点。

使用"部分选取工具"可以移动节点、改变节点的曲率等。

7．"颜色"面板的使用

要创建和编辑图形的边框(笔触)颜色或填充颜色，在舞台中选择图形，使用"颜色"面板进行设置，如图 5-14 所示，可创建的颜色有无、纯色、线性渐变、径向渐变和位图填充。还可以指定 Alpha 值来定义颜色的透明度。可以在图 5-14 所示面板中下方的颜色条上单击添加颜色，对颜色进行设置，也可以将不需要的颜色拖出窗口实现颜色的删除。

图 5-14　"颜色"面板

8．"渐变变形工具"的使用

渐变颜色不仅能够应用到图形的填充，还可以应用到笔触颜色。对图形进行渐变填充或位图填充后，均为默认的效果。

使用"渐变变形工具"可以调整填充的大小、方向、中心及变形渐变填充和位图填充。

具体操作如下：

选择"渐变变形工具"，单击需要修改渐变或位图填充的区域，显示出编辑句柄，如

图 5-15 所示，(a)为线性渐变的编辑句柄，(b)为径向渐变的编辑句柄，(c)为位图填充的编辑句柄，可以看出每种渐变变形可调节的句柄的多少是不相同的，对每个句柄进行调节可以改变图形的渐变效果。

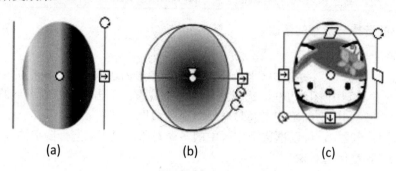

(a)   (b)   (c)

图 5-15　三种渐变变形的编辑句柄

9．变形对象

将对象进行任意变形，可以通过"任意变形工具"来编辑。任意变形是通过手动方式对对象的变形，比如缩放、旋转、倾斜、扭曲、封套等，操作方便快捷，但不能控制其精确度。利用"变形"面板可以进行参数设置，实现精确地缩放、旋转、倾斜、复制等操作。"变形"面板如图 5-16 所示。

图 5-16　"变形"面板

对选定的对象进行旋转和缩放时，默认的中心点在对象的重心上，如需调节中心点，可以使用"任意变形工具"实现中心点的移动，在中心点上双击可以还原中心点到重心上。

> **技巧**：旋转对象时，按住 Shift 键的同时旋转可以以 45°为增量进行旋转，按住 Alt 键的同时旋转可以围绕对角点旋转；缩放对象时，按住 Shift 键的同时拖动角点可以等比例调整大小。

案例 5-2

弹簧的绘制

通过本案例学习"钢笔工具"的使用，学会使用网格辅助图形的绘制。具体操作如下：

（1）新建文件，使用默认文档属性，单击"视图"菜单，选择"网格"子菜单中的"显示网格"命令，打开网格，可对网络进行编辑，在播放文件时网格不显示。

（2）选择"钢笔工具"，在"钢笔工具"的属性面板中设置笔触颜色为黄色，线条粗细为 2，在舞台的相应网格点单击，再单击，直到完成，双击结束绘制。效果图如图 5-17 所示。

（3）保存文件到 E 盘"案例"文件夹下，命名为"案例 5-2 弹簧的绘制.fla"。

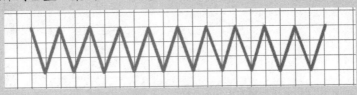

图 5-17　弹簧效果图

案例 5-3

蓝天白云背景的制作

通过绘制蓝天白云来熟悉"对齐"面板、"颜色"面板的使用方法和技巧，完成的效果图如图 5-18 所示。具体操作如下：

1）绘制蓝天

（1）新建一个文件，设置舞台大小为 600×450。

（2）将图层名称修改为"蓝天"，使用"矩形工具"在舞台上绘制一个无边框、纯色填充、圆角为 0 的矩形。

（3）使用"选择工具"，选择矩形。

（4）单击"窗口"菜单，选择"变形"命令，打开"对齐"面板，如图 5-19 所示，选中"与舞台对齐"复选框，单击"匹配宽和高"，再分别单击"左对齐"和"顶对齐"，可以快速实现矩形与舞台大小相等并与舞台对齐。

（5）选择矩形，打开"颜色"面板，选择"线性渐变"，设置颜色为蓝色到白色的线性渐变填充。

（6）使用"渐变变形工具"将矩形的渐变方向旋转 90°，实现从上到下的蓝白线性渐变填充，如图 5-18 所示。

2）绘制白云

（1）新建图层，将图层名称修改为"白云"，使用"椭圆工具"绘制多个部分重叠且无边框的纯色椭圆，组成云的效果，并绘制多朵云。

（2）选择每一朵云，用"颜色"面板对白云进行白色的不透明到白色透明的径向填充，如图 5-18 所示。

（3）保存文件到 E 盘"案例"文件夹下，命名为"案例 5-3 蓝天白云背景的制作.fla"。

图 5-18　蓝天白云效果图

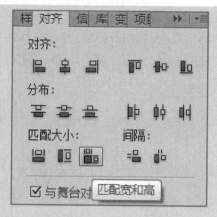

图 5-19　"对齐"面板

案例 5-4

彩色变形文字的制作

通过本案例的制作，学习"文本工具"和"任意变形工具"的使用，并学习用"分离"命令分离文本对象。具体操作如下：

(1) 新建一个文件，舞台大小为 400×200。

(2) 选择"文本工具"，在"属性"面板中选择"传统文本"下的"静态文本"，字体为微软雅黑，大小 72 点，颜色为蓝色，在舞台中输入文字"彩色变形效果"。

(3) 使用"选择工具"选定文本，单击"修改"菜单，选择"分离"命令，分离一次变为单个文本，再分离一次变为形状对象。

(4) 框选所有的分离文本，选择"颜料桶工具"，在"填充颜色"中选择最后一个七彩线性渐变色，在左边的对象上按下鼠标左键拖动到文字右边，完成整体的线性渐变填充。

(5) 选择"任意变形工具"，在工具箱的工具选项中单击"封套"，则分离的文本对象周围出现 8 个可调节曲率的句柄，如图 5-20 所示，可以进行局部的变形。

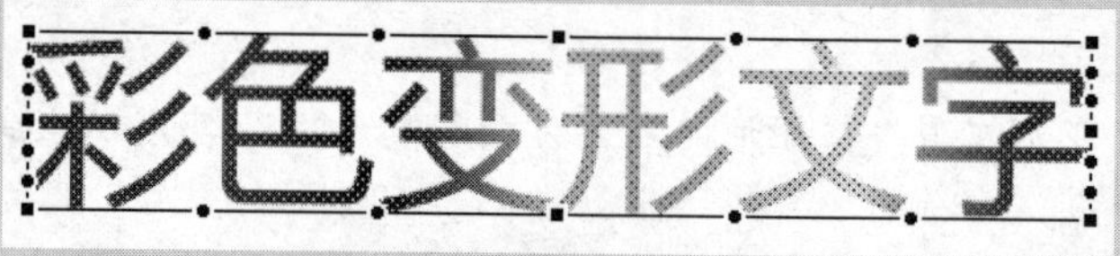

图 5-20　封套的调节点

(6) 对各句柄进行调节，变形为如图 5-21 所示的效果。

(7) 保存文件到 E 盘"案例"文件夹下，命名为"案例 5-4 彩色变形文字的制作.fla"。

图 5-21　变形后的效果图

提示：文本只能是单色，将文本分离为形状对象后，可以进行渐变填充，还可以进行局部
变形。局部变形可以使用选择工具、任意变形工具中的扭曲和封套等实现。

5.2.3　外部素材的导入

在制作 Flash 动画的过程中，仅使用自带的绘图工具远远不能满足对素材的需要。使用 Flash 可以很方便地导入其他程序制作的各种类型的文件，支持的文件包括位图、矢量图、音频和视频等，导入的素材会自动保存在"库"面板中。

1．位图的导入

单击"文件"菜单，选择"导入"子菜单中的"导入到舞台""导入到库"或"打开外部库"(存储于计算机中的制作好的 Flash 元素)命令，找到相应的位图文件导入。

有时需要对位图的局部进行删除或修改。可以选中舞台上的位图，单击"修改"菜单，选择"分离"命令，将位图分离为形状对象，可使用"套索工具"对分离的位图进行部分选取修改，可使用"套索工具"工具选项中的"魔术棒"选取某颜色范围的部分修改，还可使用"橡皮擦工具"进行擦除等。

2．矢量图的导入

在 Flash 中最常导入的图片格式为矢量图，其原因是矢量图不需要经过任何转换，就可以直接在 Flash 中进行矢量图的编辑，如放大、缩小、旋转及填色等功能，或是增加、减少图中内容，编辑成所需要的图形。

3．视频的导入

单击"文件"菜单，选择"导入"子菜单中的"导入视频"命令，打开"导入视频"对话框，导入视频文件。如在讲解物理中声音的产生与传播时，加入"击鼓.flv"视频，再如讲解动画的原理时加入"视觉暂留与动画.mp4"视频等。

4．声音的导入

单击"文件"菜单，选择"导入"子菜单中的"导入到库"命令，找到相应的声音文件导入。

将"库"面板中的声音拖动到舞台上，会自动加到当前图层中，由于声音对象不以实体形式出现，对图层上的对象不会产生影响。例如当前图层已经做过编辑，那么加入声音后会在其上部出现声波图。不过为了方便操作和便于管理，一般建议新建一个空白图层加入声音。

选择插入声音文件的帧，在"属性"面板中对声音的属性进行设置，如图 5-22 所示。

(1) 名称：在"名称"下拉列表框中可以选择导入的其他声音，选择"无"可以删除此处的声音。

(2) 效果：对插入的声音设置不同的效果，包括左声道、右声道、淡入、淡出等。利用"编辑"按钮可以自定义效果，也可对声音进行裁剪和音量大小的调节。

(3) 同步：指定影片和声音的配合方式，决定声音和动画是否同步，或自行播放。

① 事件：使声音与某个事件同步发生。当动画播放到事件的开始关键帧时，声音开始播放。它不受时间轴的限制，直到声音播放完毕。多适用于小段声音。如果在"循环"文本框内输入了播放的次数，则将按照给出的次数循环播放声音。

图 5-22　声音属性设置

② 开始：与"事件"方式相同，区别是如果这些声音正在播放，就要创建一个新的声音实例，并开始播放。

③ 停止：停止声音的播放。

④ 数据流：将强制声音与影片同步，即当影片开始播放时，声音随之播放，当影片停止时，声音也随之停止。多适用于大段的声音。

5.2.4　元件和实例

1．元件

元件是 Flash 中比较特殊的对象，只创建一次，即可在整个动画中重复使用。元件可以是图形，也可以是动画。用户所创建的元件都自动保存在"库"面板中，不管引用多少次，此元件动画中只存储一次，所以使用元件可以显著减小文件的大小。

在制作动画时，使用元件可以提高编辑动画的效率，使创建复杂的交互效果变得更加容易。如果想更改动画中的重复元素，只需要修改元件，Flash 将自动更新所有应用该元件的实例。

2．元件的类型

元件的类型有三种，即图形元件、按钮元件、影片剪辑元件。创建元件时要选择元件类型，这取决于在影片中如何使用该元件。在"库"面板中，不同类型的元件，以不同的图标加以区别。

(1) 图形元件：该元件可用于创建链接到主时间轴的可重用动画片段，图形元件与主时间轴同步运行。

(2) 按钮元件：该元件用于响应鼠标单击、滑过或其他动作的交互式按钮。可以定义与各种按钮状态关联的图形，然后将动作指定给按钮实例。

(3) 影片剪辑元件：该元件用于创建可重用的动画片段。影片剪辑拥有各自独立于主时间轴的多帧时间轴。可以将影片剪辑看作是主时间轴内的嵌套时间轴，它们可以包含交互式控件、声音甚至其他影片剪辑实例。也可以将影片剪辑实例放在按钮元件的时间轴内，以创建动画按钮。

3. 创建元件

可以将舞台上选定的对象转换为元件，也可以先创建一个新元件，然后在元件编辑模式下制作或导入内容。

图形元件的创建

通过本案例的制作，学习"变形"面板的使用，学会将舞台上选定的对象转换成元件的方法。具体操作如下：

(1) 新建一个文件，舞台大小为 550×400。

(2) 使用"椭圆工具"绘制一个没有边框的红色椭圆，并使用"任意变形工具"将旋转中心移动到椭圆的正下方，如图 5-23 所示。

(3) 单击"窗口"菜单，选择"变形"命令，打开"变形"面板，在"旋转"中输入 30，连续单击面板下方的"重制选区和变形"按钮 ，完成如图 5-24 所示的效果。

图 5-23　改变椭圆的旋转中心

图 5-24　旋转复制的效果

(4) 使用"选择工具"框选旋转复制的整个对象，单击"修改"菜单，选择"转换为元件"命令或按功能键 F8，在弹出的对话框中命名为"元件 1"，选择"图形"元件，如图 5-25 所示，单击"确定"按钮。

(5) 保存文件到 E 盘"案例"文件夹下，命名为"案例 5-5 图形元件的创建.fla"。

图 5-25　"转换为元件"对话框

提示：Flash 自动地将转换的元件添加到库面板中。舞台上选定的元素此时就变成了该元件的一个实例。

影片剪辑元件的创建

通过本案例的制作，学习利用新建元件来创建影片剪辑元件的方法。具体操作如下：

(1) 打开"案例 5-5 图形元件的创建.fla"文件。

(2) 单击"插入"菜单，选择"新建元件"命令，或按 Ctrl+F8 键，在弹出的对话框中命名为"元件 2"，选择"影片剪辑"元件，单击"确定"按钮。

(3) 目前处在"影片剪辑"元件的编辑模式下，将"库"面板中的"元件 1"拖放到舞台，在时间轴的第 15 帧和第 30 帧分别右击，在弹出的快捷菜单中选择"插入关键帧"命令或按功能键 F6。

(4) 单击第 15 帧，使用"任意变形工具"，配合 Shift 键等比例缩小舞台上的对象。

(5) 在第 1 至第 15 帧之间和第 15 至第 30 帧之间分别右击，在弹出的快捷菜单中选择"创建传统补间"命令，按 Enter 键，可以观看动画效果。

(6) 按下舞台上方的"场景 1"按钮，回到场景的编辑模式，从"库"面板中将"元件 2"拖放到舞台上。

(7) 保存文件到 E 盘"案例"文件夹下，命名为"案例 5-6 影片剪辑元件的创建.fla"。按 Ctrl+Enter 键，测试影片，可以在同一目录下生成名为"案例 5-6 影片剪辑元件的创建.swf"的播放文件。

案例 5-7

按钮元件的创建

通过本案例的制作，学习利用新建元件来创建按钮元件的方法。具体操作如下：

(1) 打开"案例 5-6 影片剪辑元件的创建.fla"文件。

(2) 单击"插入"菜单，选择"新建元件"命令，在弹出的对话框中命名为"元件 3"，选择"按钮"元件，单击"确定"按钮。

(3) 目前处在"按钮"元件的编辑模式下，当选择元件类型为"按钮"时，Flash 会创建一个四帧的时间轴，如图 5-26 所示，其中，前三帧显示按钮的三种可能状态，第四帧定义按钮的活动区域。在制作中，按钮的四个状态，至少需要一个状态有内容。

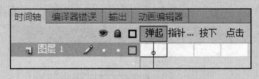

图 5-26　按钮元件的四个状态

> 提示：第一帧是"弹起"，代表鼠标指针不在按钮上的状态；第二帧是"指针经过"，代表鼠标指针滑过按钮时，该按钮的外观；第三帧是"按下"，代表鼠标单击按钮时，该按钮的外观；第四帧是"单击"，定义响应鼠标单击的区域，此区域的内容在播放文件时是不可见的。

(4) 选择"弹起"帧，使用"椭圆工具"在舞台上绘制一个无边框"红黑"径向渐变填充的椭圆。

(5) 选择"指针经过"帧，按 F6 键，使用"颜料桶工具"改变椭圆填充色为"绿黑"径向渐变填充，用"变形"面板将椭圆放大比例 120%。

(6) 选择"按下"帧，按 F6 键，使用"颜料桶工具"改变椭圆填充色为"蓝黑"径向渐变填充。"点击"帧可以不加内容。

(7) 按下舞台上方的 🎬 场景 1 按钮，回到场景的编辑模式，新建图层 2，从"库"面板中将"元件 3"拖放到舞台。

(8) 保存文件到 E 盘"案例"文件夹下，命名为"案例 5-7 按钮元件的创建.fla"。按 Ctrl+Enter 键，测试影片，可以在同一目录下生成名为"案例 5-7 按钮元件的创建.swf"的播放文件。

提示：Flash 的"窗口"菜单的"公用库"子菜单中提供了很多的按钮，可以直接用鼠标拖动到舞台上使用。

4．实例属性

创建元件的实例，只需将元件从"库"面板中拖到舞台上即可。也就是说"库"面板中的元件，在舞台上称为该元件的实例。

实例是指位于舞台上或嵌套在另一个元件内的元件副本。对元件的一个实例可以进行大小、旋转等几何上的变换，也可以在"属性"面板中改变其色彩和透明效果等。修改一个元件的实例不会影响其他实例，编辑元件则会更新它的所有实例。

5.3　时间轴动画的制作

5.3.1　逐帧动画

1．Flash 帧的类型

帧是制作动画的核心，它控制着动画的时间及各种动作的发生。动画中帧的数量和播放速度决定了动画的长度。

在 Flash 中，通常需要不同的帧来共同完成动画制作，通过时间轴可以很清晰地判断出帧的类型。帧可分为关键帧、空白关键帧、普通帧和过渡帧。

1）关键帧

关键帧，顾名思义，有关键内容的帧，用来定义动画的变化。可对其内容进行编辑。关键帧在时间轴上显示为实心的圆点或菱形。在前一个关键帧的后面任一帧处按 F6 键插入关键帧，此关键帧是复制前一个关键帧上的对象，并可对其进行编辑操作。

2）空白关键帧

空白关键帧是没有包含舞台上的内容，可对其进行编辑的关键帧。空白关键帧在时间轴上显示为空心的圆点。在前一个关键帧的后面任一帧处按 F7 键可以插入空白关键帧，可在空白关键帧上添加新的对象，添加对象后变为关键帧。

3）普通帧

普通帧在时间轴上能显示对象，但不能对对象进行编辑的帧。普通帧在时间轴上显示为灰色填充的小方格。在前一个关键帧的后面任一帧处按 F5 键可以插入普通帧，此帧是延续前一个关键帧上的内容，不可对其进行编辑操作。

4) 过渡帧

过渡帧实际上也是普通帧，是制作补间动画后，起始关键帧和结束关键帧之间的帧。

2．Flash 的动画类型

Flash 提供了多种动画类型，主要包括逐帧动画、补间形状动画、传统补间动画、补间动画和反向运动动画。另外还有一种遮罩动画，其实是动画的一种特殊效果。

3．逐帧动画

逐帧动画是通过在时间轴中更改连续帧的内容来创建的动画，每一帧或每几帧一个关键帧，手动编辑、工作量大、文件大，无特别需要不建议采用。

优点：逐帧动画具有非常大的灵活性，几乎可以表现任何想表现的内容，很适合于表现细腻的动画。例如：人物或动物急剧转身、头发及衣服的飘动、走路、眨眼、说话等。

制作逐帧动画的常用方法：绘制矢量图的方式和导入序列图片的方式。

案例 5-8

女孩跑步动画的制作

通过本案例的制作，学习利用导入序列图片的方式制作逐帧动画。具体操作如下：

(1) 新建一个文件，舞台大小为 550×400。

(2) 单击"文件"菜单，选择"导入"中的"导入到舞台"命令，在弹出的对话框中选择"素材"文件夹中 9 张序列图片的第 1 张，如图 5-27 所示，单击"打开"按钮，弹出如图 5-28 所示的对话框，单击"是"按钮，时间轴的效果如图 5-29 所示。

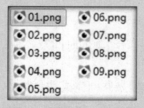

图 5-27 女孩跑步序列图

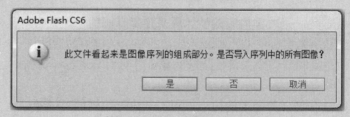

图 5-28 导入序列的对话框

图 5-29 完成的逐帧动画的时间轴

(3) 测试影片，发现动画的速度太快，选择第 2 至第 9 帧，向右拖动 2 帧，依次类推，每 3 帧一个关键帧，如图 5-30 所示，这样速度就变为了原来的 1/3。

图 5-30　移动帧后的时间轴

(4) 保存文件到 E 盘"案例"文件夹下，命名为"案例 5-8 女孩跑步动画的制作.fla"。按 Ctrl+Enter 键，测试影片，生成相应的播放文件。

5.3.2　补间形状动画

1. 创建补间形状

补间形状动画指形状逐渐发生变化的动画。补间形状动画中的对象只能是形状，如绘制的形状对象，文本、图像、组合体、元件等需要分离成形状对象后才能创建补间形状。

补间形状可以产生的补间有形状本身变化，颜色、透明度、大小、位置、旋转、翻转和倾斜等属性变化。案例 5-1 为补间形状动画。

2. 设置补间属性

选择完成补间形状动画的第 1 帧，在"属性"面板中可以对"缓动"进行设置。默认情况下，补间帧之间的变化速率是不变的。要实现补间加速，可将缓动设置为 -1～-100；要实现补间减速，可将缓动设置为 1～100。

"混合"的作用是设置变形的过渡模式，"分布式"选项可使补间帧的形状过渡得更加光滑；"角形"选项可使补间帧的形状保持棱角，适用于尖锐棱角的图形变换。

3. 添加形状提示

对于复杂的形状其中间的补间过程是很难预料的，如果预览效果不佳，可以适当添加提示点来控制中间过程。

添加形状提示必须是已经完成了补间形状动画的起始关键帧；选择起始关键帧后，再单击"修改"菜单，选择"形状"中的"添加形状提示"命令来添加提示点，并把提示点移动到相应的位置，可添加 26 个提示点，然后在结束关键帧的形状上修改对应的提示点的位置。

提示：单击"视图"菜单，选择"显示形状提示"命令可以查看形状提示。

案例 5-9

菱形翻转动画的制作

通过本案例的制作，学习利用补间形状中添加形状提示的方法。具体操作步骤如下：

(1) 新建文件，使用"矩形工具"，按住 Shift 键画一个正方形，使用"变形"面板将正方形旋转45°或用"任意变形工具"按Shift键旋转45°。

（2）在时间轴的第30帧按F6键，在第1帧至第30帧之间右击，在弹出的快捷菜单中选择"创建补间形状"命令，按Enter键播放动画，发现没任何变化。

（3）选择第1帧，单击"修改"菜单，选择"形状"子菜单中的"添加形状提示"命令，操作两次，添加a、b两个形状提示点，将a提示点移动到菱形的左端，将b提示点移动到菱形的右端。

（4）选择第30帧，将a提示点移动到菱形的右端，将b提示点移动到菱形的左端，如图5-31所示。

（5）保存文件到E盘"案例"文件夹下，命名为"案例5-9 菱形翻转动画的制作.fla"。按Ctrl+Enter键，测试影片，生成相应的播放文件。

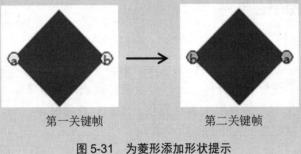

第一关键帧　　　　　　　　　　　第二关键帧

图5-31　为菱形添加形状提示

5.3.3　传统补间动画

1．创建传统补间动画

传统补间动画是根据同一对象在两个关键帧中的大小、位置、旋转、倾斜、透明度等属性的差别计算生成的动画。

传统补间对象主要是元件对象，矢量图形、文本、图像、组合体等最好转换为元件对象后，再制作传统补间动画。

传统补间动画可以产生的补间有位置、旋转、缩放、倾斜、颜色和透明度等属性的变化。

案例 5-10

弹簧振子动画的制作

通过本案例的制作，学习工具箱的使用、元件的创建、传统补间动画的制作。具体操作如下：

（1）新建文件，将文档属性设为400×220，白色背景，并保存文件到E盘"案例"文件夹下，命名为"案例5-10 弹簧振子动画的制作.fla"。

（2）在图层1第1帧中使用"文本工具""线条工具"和"椭圆工具"在舞台中完成如图5-32所示的效果。

（3）新建图层2，用"钢笔工具"绘制弹簧振子(参考案例5-2)，并将弹簧振子转换为图形元件，元件名称为"弹簧振子"，调节"弹簧振子"的位置如图5-33所示。

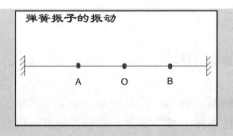

图 5-32 图层 1 第 1 帧效果图

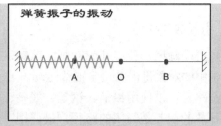

图 5-33 弹簧振子第 1 帧的位置

(4) 在图层 1 的第 85 帧按 F5 键插入帧。

(5) 在图层 2 的第 22、43、64、85 帧分别按 F6 键插入关键帧,调节第 22 帧 "弹簧振子" 的位置如图 5-34 所示,调节第 64 帧 "弹簧振子" 的位置如图 5-35 所示,第 43 帧、第 85 帧和第 1 帧的位置一致。

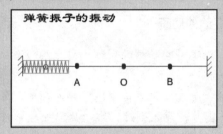

图 5-34 弹簧振子第 22 帧的位置

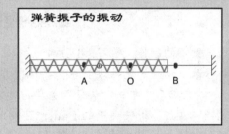

图 5-35 弹簧振子第 64 帧的位置

(6) 分别在图层 2 的每 2 个关键帧间右击,在弹出的快捷菜单中选择 "创建传统补间" 命令,分别选择第 1 和第 3 关键帧,在 "属性" 面板中将缓动值设置为 100,完成 "弹簧振子" 的减速运动,分别将第 2 和第 4 关键帧的缓动值设置为-100,完成 "弹簧振子" 的加速运动。

(7) 在场景 1 中新建图层 3,用 "椭圆工具" 绘制小球并转换为图形元件,名称为 "小球",完成 "小球" 的传统补间动画,与 "弹簧振子" 动画一致,如图 5-36 所示。

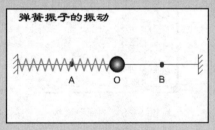

图 5-36 小球与弹簧振子的位置关系

(8) 弹簧振子动画的时间轴如图 5-37 所示。保存文件。按 Ctrl+Enter 键生成相应的播放文件,也可发布为其他格式的文件。

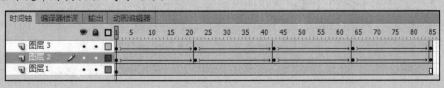

图 5-37 弹簧振子动画的时间轴

2. 引导层动画

引导层动画属于传统补间动画的范畴，运动引导层允许用户绘制一条曲线作为动画路径，动画中的对象将沿着这条曲线运动。

动画路径可以使用铅笔、钢笔、线条、椭圆、矩形、多角星形或刷子工具绘制。路径最好是开放的，若是封闭的路径，最好用"橡皮擦工具"擦除一部分，变成开放路径，制作动画更加方便。

引导层可控制一个图层，也可控制多个图层，使多个对象按照相同的路径运动。播放文件时路径不显示。

案例 5-11

蝴蝶沿路径运动的动画

通过本案例的制作，学习.gif 动画的导入、传统补间动画的制作、引导层的添加、路径的绘制和修改、动画的属性设置等。具体操作如下：

(1) 新建文件后，单击"文件"菜单，选择"导入"子菜单中的"导入到库"命令，在对话框选择"素材"文件夹中的 Butter.gif 动态图片，导入到库，在"库"面板中可以看到动态图片已转换为了影片剪辑"元件 1"，如图 5-38 所示。

图 5-38 "库"面板

(2) 将"元件 1"拖放到舞台，使用"变形"面板将蝴蝶的大小调整为 30%，位于舞台的左下方，在第 50 帧按 F6 键插入关键帧，大小调整为 10%，在两关键帧之间右击，在弹出的快捷菜单中选择"创建传统补间"命令。

(3) 在"图层 1"名称上右击，在弹出的快捷菜单中选择"添加传统运动引导层"命令，在运动引导层使用"铅笔工具"的"平滑模式"绘制曲线路径，用"选择工具"等修改路径，并将图层 1 中第 1 帧的蝴蝶拖放到路径的起点位置，如图 5-39 所示。

(4) 将图层 1 中第 50 帧的蝴蝶拖放到路径的终点，按 Enter 键播放动画，这时蝴蝶在路径上运动。

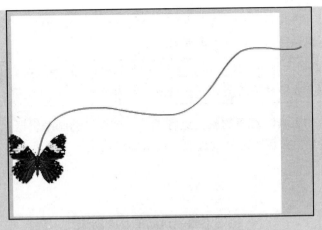

图 5-39　第 1 帧蝴蝶与路径的位置

(5) 将图层 1 的第 1 帧和第 50 帧的蝴蝶分别用"任意变形工具"旋转使其沿路径方向，如图 5-40 所示。

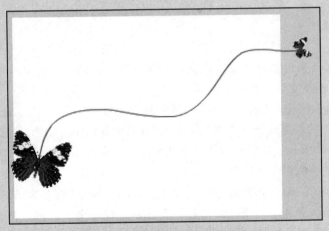

图 5-40　调整后的蝴蝶方向

(6) 选择图层 1 的第 1 帧，在"属性"面板中选中"调整到路径"复选框。按 Enter 键，观看效果。

(7) 保存文件到 E 盘"案例"文件夹下，命名为"案例 5-11 蝴蝶沿路径运动的动画.fla"。按 Ctrl+Enter 键生成相应的播放文件，也可发布为其他格式的文件。

5.3.4　补间动画

1. 创建补间动画

补间动画和传统补间动画相同之处是：根据同一对象在两个关键帧中的大小、位置、旋转、倾斜、透明度等属性的差值计算生成的。

补间动画使用对象主要是元件对象，产生补间的属性有位置、大小、旋转、缩放、倾斜、颜色、滤镜等。

补间动画的制作方法与传统补间动画不同，具体操作是先创建第 1 个关键帧对象，在此关键帧上右击，在弹出的快捷菜单中选择"创建补间动画"命令，然后选择补间的某一帧，插入关键帧，根据需要制作补间的属性。

> **提示：** 在 Flash 的补间动画中，允许用户插入 7 种关键帧，即位置、旋转、缩放、倾斜、颜色、滤镜和全部。其中第七种可支持所有补间类型。

可用工具箱中的工具对对象的属性进行调节，或在"动画编辑器"面板中调节。插入的关键帧为实心菱形，关键帧之间的过渡不会有实线箭头。

案例 5-12

蝴蝶沿路径运动的补间动画

通过本案例的制作，学习补间动画的制作、补间动画路径修改、动画的属性设置等。具体操作如下：

(1) 新建文件，将"素材"文件夹中的"Butter.gif"动态图片导入到库，可以看到动态图已转换为"元件1"。

(2) 将"元件1"拖放到舞台，使用"变形"面板将蝴蝶的大小调整为30%，位于舞台的左下方；选择第1关键帧并右击，在弹出的快捷菜单中选择"创建补间动画"命令。

(3) 在第 24 帧按 F6 键插入关键帧，选择"全部"，移动蝴蝶的位置到中上部，在第60 帧按 F6 键插入关键帧，选择"全部"，移动蝴蝶的位置到右上方。测试影片，观看效果。

(4) 将第 24 帧的蝴蝶缩小为20%，将第 60 帧的蝴蝶缩小为10%。测试影片，观看效果。

(5) 使用"选择工具"将路径调整为曲线，使用"部分选取工具""钢笔工具"可以对路径进一步调节。测试影片，观看效果。

(6) 将第 1 帧和第 60 帧的蝴蝶分别用"任意变形工具"旋转使其沿路径方向，选择第 1帧，在"属性"面板中选中"调整到路径"复选框，保存文件。可以看到时间轴中每个帧都变为了关键帧，如图 5-41 所示。

(7) 保存文件到 E 盘"案例"文件夹下，命名为"案例 5-12 蝴蝶沿路径运动的补间动画.fla"。按 Ctrl+Enter 键生成相应的播放文件。

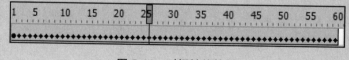

图 5-41　时间轴的效果

2．动画预设

动画预设是 Flash 中预置的补间动画，可以将它应用于舞台上的对象，以实现指定的动画效果，无须用户重新设计。

使用动画预设的方法是选择舞台上的对象，单击"窗口"菜单，选择"动画预设"命令，在"动画预设"中选择一种动画效果，单击"应用"按钮，测试影片可以观看效果。每个对象只能应用一个预设，如果将第二个预设应用于相同的对象，则第二个预设将替换第一个预设，测试影片可以观看效果。

5.4　遮罩动画的制作

1．遮罩层

要获得特殊的动画效果，可以使用遮罩层创建一个窗口，通过这个窗口去观察下面的层。遮罩层的实现需要通过两个以上的图层，建立遮罩的关系。

(1) 遮罩层本身是不会被看见的。

(2) 遮罩层中对象覆盖的部分，就是显示出来的部分。也就是说遮罩层相当于照相机的"取景窗"。

(3) 线条不可以被用来制作遮罩层。

(4) 同一个遮罩层可链接多个图层。

2．创建遮罩动画

用于遮罩的对象可以是填充的形状、文字对象、元件等。遮罩层不能应用在按钮元件内部。

在时间轴中，遮罩层在被遮罩层的上方。要创建遮罩层，可以新建图层，在图层上单击右键，在弹出的快捷菜单中选择"遮罩层"命令，该图层将转换为遮罩层，紧贴它下面的图层将链接为被遮罩层，其内容会透过遮罩层的填充区域显示出来。要在 Flash 中显示遮罩效果，需锁定遮罩层和被遮罩层，如图 5-42 所示。

图 5-42　遮罩层和被遮罩层

遮罩层和被遮罩层都可以制作动画，包括逐帧动画、补间形状动画、传统补间动画和补间动画等。

案例 5-13

标题动画的制作

通过本案例的制作，学习遮罩层的创建和遮罩动画的制作。具体操作如下：

(1) 新建文件，大小为 400×200。

(2) 使用"文本工具"输入文字"二维动画制作"，大小为 50 点，位于舞台的中央。

(3) 新增图层 2，在图层 2 上右击，在弹出的快捷菜单中选择"遮罩层"命令，该图层将转换为遮罩层，图层 1 为被遮罩层。在图层 1 的第 40 帧按 F5 键插入帧，将图层 1 延长到第 40 帧。

(4) 将图层 2 解锁，在图层 2 的第 1 帧，选择"矩形工具"在文字的左边绘制一个无边框的矩形，高度比文字高一点，如图 5-43 所示。在第 30 帧按 F6 键插入关键帧，使用"任意变形工具"移动矩形右边的变形点，将矩形变宽，使其遮住整个文字。

二维动画制作

图 5-43　第 1 帧的效果图

（5）在图层 2 的第 1 至第 30 帧之间创建补间形状动画。在第 40 帧按 F5 键插入帧，将图层 2 延长到第 40 帧。

（6）将图层 1 和图层 2 锁定，按 Enter 键，观看效果。

（7）保存文件到 E 盘"案例"文件夹下，命名为"案例 5-13 标题动画的制作.fla"。按 Ctrl+Enter 键生成相应的播放文件。

案例 5-14

瀑布动画的制作

通过本案例的制作，学习多媒体素材的导入、遮罩动画的制作。具体操作如下：

（1）新建文件，大小为 600×250。

（2）单击"文件"菜单，选择"导入"中的"导入到库"命令，导入"素材"文件夹中的"瀑布.jpg""水 01.png"和"水 02.png"和"水声.mp3"四个文件。

（3）将图层 1 重命名为"背景"，打开"库"面板，将"瀑布.jpg"文件拖放到舞台，并与舞台对齐，在第 50 帧按 F5 键插入帧。

（4）新增图层 2，命名为"水"，将"库"面板中的"水 01.png"和"水 02.png"拖放到舞台，与背景中"瀑布.jpg"图对齐，再用键盘中的方向键分别将"水 01.png"和"水 02.png"向右和向下移动一点。

（5）新增图层 3，在图层 3 上右击，在弹出的快捷菜单中选择"遮罩层"命令，该图层将转换为遮罩层，"水"图层为被遮罩层。

（6）隐藏"背景"图层，将图层 3 解锁，在图层 3 第 1 帧绘制多个无边框的矩形，选中所有矩形，按 F8 键转换为名称为"元件 1"的图形元件，位置如图 5-44 所示。

图 5-44　图层 3 第 1 帧矩形的位置

(7) 在图层3的第50帧按F6键插入关键帧，将矩形向下移动至如图5-45所示的位置。并在图层3的第1到第50帧之间创建传统补间。

(8) 在图层3上新增图层4，在图层4的第1帧将"库"面板中的"水声.mp3"拖放到舞台，在"属性"面板中将"同步"设为"数据流"。

图5-45 图层3第50帧矩形的位置

(9) 按Enter键测试影片，观看效果，并保存文件到E盘"案例"文件夹下，命名为"案例5-14 瀑布动画的制作.fla"。按Ctrl+Enter键生成相应的播放文件。

5.5 交互式动画的制作

Flash除了能够设计出美妙的矢量动画外，还可以利用ActionScript 3.0对动画进行编程，产生交互效果。

在Flash中，使用"动作"面板可以创建和编辑关键帧的ActionScript代码。在"窗口"菜单中选择"动作"命令或按F9键，打开"动作"面板。"动作"面板由动作工具箱、脚本导航器和脚本窗格几部分构成，如图5-46所示。

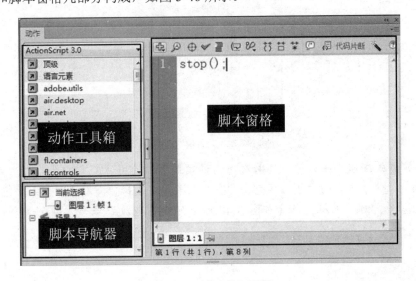

图5-46 "动作"面板

1．动作工具箱

使用动作工具箱可以浏览 ActionScript 语言的分类列表，然后将其插入脚本窗口。要将脚本元素插入脚本窗口，可以双击该元素，或直接将它拖动到脚本窗口中，还可以使用面板工具栏中的"添加"按钮来将语言元素添加到脚本中。

2．脚本导航器

脚本导航器，可显示包含脚本的 Flash 元素的分层列表。使用脚本导航器，可在 Flash 文档中的各脚本之间快速切换。

3．脚本窗口

脚本窗口提供了一个全功能 ActionScript 编辑器，包括代码的语法格式设置和检查、代码提示、代码着色、调试以及其他一些简化脚本创建的功能。

对于初学者，通过"代码片断"，可以完成常用的交互语句的代码编写。

案例 5-15

弹簧振子的交互动画制作

通过本案例的制作，学习场景的添加与修改，代码片断的使用，全屏播放的代码、场景的跳转代码和文件退出的代码编写等。具体操作如下：

(1) 打开 E 盘"案例"文件夹下的"案例 5-10 弹簧振子动画的制作.fla"文件，将文件另存为"案例 5-15 弹簧振子的交互动画制作.fla"。

(2) 添加场景。单击"窗口"菜单，选择"其他面板"中的"场景"命令，打开场景面板；单击"添加场景"按钮，添加场景；双击添加的场景名称，将其改为"封面"，并将"封面"拖动到"场景 1"的前面，如图 5-47 所示；关闭"场景"面板。

图 5-47　"场景"面板

(3) 添加播放按钮。在"封面"场景的编辑模式下，使用"文本工具"输入文字"弹簧振子的振动"，位于舞台的中上方；单击"窗口"菜单，选择"公用库"子菜单中的 Buttons 命令，打开"外部库"面板，选择如图 5-48 所示的按钮拖放到舞台，位于舞台的右下方，如图 5-49 所示。

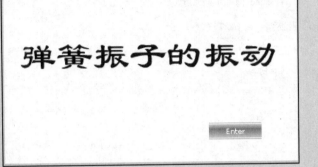

图 5-48　"外部库"面板　　　　图 5-49　"封面"舞台效果图

(4) 编写"封面"页停止的代码。选择"封面"场景的第 1 帧，按 F9 键打开"动作"面板，单击"代码片断"按钮，选择如图 5-50 所示的"在此帧处停止"，双击鼠标，则"动作"对话框出现相应的代码，其中灰色的文字为注释内容，可以删除。代码如下：

```
stop();
```

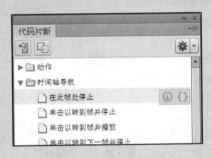

图 5-50　"代码片断"面板

(5) 编写单击 Enter 按钮播放影片的代码。选择"封面"场景舞台中的 Enter 按钮，按 F9 键打开"动作"面板；单击"代码片断"按钮，在"代码片断"面板中选择"单击以转到下一场景并播放"；双击鼠标，弹出"设置实例名称"对话框，将按钮名称改为"button_1"，如图 5-51 所示，单击"确定"按钮。

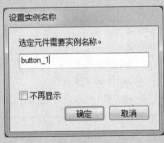

图 5-51　"设置实例名称"对话框

(6) 编写影片全屏播放的代码。在"封面"场景第 1 帧，按 F9 键，在代码的最前面加上全屏显示语句。

```
stage.displayState = StageDisplayState.FULL_SCREEN; //全屏显示
```

或写为：

```
fscommand("fullscreen","true");
```

此时代码如下：

```
fscommand("fullscreen","true");
stop();
button_1.addEventListener(MouseEvent.CLICK, fl_ClickToGoToNextScene_2);
function fl_ClickToGoToNextScene_2(event:MouseEvent):void
{
    MovieClip(this.root).nextScene();
}
```

(7) 添加 Quit 按钮。切换到"场景 1"的编辑模式，在图层 3 上新增图层 4，单击"窗口"菜单，选择"公用库"中的"Buttons"命令，打开"外部库"面板；选择"bar blue"按钮，拖放到舞台右上方，双击该按钮，进入按钮的编辑模式；在 text 图层双击文字，将文字修改为"Quit"，回到"场景 1"的编辑模式，如图 5-52 所示。

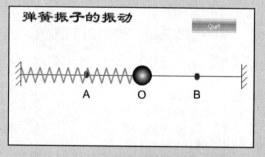

图 5-52 场景 1 第 1 帧添加按钮后的效果图

(8) 设置 Quit 按钮的实例名称。选择 Quit 按钮，按 F9 键打开"动作"面板，单击"代码片断"按钮，选择如图 5-53 所示的"Mouse Click 事件"，双击鼠标，弹出"设置实例名称"对话框，将按钮名称改为"button_2"，单击"确定"按钮。

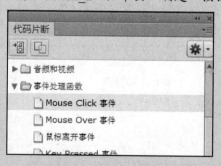

图 5-53 Mouse Click 事件

(9) 编写 Quit 按钮的代码。将代码中的"trace("已单击鼠标");"改为"fscommand("quit")"，修改后的代码如下：

```
button_2.addEventListener(MouseEvent.CLICK, fl_MouseClickHandler);
function fl_MouseClickHandler(event:MouseEvent):void
```

```
    {
        fscommand("quit")
    }
```

(10) 编写"场景 1"循环播放的代码。选择"Actions"图层的第 85 帧，按 F6 键插入关键帧，在第 85 帧按 F9 键打开"动作"面板，加入如下代码：

```
MovieClip(this.root).gotoAndPlay(1, "场景 1");
```

(11) 保存文件，测试影片，生成名为"案例 5-15 弹簧振子的交互动画制作.swf"的播放文件。

(12) 打开"案例 5-15 弹簧振子的交互动画制作.swf"文件，观看效果，此时为全屏播放，并可以测试各按钮的交互效果。

实践训练

1. 实验目的

(1) 熟悉 Flash 的基本操作。

(2) 学会时间轴动画的制作。

(3) 学会遮罩特效的制作。

(4) 掌握动作脚本的添加方法。

(5) 学会将 Flash 文件发布为其他格式的文件。

2. 实验环境

(1) 连接局域网的计算机。

(2) Windows 7 以上操作系统。

(3) Flash 软件及相应的多媒体素材。

3. 实验内容

(1) 完成案例 5-2 至案例 5-4 的制作，熟悉 Flash 工具箱的使用，并将作品发布为*.jpg 的图形文件。

(2) 完成案例 5-5 至案例 5-7 的制作，学习图形元件、影片剪辑元件和按钮元件的创建。

(3) 完成案例 5-8 至案例 5-12 的动画，学习时间轴动画的制作。

(4) 完成案例 5-13、案例 5-14 的动画，学习遮罩动画的制作，并将作品发布为*.gif 动画。

(5) 完成案例 5-15 的脚本创建的方法，学习交互式动画的制作，并将该作品发布为*.exe 文件。

(6) 综合应用所学的知识制作一个具有交互功能的动画作品。

 学习测评

(1) 根据视觉空间的不同，计算机动画可分为哪两类？

(2) 常用的动画制作软件有哪些？

(3) 动画应用于教学应注意哪些问题？

(4) 结合所学的专业，举例说明哪些知识点适合用动画表现，对该知识点的动画如何设计和制作更有利于教学。

 学习资源

(1) 软件自学网. Flash 视频教程. http://www.rjzxw.com/jc-106.html.

(2) bilibili 网站. Flash CS6 动画制作教程. https://www.bilibili.com/video/av43408220.

(3) 我要自学网. Flash AS3.0 视频教程. https://www.51zxw.net/List.aspx?cid=499.

在教育领域，多媒体课件以独特的优势，在现代教学中充当了重要的角色。课件具有表现力丰富、交互性良好和共享便利等特点，课件在教学中使用，可以提高教学效果、延伸教学范围、延伸教师教育等。教师制作课件是教学准备中不可缺少的重要组成部分，也是教师必备的一项重要技能。

第6章 课件的设计与制作

本章学习目标

➢ 了解课件的特点与分类。
➢ 掌握课件的设计原则。
➢ 理解课件的开发流程和常用的课件制作软件。
➢ 能够结合自己所学的专业使用 PPT 制作具有交互功能的课件。
➢ 能够灵活地设置 PPT 课件的放映。

6.1 课件概述

6.1.1 课件的特点与分类

课件是在一定的教学理论指导下，根据教学大纲的要求和教学的需要，经过严格的教学设计，并以多种媒体的表现方式和超文本结构制作而成的课程软件。课件不同于一般的计算机软件，主要在于其强调教育性，是教师用来辅助教学的工具。

1. 课件的特点

课件具有以下特点。

1) 表现力丰富

课件中多种媒体相互协调，优势互补，不仅可以更加自然、逼真地表现多姿多彩的视听世界；还可以对宏观和微观事物进行模拟，对抽象、无形事物进行生动、直观的表现；对复杂过程进行简化再现等。

2) 交互性良好

课件提供了友好的人机交互界面和强大的交互功能，不仅可以在内容的学习使用上提供良好的交互控制，而且可以运用适当的教学策略，指导学生学习，更好地体现出个别化教学。

3) 共享便利

网络技术的发展，使得教育在全世界共享成为可能。以网络为载体的课件，使知识的传播不再受时间、地点的限制，为教学资源的共享提供了便利。

课件在教学中的使用，改善了教学媒体的表现力和交互性，促进了课堂教学内容、教学方法、教学过程的全面优化，提高了教学效果。

2．课件的分类

课件有多种不同的分类方法，通常根据使用对象、教学环境、教学模式的不同，课件可分为不同的类型。具体的分类如下。

(1) 根据课件的使用对象来分，可将课件分为助教型课件和助学型课件。

① 助教型课件：辅助教师更好地完成课堂教学任务。

② 助学型课件：帮助学习者在课堂上或在课下自主学习，如课前预习、课后复习、课下练习等。

(2) 根据教学环境来分，可将课件分为单机型课件和网络型课件。

① 单机型课件：指独立运行在教师机上的课件。

② 网络型课件：以网络为载体，人机对话功能强，有利于学习者进行探究性学习和合作学习。此类课件一般由专业人员设计和维护，在网页中可以展示大量的学习内容，甚至全套课程。学习者可以支配学习进程，可以在线讨论、完成作业和参加考试等，同时教师也可以在网上授课、辅导和答疑等。

(3) 根据教学模式来分，可将课件分为演示型课件、练习型课件、游戏型课件和模拟型课件。

① 演示型课件：在教学中使用比较多的课件一般是演示型课件。这种模式的课件以讲解或展示教学内容为主，主要应用于课堂教学中，在多媒体教室或多媒体网络环境下，由教师向全体学生将教学的重点、难点用合适的多媒体信息表现出来，演示教学过程，创设教学情境或进行示范操作等，将抽象的教学内容用形象具体的形式表现出来，注重对学习者的启发和提示，可以反映问题解决的全过程。

② 练习型课件：主要是通过练习的形式来训练、强化学习者掌握或巩固某个知识点，以辅助完成教学任务。这种模式的课件一般在多媒体网络教室的环境下使用，由学生自己进行操作答题，计算机会进行判断并给出题目答案。

③ 游戏型课件：与一般游戏软件有很大不同，它主要基于学科的知识内容，寓教于乐，通过游戏形式，教会学生掌握学科的知识和能力，并激发学生对学习的兴趣。这种模式的课件要求趣味性较强。

④ 模拟型课件：模拟型课件也称仿真型课件，是使用计算机来模拟真实的自然现象或科学现象，课件主要提供学生与模型间某些参数的交互，从而模拟出事件的发展结果。

6.1.2　课件的设计原则

课件是利用多种媒体形式实现、用以支持计算机辅助教学的软件。课件的制作必须服务于教学，设计课件应遵循以下几项基本原则。

1．教育性

设计课件是为了更好地向学生传播某门学科的基础知识，提高学生的能力，培养学生的思想品德，促进学生全面发展。

(1)　要有明确的目标。即明确制作这个课件需要解决的教学问题，希望学生在知识、能力、思想品德方面引起的变化。

(2)　根据教学大纲，围绕教学重点、难点而设计。在设计过程中，教学课件是教学内容的一部分，必须符合教学大纲的要求。设计的教学课件要有助于解决教学重点、难点问题。

(3)　适合学生接受水平。设计课件要考虑学生的年级、年龄和发展水平，还要适合学生原有的知识基础和接受能力。

2．科学性

设计的课件要具有高度的科学性，能正确展现科学基础知识和现代科学技术发展水平。

(1)　教学媒体符合科学原理。教学媒体要生动有趣，但不能违背现代科学的基本原理。

(2)　选材符合实际。选用的材料、例证和逻辑推理，都必须是科学的、符合客观实际的、经得起实践考验的。

(3)　操作准确、规范。各种实际操作必须准确、规范。

(4)　素材真实、科学。所表现的图像、声音、色彩都要符合科学的要求，不能片面追求图像的漂亮、声音的悦耳、色彩的鲜艳而损坏了真实性。

3．技术性

设计的课件要图像清晰、声音清楚、色彩逼真、声画同步，要保证良好的技术质量。

(1)　设备状态良好。制作课件使用的设备，要处于良好的状态。

(2)　制作技术熟练。要熟练掌握有关技术，要有处理多媒体素材的能力，并能使用某种制作软件进行课件的设计，从而制作出符合要求的课件。

4．艺术性

设计的课件要有丰富的表现性和感染力，能激发学生的情感，引起学习动机，提高学习兴趣和审美能力。

(1)　内容真实。课件的内容，要反映大自然和社会生活中真、善、美的事物。

课件中的文字主要是向学习者传达教学内容以及各种辅助信息，文字的内容不能太多，应简明扼要，突出重点；字体常用的有宋体、黑体、微软雅黑、隶书和楷体等，在课件中采用不同的字体修饰文字，可以取得较好的效果，采用混合字体的文字更容易识别，在版面设计中字体一般不要超过四种；课件中的字号要保证中后排的学习者能看清楚；文字颜色的作用在于使学习者学习过程中轻松、愉快，课件的文字颜色一般不要超过三种，而且要根据主画面的颜色来选择，与背景形成对比。

课件中的图像可以是教学内容中涉及的对象，也可以是用于美化、修饰教学内容的背景图或插图。

课件中的动画和视频要具有综合的表达力，表现知识灵活方便，自由度高，能够浓缩时间，展现空间，为课件带来动感和活力，在教学中实用性极强。

(2) 画面优美流畅。画面构图要清晰匀称、变换连贯、流畅合理。

课件中作为背景的图像应该简洁明了，不能影响学习者对主要教学内容的阅读，同时使课件呈现的主要教学内容具有较好的易读性，且有利于减轻眼睛的疲劳和学习者对主要教学内容的感知、理解和记忆。

(3) 光线与色彩搭配合理。在光线与色彩上，要明暗适度、调配适当，使学习者感到舒适。

课件中比较经典的颜色组合有黑白组合、蓝白组合、黑黄组合、红黄组合、绿白组合、绿黑组合和黄绿组合等。

(4) 语音优美。语音要避免噪声，音乐要和景物、动作相配合。

课件中单凭视觉元素传递信息，会让人感觉枯燥和单调，合理地加入语音能够辅助画面更好地表达教学内容，吸引学习者的注意力，增强学习者的学习兴趣。语音占主要位置，用于表意，音乐和音效是对讲解和画面形式的补充和照应，三者相互结合达到教育效果。

6.2　课件的开发

6.2.1　课件的开发流程

课件的基本功能是教学，课件的教学内容及其呈现方式、教学过程及其控制的设计应基于教学设计，同时课件又是一种计算机软件，其开发过程应遵循软件工程的思想和方法，因此课件的开发的一般流程为需求分析、教学设计与艺术设计、脚本编写、采集与编辑素材、合成与输出，如图 6-1 所示。

图 6-1　课件的开发流程

1. 需求分析

需求分析包括分析教材，找出知识点；分析教学目标，找出教学重点；分析学生学习特性，找出学习难点。

2. 教学设计与艺术设计

在教学设计过程中，主要任务是选择合适的教学模式，尤其是教学策略，选择合理的教学媒体，以与教学目标相适应为原则。在艺术设计上，颜色搭配、布局要协调，图文排版要美观，要突出教学内容，适当使用艺术处理和过渡效果。同时，所选择的艺术风格应与教学主题相符合。

3. 脚本编写

脚本编写是课件开发过程中不可缺少的一部分。先确定课件的总体结构，再进行分页脚本编写。图 6-2 所示为小学数学《圆的认识》课件结构流程图。

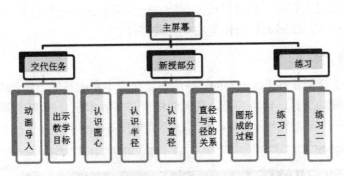

图 6-2　小学数学《圆的认识》课件结构流程图

对于分页脚本的编写，可参考的格式很多，这里选用一种比较典型的脚本卡片。对每一页要显示的教学信息内容进行呈现，并说明呈现的方式、交互方式、设计说明等，其格式如图 6-3 所示。

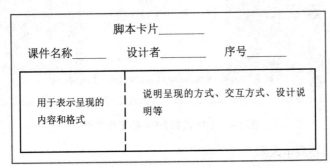

图 6-3　脚本卡片的基本格式

4．采集与编辑素材

对于文字素材来讲，使用频率最高，比如标题、概念、计算公式等；对于图像素材，是很常用且学习者也很容易接受的信息形式，比如背景、人物、界面、按钮等；对于声音素材，在英语、语文等学科教学中也是常常用到的一类素材，在课件中合理地加入声音，能更好地表达教学内容，吸引学习者的注意；对于视频与动画素材，用于表达微观世界的内容、仿真性的内容以及情境的创设都能起到很好的作用。这些素材的采集和编辑在前面的章节中已进行了详细的讲解。

5．合成与输出

合成与输出是运用课件制作软件，对准备好的各种媒体素材进行合成，反复调试，制作成课件，最后输出使用。

6.2.2　常用的课件制作软件

1．PowerPoint

PowerPoint 是微软公司的 Office 办公套装软件之一，是一款制作多媒体演示文稿的专业软件，比较稳定、成熟，容易上手，支持交互功能，可以对同一对象添加多个动画效果。PPT 的触发器功能虽然有限，但可以较方便地对一个对象添加触发效果，用户使用 PPT 配合相关的插件、软件，能够制作出精美的交互式课件。

2. 101 教育 PPT

101 教育 PPT 全面兼容 PowerPoint，特色之处在于丰富的基础习题、趣味习题以及强大的资源库和课堂互动工具、学科工具，资源库中有与各版本配套的 PPT 课件，另外还有一些 VR 和 3D 资源，但缺少声音素材。其工作界面如图 6-4 所示。

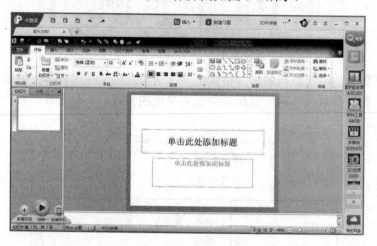

图 6-4　101 教育 PPT 的工作界面

3. Focusky 动画演示大师

Focusky 动画演示大师是广州万彩信息技术有限公司推出的一款免费、高效的动画 PPT 演示制作软件，操作简单，容易上手，通过 3D 无限缩放/旋转/移动的切换方式，使演示生动有趣。Focusky 与 PowerPoint 幻灯片一张接一张演示的单线条时序不同，它是采用整体与局部相结合的演示方式，为演示内容建立更清晰的逻辑结构，它还可以配字幕、配音，导出为各种格式，甚至可以导出为.exe 文件。其工作界面如图 6-5 所示。

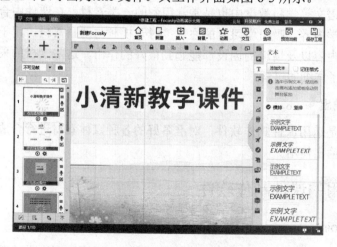

图 6-5　Focusky 动画演示大师的工作界面

4．希沃第五代白板

希沃第五代白板软件是一款由希沃(Seewo)自主研发的针对信息化教学需求设计的互动式多媒体教学平台，它以多媒体交互白板工具为应用核心，提供云课件、素材加工、学科教学等多种备课、授课的常用功能。学科工具还在不断完善，配套软件如班级优化大师、希沃授课助手也不断更新，教师比较容易上手。该软件支持课件云同步，但不支持动画叠加，无法对动画直接添加音效，缺乏触发式交互功能的设计；习题有一定趣味性，但种类较少。其工作界面如图 6-6 所示。

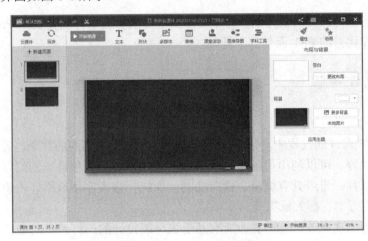

图 6-6　希沃第五代白板的工作界面

5．几何画板

几何画板是数学教师首选的课件制作软件，它具有能够准确地绘制几何图形、在运动中保持给定的几何关系、使用简便易于学习及占用内存小等诸多优点。几何画板提供了丰富且方便的创造功能，教师可以随心所欲地编写出自己需要的教学课件，还提供了充分的手段帮助教师实现其教学思想，教师只需要熟悉软件简单的使用技巧，即可自行设计和编写应用课件。几何画板是小学数学教学最出色的教学软件之一，其工作界面如图 6-7 所示。

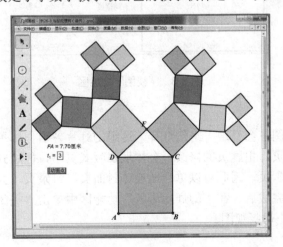

图 6-7　几何画板的工作界面

6. 其他课件制作软件

课件制作软件还有很多，如第 2 章介绍的思维导图软件 MindMaster、第 5 章介绍的 Flash 软件，另外还有如 Prezi 等，每种软件各有其特点，用户可以根据课件的制作需求选择合适的制作软件。

6.3　PPT 课件的制作

前面介绍了多种课件的制作软件，下面主要学习演示型课件制作软件 PowerPoint 的高级应用，为制作优秀的 PPT 课件打下基础。

6.3.1　设计母版

1. 母版

在制作 PPT 课件的过程中，需要在不同的幻灯片中使用相同的背景、导航结构、提示信息、字体格式等，可以利用母版来进行统一设计。母版是一种特殊的幻灯片，能控制基于它的所有幻灯片；母版具有编辑、修改功能，如统一修改字体风格、占位符的大小和位置、背景和配色方案、插入标识等。

在母版中的一次更改，能够更改所有基于该母版设计的幻灯片上对应的项目。如制作者需要在有 50 张 PPT 课件的每一张幻灯片底部插入某学校的 Logo，并不需要在每一张幻灯片中重复 50 次插入 Logo 的操作，只需在母版视图下进行一次插入 Logo 的操作即可实现。

在 PPT 中有幻灯片母版、讲义母版和备注母版三种母版类型，如图 6-8 所示。幻灯片母版决定幻灯片的外观设计，讲义母版提供打印讲义的版面布局设置，备注母版提供幻灯片备注文本的默认样式。

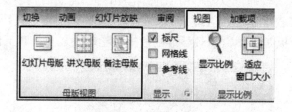

图 6-8　"视图"功能区

2. 幻灯片母版

在幻灯片母版视图下会呈现一组幻灯片。这组幻灯片各自作用不同，最上面第一张为主题页，下面为版式页。主题页的修改，会体现在版式页中，但版式页的修改不会影响主题页或其他的"兄弟"页，因此可以单独地设计封面页、目录页、大图排版页、双栏内容页、图表页等。编辑完成后，在"幻灯片母版"功能区中单击"关闭母版视图"按钮，如图 6-9 所示，可以退出母版视图。

图 6-9 "幻灯片母版"功能区

如图 6-10 所示，(a)和(b)两幅图，(a)图是一个纯白背景的英语教学课件，(b)图是在页面插入了背景和 Logo 标识符后的效果。若要美化(a)图显示的课件，首先需要提前准备背景图片和统一的标识图素材，然后进入幻灯片母版视图，在母版中插入背景图片和标识符图片，编辑完成后关闭母版视图，此时发现课件中所有页面具有了统一的风格，有同样的背景和标识符。

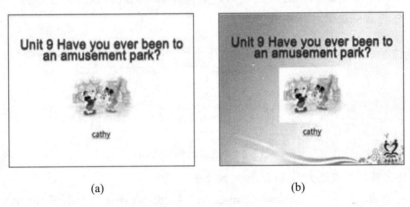

(a)　　　　　　　　　　　　(b)

图 6-10 设置幻灯片母版前后的效果图

3. 使用母版的优势

使用母版具有以下优势。

(1) 高效。页数越多，版式越复杂，应用母版越高效。

(2) 安全。在母版中设置的版式，在普通视图中，无法编辑或删除。

(3) 便捷。在幻灯片母版里可以一键更换母版。

> 提示：在母版中对文本属性的设置，只适用于占位符中的文本。比如通过文本框输入的文本是无法使用母版进行属性设置的，所以，对母版中占位符的修改，无法影响到文本框。

6.3.2 插入和修饰多媒体素材

1. 插入和美化 SmartArt 图形

1) SmartArt

SmartArt 图形是信息和观点的视觉表示形式，它可以快速、有效地传达文本结构信息。SmartArt 中有列表、流程、层次结构、关系、循环、矩阵、棱锥图、图片等图形类型，每种类型包含不同的布局，可以根据文字数量或关系来决定布局的选择。比如层次结构可以用来设计组织结构图，流程适用于设计流程图。

2) 使用 SmartArt 需要注意的问题

使用 SmartArt 需要注意以下问题。

(1) 文字量不能大。文字量较大会分散 SmartArt 的视觉吸引力，难以直观传达信息。

(2) 在形状个数和文字量仅限于表示要点时，使用 SmartArt 图形最有效果。

(3) 文字内容尽量与图形布局相吻合。如"关系"类型中的"分叉箭头"布局用于显示从一个中心源延伸而来的观点或概念，"箭头"倾向于表示某个方向上的移动或进展。

案例 6-1

层次型 SmartArt 图形的制作

通过本案例学习层次型 SmartArt 图形的制作，制作完成的效果如图 6-11 所示。在这个示例中，共分为三个层级。具体操作如下：

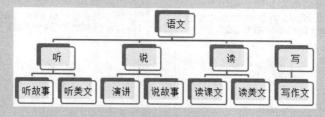

图 6-11　层次型 SmartArt

(1) 新建文件，设置幻灯片的大小为 16 : 9。

(2) 单击"插入"选项卡，选择"SmartArt"按钮；在弹出的"选择 SmartArt 图形"对话框中选择"层次结构"类的"层次结构"，单击"确定"按钮。

(3) 单击图形框左侧的箭头，打开文字输入区，分层级输入文字，可以"回车"增加一个分支，如图 6-12 所示；也可单击"SmartArt 工具"选项，选择"设计"选项卡中"创建图形"组的功能按钮来改变层次结构，如图 6-13 所示。

图 6-12　分层次输入文字

图 6-13　"创建图形"组

(4) 文字输入完成之后，可以为层次图改变布局、颜色、样式或重置。单击"SmartArt工具"，选择"设计"选项卡中的相应功能按钮来实现，如图 6-14 所示。

(5) 保存文件。将文件保存到 E 盘"案例"文件夹，命名为"案例 6-1 层次型 SmartArt图形的制作.pptx"。

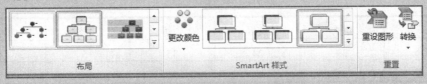

图 6-14 "设计"选项中的部分功能

> 提示：将 SmartArt 图形转换为文本，可以使用图 6-14 所示的"重置"组中的"转换"将 SmartArt 图形转换为文本。

3) 将文本转换为 SmartArt 图形

将文本转换为 SmartArt 图形的具体操作如下。

(1) 在幻灯片中输入文字。

(2) 将文字按缩进级别排列。

(3) 选中需要转换的文字，单击"开始"功能区，选择"段落"组中的"转换为 SmartArt"按钮，选择一种图形，即可实现文本到 SmartArt 图形的转换。

2. 插入和美化图表

在制作 PPT 课件的过程中，经常会插入一些数据，把数据变成图表更加直观。图表包括图形化的表格、图标、数字、图片以及它们之间的相互结合，共同呈现数据的内容。将数据用图表的形式可视化呈现，可以让学习者快速理解图表数据所表达的含义、内容以及图表中展示的逻辑和变化趋势。

1) 插入图表

单击"插入"选项卡，选择"插图"组中的"图表"按钮，弹出"插入图表"对话框，其中有多种图表可供选择，如图 6-15 所示。

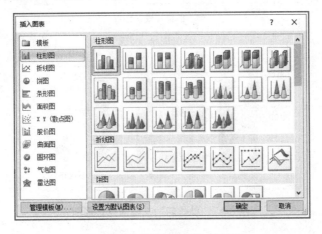

图 6-15 "插入图表"对话框

在课件的制作中，尽量将课件中的文字转换成表、图或图表，对用数字表示的信息，用清晰、简洁的图表呈现，有助于教学内容的呈现和表达。如表 6-1 所示，为某班学生的语文成绩分布情况，可以看出用表格的方式比用文字说明效果要好。

表 6-1　学生的语文成绩分布　　　　　　　　　　　　　　　　　　　%

	优秀	良好	中等	及格	不及格
301 班	23	24	35	15	3
302 班	25	15	20	35	5

将学生的语文成绩分布信息改用图表显示，如图 6-16 所示，可以看出用图表比用表格更能直观地反映数据之间的对比情况。

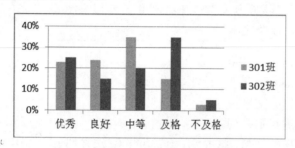

图 6-16　学生的语文成绩簇形柱形图

2)　美化图表

美化图表主要借助于"图表工具"选项中的"设计""布局"和"格式"功能区来完成。在"设计"功能区中可以对图表的类型、数据、图表布局、图表样式等进行修改；在"布局"功能区可以对图表中的所选内容、标签、坐标轴、背景等进行修饰；在"格式"功能区可以对图表中的所选内容、形状样式、艺术字样式等进行美化。

在图 6-16 的基础上进一步美化图表，将簇形柱形图更改为三维簇形柱形图，给图表加上标题，将图例改为上方显示，给背景墙和底板分别加上填充颜色，在三维簇形柱形图上加上数据标签等，显示效果如图 6-17 所示。

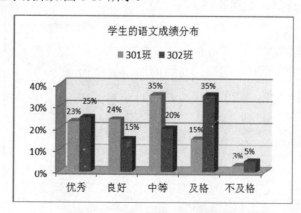

图 6-17　美化后的三维簇形柱形图

3．插入对象

在使用 PPT 课件的时候，有时需要打开其他文件，如 PPT 文件、Word 文档、Excel 工作表等，可以有多种方法，如分别打开多个文件，使用任务栏切换窗口；插入对象；设置超链接等。这里介绍插入对象的方法。

单击"插入"选项卡，选择"文本"组中的"对象"按钮，弹出"插入对象"对话框，如图 6-18 所示，可以插入的对象类型有多种。在"插入对象"对话框可以选择"新建"插入对象，也可选择"由文件创建"插入对象。

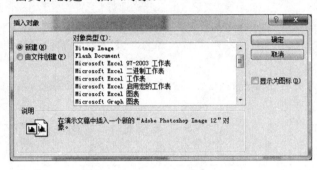

图 6-18　"插入对象"对话框

案例 6-2

图像放大和缩小效果的制作

通过本案例学习在 PPT 课件中插入 PPT 文件的方法，完成幻灯片页面的内容，效果图如图 6-19 所示；当放映此幻灯片时，单击下方的任意一张图表会放大显示，再次单击会还原。具体操作如下：

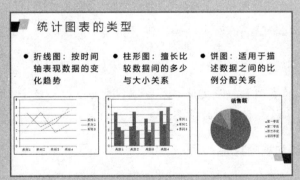

图 6-19　统计图表的类型

1）完成作为对象插入的三个 PPT 文件的制作

（1）新建一个 PPT 文件，单击"设计"选项卡，在"页面设置"中将幻灯片的比例设置为 16：9。

（2）单击"插入"选项卡，选择"图表"按钮，插入折线图，修改折线图的样式，将折线图放大，比幻灯片页面小一点，保存文件到 E 盘"案例"文件夹，命名为"折线图.pptx"。

（3）将"折线图.pptx"另存为"柱形图.pptx"，将幻灯片中的折线图改为柱形图，将柱形图放大，比幻灯片页面小一点，保存文件。

（4）将"柱形图.pptx"另存为"饼图.pptx"，将幻灯片中的柱形图改为饼图，将柱形图放大，比幻灯片页面小一点，保存文件。

2）完成"统计图表的类型"PPT文件的制作

（1）将"饼图.pptx"另存为"统计图表的类型.pptx"，删除饼图，在幻灯片中输入文字，文字的排版效果如图6-19所示。

（2）单击"插入"选项卡，选择"文本"组中的"对象"按钮，弹出"插入对象"对话框，选中"由文件创建"单选按钮，如图6-20所示。

不勾选"链接"复选框，插入对象后，原文件是可以删除的，不影响"统计图表的类型.pptx"的运行。

不勾选"显示为图标"复选框，插入PPT文件时，显示的是插入PPT文件的第一张幻灯片，否则显示为PPT图标。

单击"浏览"按钮，选择E盘"案例"文件夹的"折线图.pptx"文件，单击"确定"按钮。

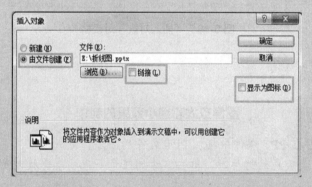

图6-20　选中"由文件创建"单选按钮

（3）同理，将"柱状图.pptx"文件和"饼图.pptx"文件作为对象插入，调整大小，保存文件。

3）放映观看效果

放映"统计图表的类型.pptx"文件，单击每个图表会放大显示，再次单击会还原，可多次使用，实现了图像放大和缩小的效果。

4. 插入视频和添加视频封面

1）插入视频

课件的制作中，单击"插入"选项卡，选择"媒体"中的"视频"按钮，可以从文件中找到视频文件插入到幻灯片中。

提示：当视频文件不能插入到PPT文件时，可以用视频格式转换软件进行转换，转换为PPT文件支持的格式。

2)　编辑视频

选中插入的视频，单击"视频工具"，选择"播放"选项卡进行简单的编辑处理和相应的播放设置，如图 6-21 所示。

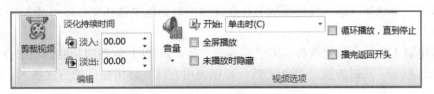

图 6-21　视频的"播放"选项卡

3)　添加视频封面

选中插入的视频，单击"视频工具"，选择"格式"选项卡下的"标牌框架"按钮，选择"文件中的图像"，如图 6-22 所示。选择一张与该课件中视频内容匹配的图片作为视频封面即可。

图 6-22　选择"标牌框架"中的"文件中的图像"

5. 替换字体

在制作课件时，可能会用到多种字体，且分布在不同幻灯片的占位符或文本框中。若要修改其中的字体，使用"替换字体"可以一键完成字体的统一替换。具体操作如下：单击"开始"选项卡，选择"编辑"组中"替换"下的"替换字体"，打开"替换字体"对话框；在"替换"下拉列表中会列出所有在该 PPT 中被使用的字体，选择需要被替换掉的字体，然后在"替换为"下拉列表中，选择需要替换为的字体，如图 6-23 所示，单击"替换"按钮完成该字体的一键替换。

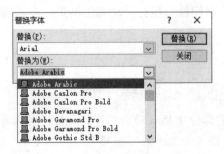

图 6-23　"替换字体"对话框

6. 插入几何画板文件

几何画板是中小学数学教学的辅助软件，有时需要将几何画板文件插入到 PPT 课件中，

167

动态展示几何对象之间的关系，下面介绍两种方法。

方法一：

在电脑上安装几何画板软件后，在 PPT 软件的功能选项中会出现"加载项"选项卡，在"加载项"中选择"插入几何画板"，在弹出的对话框中选择文件即可插入。

方法二：

有时电脑上安装了其他软件，如"雨课堂"等，在 PPT 软件的功能选项中会出现"雨课堂"的选项卡，这时方法一可能无效，可以使用方法二，用控件的方式插入。具体操作如下：

(1) 在 PPT 软件中，单击"开发工具"选项卡，在"控件"组选择"其他控件"，弹出"其他控件"对话框，如图 6-24 所示，选择"1x 几何画板控件"，单击"确定"按钮。

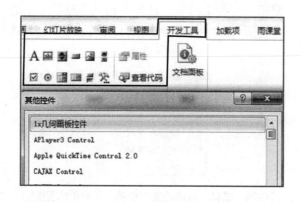

图 6-24　"开发工具"中的"其他控件"

(2) 在 PPT 的幻灯片中拖出一个矩形框，作为显示几何画板文件的区域，在矩形框上单击右键，选择"属性"命令，弹出"属性"对话框，在对话框的"GspFile"中浏览到需要插入的几何画板文件即可。

(3) 放映 PPT，可显示几何画板文件，并能实现几何画板中的交互功能。

另外也可使用插入超级链接的方式，在放映状态链接到几何画板文件。

7．在 PPT 课件中插入动态网页

在课件中可以通过浏览器控件直接打开动态的网页，丰富课件的表现手段。

动态网页的插入

通过本案例学习在 PPT 课件中插入动态网页的方法。具体操作如下：

(1) 在 PPT 软件中，单击"开发工具"选项卡，在"控件"组选择"其他控件"，弹出"其他控件"对话框；选择浏览器控件"Microsoft Web Browser"，单击"确定"按钮。

(2) 在 PPT 的幻灯片中拖出一个矩形框，作为显示网页内容的区域，调整大小。

(3) 在矩形框上右击，在弹出的快捷菜单中选择"属性"命令，将浏览器控件的名称修改为"WebBrowser"，如图 6-25 所示。

（4）在PPT软件中，单击"开发工具"选项卡，在"控件"组选择"命令按钮"，在幻灯片的右上方插入一个按钮控件。

（5）在按钮上右击，在弹出的快捷菜单中选择"属性"命令，将按钮的名称修改为"GoBtn"，Caption为"课件网"，如图6-26所示。

图6-25 浏览器控件"属性"设置　　　　图6-26 按钮控件"属性"设置

（6）在"课件网"按钮上右击，在弹出的快捷菜单中选择"查看代码"命令，整个代码如下：

```
Private Sub GoBtn_Click()
WebBrowser.Navigate "http://www.pptkj.net", 0, 0, 0, 0
End Sub
```

（7）放映PPT，单击"课件网"按钮，浏览器成功打开网页，如图6-27所示。

图6-27 PPT中插入动态网页

下面进一步改进。

（8）在PPT中插入一张新幻灯片，完成步骤（1）至（5）的操作，不同的是将插入到幻灯片中的浏览器控件的名称修改为"WebBrowser1"，按钮的名称修改为"GoBtn1"。

（9）在按钮的左边增加一个文本框控件，将文本框控件的名称修改为"TextBox1"。

（10）在按钮上右击，在弹出的快捷菜单中选择"查看代码"命令，将按钮控件的代码修改如下：

```
Private Sub GoBtn1_Click()
WebBrowser1.Navigate Trim(TextBox1.Text), 0, 0, 0, 0
End Sub
```

(11) 放映 PPT，在文本框中输入一个网址，如"http://www.pptok.com"，单击"课件网"按钮，浏览器成功打开网页，如图 6-28 所示。在文本框中更换网址，单击"课件网"按钮，浏览器成功打开更换的网页。相比前一种方式而言，可以更加灵活、方便地插入所需要的动态网页。

(12) 将文件另存到 E 盘"案例"文件夹，命名为"案例 6-3 动态网页的插入"，文件类型为"启用宏的 PowerPoint 演示文稿(*.pptm)"。

图 6-28　插入输入地址的动态网页

6.3.3　设置动画

1. 动画在 PPT 课件中的作用

动画在 PPT 课件中具有以下作用。

(1) 动画能把 PPT 中独立的素材联系起来，让课件的表达更准确。文字、图像、图表、视频等是独立的多媒体元素，这些元素是分散的，动画则能将这些元素相互配合，共同来强化课件的主题，以线性的动画表达逻辑呈现，动画的显隐决定了分量，动画的松紧决定了关联，动画的方向决定了注意力。

(2) 动画能够突出或强调 PPT 中特定内容。PPT 课件中有些内容是要提醒学习者特别注意的，比如教学中要突出重点，一般可以通过字体、色彩、排版等手段来强调内容，相对于以上手段，用动画效果来表现更容易吸引学习者的注意力，实现对内容突出强调的作用。

(3) 动画是 PPT 课件的调味品。再美的画面看上 10 分钟也会厌倦，PPT 动画让内容的演示更加形象生动，充满趣味，更能聚焦眼球，加深记忆。精心设计的转场动画能够让演示更加顺畅自然。

总之，PPT 动画能够较好地实现教学内容的分层可视化呈现，是教师实现教学内容有序有层次呈现的有效方式。

2．动画效果的类型

在 PPT 中动画类型主要有进入动画、强调动画、退出动画和路径动画四类。其中进入动画是最常用的动画，是对象进入画面过程中的动画效果；强调动画起强调作用，能加深学习者的印象和理解；退出动画可以满足一张幻灯片中多个相似内容的显隐，解决页面空间不足的需求；路径动画是 PPT 动画中最自由的一类，可以使对象沿着路径运动，其中还包含自定义路径。

PPT 中的对象不仅能添加单一的动画效果，还能添加多个动画效果，通过使用"高级动画"组里的"添加动画"即可实现，通过"计时"组和"动画窗格"调节动画的播放方式和顺序等。

3．使用触发器

触发器是 PPT 中的一项功能，它可以是一个图片、文字、段落、文本框等，相当于是一个"开关"按钮。在 PPT 中设置好触发器功能后，单击触发器会触发一个操作，该操作可以是音乐或影片的播放、某个对象动画的发生等。也就是说使用触发器可以在放映状态下通过单击某个对象来控制幻灯片中已设定动画的发生。

案例 6-4

抽题抢答效果的制作

通过本案例学习 PPT 触发器的使用。本案例在放映状态下单击题号，可以看到相应的题目。具体操作如下：

(1) 新建 PPT 文件，设置幻灯片大小为 16∶9，在幻灯片中输入如图 6-29 所示的文本，并将下方的 9 个文本框使用"绘图工具"选项卡中的"对齐"按钮对齐排列。

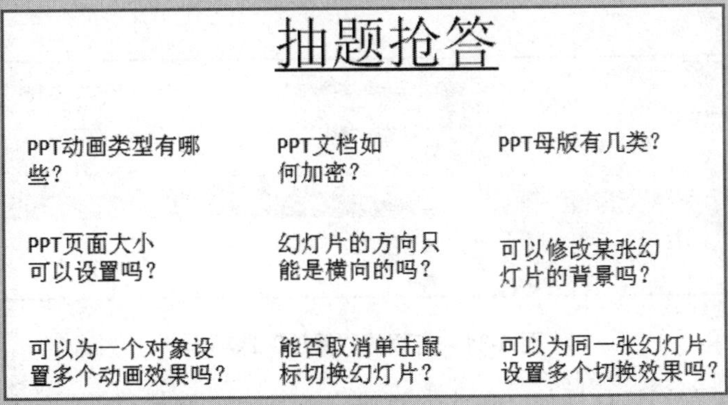

抽题抢答

PPT动画类型有哪些？　　PPT文档如何加密？　　PPT母版有几类？

PPT页面大小可以设置吗？　　幻灯片的方向只能是横向的吗？　　可以修改某张幻灯片的背景吗？

可以为一个对象设置多个动画效果吗？　　能否取消单击鼠标切换幻灯片？　　可以为同一张幻灯片设置多个切换效果吗？

图 6-29　插入文本的效果

技巧：在 PPT 中要选择多个对象，可按住 Shift 键加选或框选。

(2) 在幻灯片中插入 9 个圆角矩形，分别在矩形上添加数字，并进行对齐排列，如图 6-30

所示。

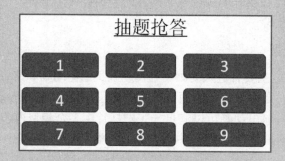

图 6-30　插入矩形的效果

（3）选择矩形 1，在"动画"选项卡中选择"添加动画"按钮，选择"退出"组中的"消失"效果。并在"动画"选项卡中选择"触发"按钮，在下拉菜单中选择"单击"中的"第1个圆角矩形"。

（4）同理完成另外 8 个圆角矩形的消失动画的设置。

（5）放映幻灯片，单击任意圆角矩形查看效果。

（6）保存文件。将文件保存到 E 盘"案例"文件夹，命名为"案例 6-4 抽题抢答效果的制作.pptx"。

4．跨幻灯片播放音频

在制作课件时，添加的音频文件默认情况下只在当前幻灯片播放，可以设置为单击播放或自动播放。要想添加的音频文件在连续的几张幻灯片中播放，可以将音频设置为跨幻灯片播放。具体操作如下：

（1）插入音频。打开要插入音频的 PPT 课件，选中需要开始播放音频文件的幻灯片，插入音频文件，在幻灯片中央显示音频图标 🔊。

（2）编辑音频。选中音频图标，单击"音频工具"中的"播放"选项卡对音频进行剪裁、淡入、淡出等编辑，对音量的高低、放映时是否隐藏音频图标等进行设置，如图 6-31 所示。

图 6-31　音频的"播放"选项卡

（3）设置音频跨幻灯片播放。单击"动画"选项卡，选择"动画窗格"。在"动画窗格"中选择需要设置的音频文件，在其下拉列表框中选择"效果选项"，如图 6-32 所示，弹出"播放音频"对话框，在对话框中设置"停止播放"为"在几张幻灯片后"即可，如图 6-33 所示。

（4）放映文件，观看效果。

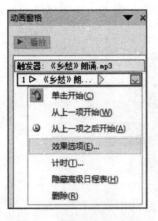

图 6-32　动画窗格的选择

图 6-33　播放音频的设置

6.3.4　设置交互

　　交互的设置，可以通过超链接来实现。用于设置超链接的对象，可以是文字或图形，也可以是动作按钮；超链接的目的地址可以是现有的文件或网页，也可以是本文档中的某一页等，如图 6-34 所示。

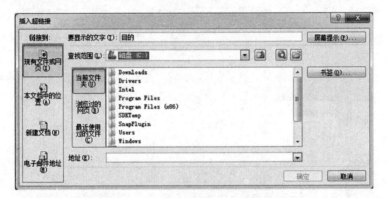

图 6-34　"插入超链接"对话框

　　设置超链接有两种方式：一是通过"插入"选项卡中的"超链接"来实现；二是通过"插入"选项卡中"形状"下的"动作按钮"来实现，如图 6-35 所示。

图 6-35　动作按钮

案例 6-5

游标卡尺和螺旋测微器的交互设置

　　通过本案例学习课件的交互设置。具体操作如下：

(1) 打开已完成的"游标卡尺和螺旋测微器.pptx"文件，这是一个物理课件，课件的结构图如图 6-36 所示。

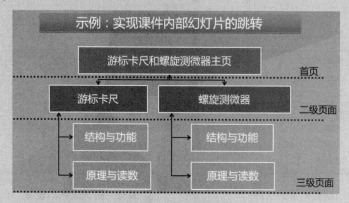

图 6-36　课件的结构图

(2) 课件包括两个主要内容，游标卡尺和螺旋测微器，而每一个部分都讲解其结构与功能、原理与读数。分别称为首页(第 1 张幻灯片)、二级页面(第 2 和第 5 张幻灯片)、三级页面(第 3、4 张和第 6、7 张幻灯片)，如图 6-37 所示。

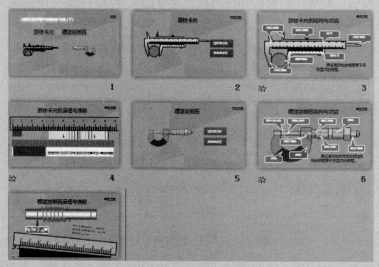

图 6-37　课件中的 7 张幻灯片

(3) 通过插入"超链接"的方式，完成从首页分别到两个二级页面的跳转。在首页中选择"游标卡尺"文字，单击"插入"选项卡，选择"超链接"，弹出"插入超链接"对话框，在对话框中单击"本文档中的位置"，选择第 2 张幻灯片，单击"确定"按钮。

(4) 使用第(3)步中的操作，在首页中选择"螺旋测微器"文字，插入超链接到第 5 张幻灯片。

(5) 通过插入"动作按钮"的方式，分别完成从两个二级页面到首页的跳转。在第 2 张幻灯片的"游标卡尺"文字的右方插入"动作按钮"中的第 3 个"开始"按钮，即可链接到首页。

(6) 使用第(5)步中的操作，在第 5 张幻灯片的"螺旋测微器"文字的右方插入"动作按钮"的第 3 个"开始"按钮，即可链接到首页。

这样就实现了首页与两个二级页面之间的自由跳转。

提示：在 PPT 中，可以直接将已完成超链接的对象复制到其他地方，超链接也会一起复制。第 2 张幻灯片中的完成链接动作按钮可以复制到第 5 张幻灯片中。

(7) 通过插入"超链接"的方式，完成二级页面到三级页面的跳转。选中第 2 张幻灯片中的"结构与功能"文本框，单击"插入"选项卡，选择"超链接"，链接到第 3 张幻灯片，选中第 2 张幻灯片中的"原理与读数"文本框，链接到第 4 张幻灯片；使用同样的方法完成第 5 张幻灯片中的两个文本框分别到第 6 和第 7 张幻灯片的链接。

(8) 通过插入"超链接"的方式，完成设置三级页面到二级页面的跳转。选中第 3 张幻灯片，插入一个形状，如"左箭头"，插入"超链接"到第 2 张幻灯片，并将已完成链接的左箭头复制到第 4 张幻灯片。使用同样的方法完成第 6 和第 7 张幻灯片到第 5 张幻灯片的链接。

这样就实现了二级页面与三级页面之间的自由跳转。

(9) 另存文件。将文件另存到 E 盘"案例"文件夹，命名为"案例 6-5 游标卡尺和螺旋测微器的交互设置.pptx"。

6.4　PPT 课件的放映

在放映课件前，可以排练计时、录制幻灯片、设置放映方式等。

1. 排练计时

排练计时是对幻灯片的放映进行排练，对每个动画和每张幻灯片所使用的时间进行控制，以确定满足特定的时间框架，然后在实际的放映过程中，按照此时间框架自动放映。幻灯片排练计时可通过"幻灯片放映"选项卡中的"排练计时"来实现。完成后在幻灯片浏览视图下可以显示放映每张幻灯片所需要的时间。

提示：排练计时只能从第 1 张幻灯片开始。

如果课件中需要有教师对知识内容讲解的语音，利用排练计时，还可以将语音与幻灯片进行同步。具体操作如下：

(1) 用音频处理软件分别对每一张幻灯片内容的讲解进行录制、编辑，保存为多个音频文件。

(2) 将每个音频文件插入到课件的相应幻灯片中，将音频设置为自动播放。

(3) 使用"排练计时"，根据幻灯片的内容设置幻灯片的播放节奏。

2. 幻灯片的录制与处理

1) 录制幻灯片

使用录制幻灯片，教师可以根据幻灯片的内容直接录制语音，这样更灵活方便。录制幻灯片可通过"幻灯片放映"选项卡中的"录制幻灯片演示"来实现，如图 6-38 所示。

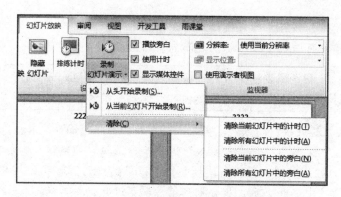

图 6-38　"录制幻灯片演示"下拉菜单

录制幻灯片可以选择"从头开始录制"或"从当前幻灯片开始录制"，选择后，会弹出"录制幻灯片演示"对话框，如图 6-39 所示，根据需要对"幻灯片和动画计时"和"旁白和激光笔"进行选择，单击"开始录制"按钮，进行录制。录制幻灯片的右下方有一个喇叭图标，可以选中播放。

2)　清除计时或旁白

录制幻灯片后，对不需要的计时或旁白可以使用图 6-38 中"清除"选项下的命令来进行清除，然后重新录制。

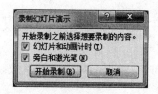

图 6-39　"录制幻灯片演示"对话框

3．设置放映方式

在播放课件之前，可以根据使用者的不同需要设置不同的放映方式。单击"幻灯片放映"选项卡，选择"设置幻灯片放映"选项，在打开的"设置放映方式"对话框中进行设置，如图 6-40 所示。

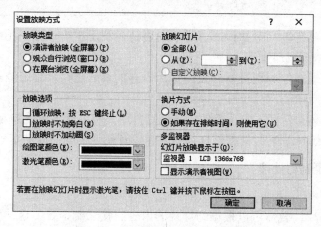

图 6-40　"设置放映方式"对话框

　　"放映类型"通常选择"演讲者放映(全屏幕)"；"放映选项"为多选框，默认情况下都没选中，在实际应用中可根据需要进行选择；"换片方式"默认情况下选择的是"如果存在排练时间，则使用它"，如在放映时不需要排练时间，可改为"手动"。

　　当计算机外接有投影仪时，可以选中"显示演示者视图"。使用的前提是需要将计算机设为扩展模式，具体的操作是按住 Windows 键+P 键，出现如图 6-41 所示的对话框，选择"扩展"。

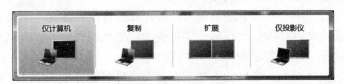

图 6-41　多功能显示面板

　　放映课件，计算机的显示器与投影仪将会有不同的显示效果。在计算机的显示器中，教师可以同时看到当前放映的幻灯片、当前幻灯片前后的幻灯片以及当前幻灯片的备注内容，如图 6-42 所示。投影仪显示当前放映的幻灯片，如图 6-43 所示。

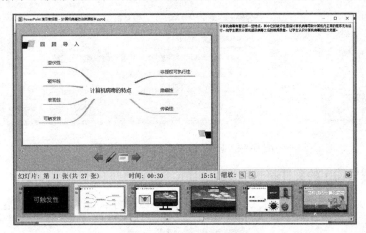

图 6-42　计算机的显示效果

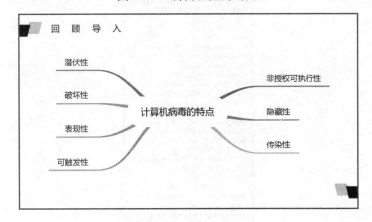

图 6-43　投影仪的显示效果

6.5 PPT 课件的输出

1. PPT 课件输出的注意事项

PPT 课件输出要注意以下事项。

1) 课件在其他设备上能正常使用

在播放课件的过程中，有时会遇到插入的多媒体素材及外部文件无法正常播放的问题。解决的方法是将素材文件和课件放在同一文件夹中，复制课件时应复制课件文件夹。

2) 字体在课件中能正常显示

对于课件中的字体问题，最好的方法是在保存课件时选择嵌入字体。在 PPT 中，可以单击"文件"菜单，选择"选项"命令，在弹出的"选项"对话框中选择"保存"，并选中"将字体嵌入文件"，如图 6-44 所示。

图 6-44　PPT 课件中嵌入字体设置

2. PPT 课件输出的文件格式

PPT 课件可以输出的文件格式有很多，如图 6-45 所示，下面介绍几类输出格式。

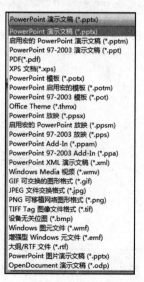

图 6-45　PPT 课件的输出格式

1) 放映格式

PPT 课件一般为.pptx 或.ppt 文件格式，此类文件打开后，进入编辑界面，再使用放映的快捷键或放映按钮进行放映，按 Esc 键退出放映状态，回到编辑状态。

如果希望打开 PPT 文件直接进行放映模式，可以将 PPT 课件"另存为""PowerPoint 放映(.ppsx)"格式。此格式文件打开后为全屏放映状态，按 Esc 键则关闭文件。要编辑 "*.ppsx"类型的文件，必须先打开 PPT 软件，在软件中打开"*.ppsx"文件，这样可以进行文件的编辑。

2) 视频格式

WMV(Windows Media Video)是微软开发的视频编码格式。对设置了"排练计时"的课件或"录制幻灯片演示"的课件，可以直接导出为"*.wmv"的视频格式进行播放。

3) 图像格式

用户可以根据需要，将演示文稿中的每张幻灯片导出为图像，也可将当前的幻灯片导出为图像，如图 6-46 所示。

图 6-46　导出图像设置

4) PDF 文档

PDF 文档是 Adobe 公司所开发的独特的跨平台文件格式，是专门用于阅读或打印的文档格式。比如将制作完成的课件上传到网络供阅读，可保存为 PDF 格式。

实践训练

1. 实验目的

(1) 学会 PPT 中母版的设计。

(2) 学会多媒体素材的插入和修饰。

(3) 学会动画的设置。

(4) 学会课件的交互设置。

(5) 学会将 PPT 文件输出为其他格式。

2. 实验环境

(1) 连接局域网的计算机。

(2) Windows 7 以上操作系统。

(3) Office 软件及相应的多媒体素材。

3. 实验内容

(1) 完成案例 6-1 至案例 6-3 的制作，学习多媒体素材的插入和修饰。

(2) 完成案例 6-4 的制作，学习触发器的设置。

(3) 完成案例 6-5 的制作，学习交互的设置。

(4) 综合利用所学知识制作一个内容丰富，色彩、图片搭配合理且美观的具有交互功能的课件。

（1）根据教学模式的不同，课件分为哪几类？

（2）常用的课件制作软件有哪些？

（3）设计课件应遵循什么原则？

（4）结合所学的专业，举例说明课件的开发过程。

（1）软件自学网. PowerPoint2010 视频教程. http://www.rjzxw.com/jc-104.html.

（2）中国大学. 成都信息工程大学. Office 高级应用. https://www.icourse163.org/.

（3）我要自学网. PowerPoint 视频教程. https://www.51zxw.net/List.aspx?cid=3.

微课是一种包含了文本、声音、图像、动画和视频等多种媒体的数字化资源，具有主题突出、形式新颖、短小精悍、针对性强等特点，适合学习者的知识与技能学习。微课的设计与制作是教师必备的一项技能。

第 7 章　微课的设计与制作

本章学习目标

➤ 了解微课的组成、特点和类型。
➤ 理解微课的开发流程。
➤ 熟悉常用的微课制作软件。
➤ 能够使用 Camtasia 软件录制和编辑视频。
➤ 能够结合自己所学专业进行微课的设计和制作。

7.1　微课概述

微课是以视频为主要载体，围绕某个学科知识点或教学环节，运用信息技术，按照认知规律，基于信息化教学设计开发的一种情景化、可视化的数字化学习资源，支持翻转学习、混合学习、移动学习、碎片化学习等多种学习方式。

1. 微课的组成

微课的核心资源是微视频，同时可包含与该教学视频内容相关的微教案、微课件、微习题、微反思等辅助性教与学内容。分别介绍如下。

(1) 微视频：时长一般不超过 10 分钟。
(2) 微教案：是指微课教学活动的简要设计和说明。
(3) 微课件：是指在微课教学过程中所用到的教学课件等。
(4) 微习题：根据微课教学内容而设计的练习测试题目。
(5) 微反思：是指教师在微课教学活动之后的体会、反思、改进措施等。

2. 微课的特点

微课具有以下特点。
(1) 时间短，可保证学生集中注意力学习。
(2) 以知识点为单元，符合新时代的碎片化学习需求。

(3) 信息化教学设计，调动学生学习的积极性。

(4) 针对性强，围绕某个知识点进行突破和讲解。

(5) 可反复看、跳跃看，适合学生自主学习。

(6) 容量小，便于教师和学生快速交流传播。

(7) 制作简便，可以采用多种途径和设备制作，以实用为宗旨。

3. 微课的类型

按照不同的划分方法，微课可以分为许多种类型，其中按照教学方法来分类，微课大致可以划分为讲授型、讨论型、启发型、演示型、练习型五类。下面介绍几种常见的微课类型。

1) 讲授型

讲授型微课是最常见、最主要的一种微课类型，以学科知识点及重点、难点、疑点的讲授为主，适用于教师运用口头语言向学生传授知识，如描绘情境、叙述事实、解释概念、论证原理和阐明规律等。

2) 讨论型

讨论型微课适用于在教师指导下，由全班或小组围绕某一种中心问题通过发表各自意见和看法、共同研讨、相互启发，集思广益地进行学习。

3) 演示型

演示型微课适用于教师在课堂教学时，把实物或直观教具展示给学生看，或者做示范性的实验，或借助现代教学手段，通过实际观察获得感性知识以说明和印证所传授的知识。

7.2　微课的开发

7.2.1　微课的开发流程

微课强调丰富的媒体化，通过对文本、图像、声音和视频的设计和包装来呈现教学内容，微课的开发需要引入工程项目开发的思想。微课的开发流程如图 7-1 所示，包括前期分析、方案设计、素材准备、开发制作和测试评价五个阶段。

1. 前期分析

前期分析包括需求分析、内容分析、学习者分析和可行性分析，涵盖了学情分析。微课的使用价值体现在它的教学性，因此以解决教学问题为导向选取内容，来确定制作微课的类型。

2. 方案设计

方案设计包括教学设计、界面设计和互动设计。教学设计包括信息化教学手段的应用、教学内容的呈现方式、教学过程的组织和教学评价的实现；界面设计包括风格设计、配色方案、内容呈现方式等；互动设计包括微课中采取的互动方式、加入互动的时间点等。最后完成脚本的编写，脚本的编写涵盖解说词的编写、互动脚本的编写、界面脚本的编写等。

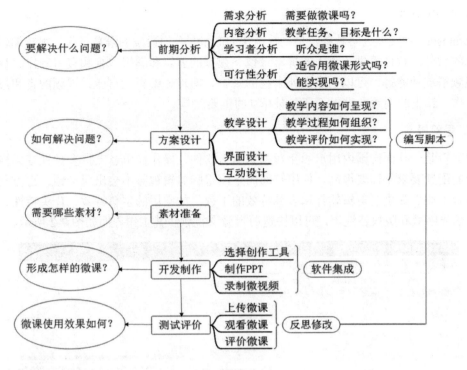

图 7-1　微课的开发流程

3．素材准备

微课内容的呈现需要借助多媒体素材，收集准备文本素材、图片素材、声音素材、动画素材和视频素材等有助于微课的开发制作。在微课设计中，要依据可视化设计原则选择合适的素材。

4．开发制作

根据准备的素材，选取合适的工具进行开发制作，包括使用各种软件集成和处理多媒体素材资源，根据教学设计、界面设计和互动设计完成微课的制作。

5．测试评价

微课制作完成后，需要在教学实践中应用微课，通过测试评价了解微课的使用效果。测试评价包括上传微课、观看微课和评价微课，通过测试评价的反馈结果再对微课的方案设计进行调整，修改脚本。

7.2.2　常用的微课制作软件

1．Premiere

Premiere 是 Adobe 公司推出的一款专业视频编辑软件，广泛应用于电影制作、广告制作和电视节目制作，可以完成从视频采集、剪辑、调色、美化音频、字幕添加、输出到 DVD 刻录的全部流程。使用 Premiere 可以完成微课片头片尾的制作、微课内容的编辑、微课字幕的添加。该软件对电脑的配置要求较高，普通电脑运行 Premiere 会出现卡顿现象。

2. Camtasia

Camtasia，中文名为喀秋莎，是一款由 TechSmith 公司研发的屏幕录像、视频编辑和视频分享的软件。软件提供了强大的屏幕录像、视频的剪辑和编辑、视频菜单制作、视频剧场和视频播放功能等。可以完成微课素材的录制、剪辑、编辑，给微课视频配音和添加字幕等工作，输出的视频容量小，是微课开发的主要工具。

3．爱剪辑

爱剪辑是一款面向国内用户的免费视频剪辑软件，操作简单，支持多种视音频格式。对电脑的配置要求不需要很高，使用普通的主流电脑剪辑视频不会出现卡顿。官方网站页面"特效中心"提供爱剪辑软件和多种特效的下载，如常用的字幕特效、片头特性、动景特性、炫光特效和版权特性等，可以快速剪辑微课视频。其工作界面如图 7-2 所示。

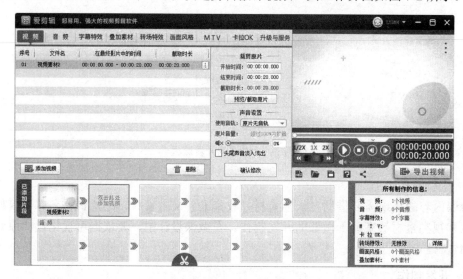

图 7-2　爱剪辑的工作界面

4. SmoothDraw

SmoothDraw 是一款媲美专业绘画软件的免费绿色演示软件，具备众多可调画笔，纸张材质模拟，具有图像处理和添加特效等功能。支持外接手写板、数字笔等，教师可以根据书写需要选择，同时绘图窗口可以将背景色设置为黑色，模拟教师在黑板上书写公式的效果。其工作界面如图 7-3 所示。

5. EasySketch

EasySketch 是一款手绘动画视频创作工具，支持图片自动完成手绘效果，支持导入视频素材。内置支持超过 50 多种画笔，如钢笔、水彩笔、粉笔、蜡笔等，方便制作手绘素描动画以及卡通动画。在微课视频中用真实的手或笔将文字、图片用手绘的方法呈现给观众，同时可以为手绘动画配音和融入动感的背景音乐，是一种新颖独特的视频表现形式，有助于吸引学生的注意力。输出视频速度快，容量小，支持.mp4 格式输出。其工作界面如图 7-4 所示。

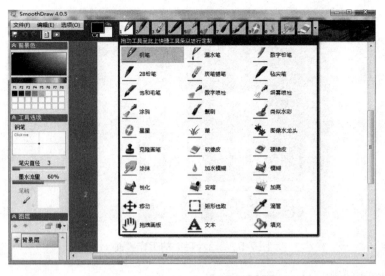

图 7-3 SmoothDraw 的工作界面

图 7-4 EasySketch 的工作界面

6. CrazyTalk

CrazyTalk 是一款能制作出人物说话时的口形动画的软件,只需要一张普通的照片就能制作出人物说话时的口形动画。输入文字,软件即可自己生成语音和口形。生成的动画中,除了嘴巴会跟着语音开合之外,眼睛、面部肌肉等也都会跟着动,非常自然。除了自带角色外,还可以自行制作角色,用自己、动物、朋友、明星的照片制作成会说话的动画角色。其工作界面如图 7-5 所示。

7. 其他软件

用于制作微课的软件很多,如第 5 章介绍的 Flash、3DS Max、万彩动画大师等动画制作软件,第 6 章介绍的 PowerPoint、101 教育 PPT 和 Focusky 动画演示大师等常用课件制作软件,使用移动端的易企秀、初页、MAKA 等可以在线制作 App,还有如 CourseMaker 等,用户可以根据微课的开发需求选择合适的制作软件或 App。

图 7-5　CrazyTalk 的工作界面

7.2.3　微课制作的注意事项

按照微课的开发流程，根据选题准备素材，选择合适的制作软件就可以动手开始制作微课。下面从选题设计、教学内容、作品规范、教学效果四个方面说明微课制作的注意事项。

1. 选题设计

(1)　选题简明。主要针对知识点、例题/习题、实验活动等环节进行讲授、演算、分析、推理、答疑等教学选题，尽量"小(微)而精"，建议围绕某个具体的点，而不是抽象、宽泛的面。选题针对教材知识点的重难点程度来进行。

(2)　设计合理。应围绕教学或学习中的常见、典型、有代表的问题或内容进行针对性设计，要能够有效解决教与学过程中的重点、难点、疑点、考点等问题。

2. 教学内容

(1)　科学正确。教学内容严谨，不出现任何科学性错误。

(2)　逻辑清晰。教学内容的组织与编排，要符合学生的认知逻辑规律，过程主线清晰、重点突出，逻辑性强，明了易懂。

3. 作品规范

(1)　结构完整。具有一定的独立性和完整性，内容呈现形式为视频，要有片头片尾，显示标题、作者、单位等主要信息，主要教学内容和环节最好有字幕提示或说明。同时包括在微课制作过程中使用到的辅助扩展资料(可选)，如微教案、微课件、微习题、微反思等，以便于其他使用者借鉴与使用。

(2)　技术规范。微课视频支持 MP4、FLV/F4V、WMV、RM、SWF 等格式，视频大小不超过 200MB，视频画质清晰、图像稳定、声音清楚(无杂音)、声音与画面同步，时长一般为 8 分钟，最长不宜超过 10 分钟；微教案要围绕所选主题进行设计，要突出重点，注重实效；微习题设计要有针对性与层次性，设计合理难度等级的主观、客观习题；微反思应在微课拍摄制作完毕后进行观摩和分析，力求客观真实、有理有据、富有启发性。

(3) 语言规范。语言标准，声音洪亮、有节奏感，语言富有感染力。

4. 教学效果

(1) 形式新颖。构思新颖，教学方法富有创意，不拘泥于传统的课堂教学模式，类型不限；录制方法与备授课工具可以自由组合。

(2) 趣味性强。教学过程深入浅出，形象生动，精彩有趣，启发引导性强，有利于提高学生学习积极主动性。

(3) 目标达成。完成设定的教学目标，有效解决实际教学问题，促进学生思维的提升、能力的提高。

7.3　Camtasia 软件的基本操作

7.3.1　软件介绍

运行 Camtasia，进入如图 7-6 所示的开始界面，包括"新建项目""新建录制"和"打开项目"三个选项。

图 7-6　Camtasia 的开始界面

单击"新建项目"按钮，进入 Camtasia 的工作界面，如图 7-7 所示，包括菜单栏、功能选项、媒体箱、时间轴、画布窗口以及属性面板等。

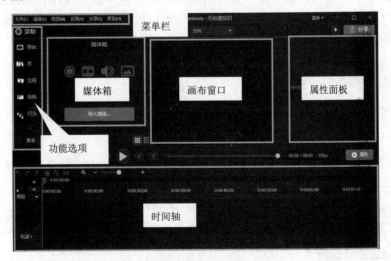

图 7-7　Camtasia 的工作界面

1．菜单栏

菜单栏包括"文件""编辑""修改""视图""分享"和"帮助"等菜单。

2．功能选项

功能选项显示 Camtasia 的常用功能，如录制、媒体、库、注释、转换和行为等。要使用音效、视觉效果、光标效果等其他效果，单击"更多"选择相应功能，对应功能会出现，方便使用。

3．媒体箱

媒体箱用来管理媒体素材，包括录制的素材和导入的素材。媒体箱的显示方式有详细信息和缩略图两种。

4．时间轴

时间轴也叫时间线，包括时间轴刻度、时间轴缩放、播放头、工具栏和轨道。通过观察时间轴上的时间刻度，可以确定轨道上素材的持续时间和播放头的位置；播放头类似视频播放器上的进度按钮，可以拖动快速浏览编辑效果，拖动左右滑块可以进行区域的选择；工具栏中有撤销、恢复、剪切、复制、粘贴、拆分、显示时间轴上的所有媒体和缩放按钮。

轨道是用来编辑和处理媒体箱中素材的区域，将媒体箱中的素材拖拽到轨道上才可以进行编辑和处理。轨道可以增加和移除，单击轨道上方的"+"号，可以增加轨道；在相应轨道上单击右键，选择"删除轨道"命令，可以将轨道删除。

5．画布窗口

画布窗口显示播放头在时间轴上所处位置的画面。单击画布窗口下方的播放按钮，画布窗口播放轨道上的素材内容。

6．属性面板

属性面板显示的是当前选中媒体素材的属性，主要包括视觉属性、音频属性和光标属性。图像素材只可以设置视觉属性；音频素材只可以设置音频属性；视频素材可以设置视觉属性、音频属性和光标属性三种。

7.3.2　常用快捷键

为了提高操作效率，可以使用快捷键。选择"帮助"菜单中"键盘快捷键"命令，可查看 Camtasia 的所有快捷键。常用快捷键如表 7-1 所示。

> **技巧：**画布窗口可以使用鼠标配合 Ctrl 键、Shift 键和 Alt 键缩放。按住 Ctrl 键拖动控制点，沿中心等比放大，此操作适用于图片、视频；按住 Shift 键拖动控制点，解除比例锁定，此操作适用于图片、视频；按住 Ctrl+Shift 键拖动控制点，沿中心非等比缩放；按住 Ctrl+Shift 键不拖动控制点，拖动对象显示三维旋转效果；按住 Alt 键，进入裁剪模式，松开则退出。前两种操作对象若是标注，则正好相反。

表 7-1　Camtasia 的常用快捷键

功　能	Windows 快捷键	功　能	Windows 快捷键
开始录制	F9	复制	Ctrl+C
结束录制	F10	剪切	Ctrl+X
新建项目	Ctrl+N	粘贴	Ctrl+V
打开项目	Ctrl+O	缩小时间轴	Ctrl+Shift+-
保存项目	Ctrl+S	放大时间轴	Ctrl+Shift+=
导入素材到媒体箱	Ctrl+I	组合	Ctrl+G
撤销	Ctrl+Z	取消组合	Ctrl+U
恢复	Ctrl+Y	静音音频	Shift+S

7.3.3　录制屏幕

1．录制准备工作

使用 Camtasia 录制屏幕时，为避免其他因素干扰，保证视频的清晰度和录制的效率，录制前要做以下几个方面的准备。

1)　清理电脑桌面

关闭 QQ、微信等，关闭其他应用程序相关浮动的小图标，全屏录制时将任务栏隐藏。使录制出的界面干净美观，保证录制的视频中没有其他干扰因素。

2)　设置屏幕分辨率

录制前先设置好屏幕分辨率。在桌面空白区域单击右键，选择"屏幕分辨率"命令，对屏幕分辨率进行调整。视频的宽高比有 16∶9 和 4∶3 两种：若需要录制 16∶9 的视频，可将屏幕分辨率调整为 1280×720 及以上，如果需要录制 4∶3 的视频，可将屏幕分辨率调整为 1024×768 及以上。

3)　在 Camtasia 中进行项目设置

选择"文件"菜单中的"项目设置"命令，或在画布窗口中单击右键，选择"项目设置"命令，弹出"项目设置"对话框，如图 7-8 所示。将画布的宽度和高度设置得与屏幕分辨率一样，这样可以保证全屏录制的视频在画布中刚好满屏，不需调整。选中"自动标准化响度"，可以对录制的多个不同视频中的音量大小进行自动调整。

图 7-8　"项目设置"对话框

4) 准备录制素材

录课前打开需要录制的素材，如 PPT 课件、仿真实验软件、操作软件等，做好录制准备。

2. "录制"工具箱的使用

单击 Camtasia 功能选项中的"录制"，打开"录制"工具箱，如图 7-9 所示。"选择区域"包括"全屏"和"自定义"两种选择方式，其中"自定义"方式可根据实际需求选取录制区域的范围。

图 7-9 "录制"工具箱

> 提示：在实际录制的过程中，不管是使用"全屏"录制还是使用"自定义"录制，均可使用拖拽绿色蚂蚁线的方法改变录制区域。

"已录制输入"包括相机设置和音频设置。其中相机默认为关闭状态，如果计算机自带(或外接)摄像头，打开摄像头可以录制人像画面。图 7-10 所示为 PPT 课件和教师同时被录制的画中画效果；音频设置如图 7-11 所示，选择需要录制的声音。

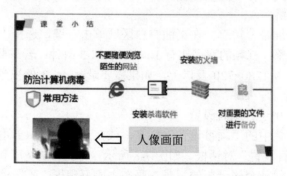

图 7-10 录制屏幕时加入人像画面

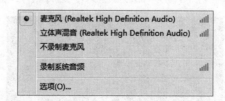

图 7-11 音频设置项

> 提示：录制过程中如果需要录入鼠标单击的声音，可以选择"效果"菜单中的"选项"命令，在效果选项对话框中，选择声音选项卡，调节鼠标单击时咔哒声音的大小。

"rec"为录制按钮，单击该按钮，倒计时 3 秒后开始录制。按 F10 键停止录制或单击

"录像"工具箱中的"停止"按钮，如图 7-12 所示，录制完成后自动进入 Camtasia 工作界面。如果对录制的内容不满意，可以单击"删除"按钮重新开始录制。

图 7-12 录制过程中的"录制"工具箱

技巧：开始录制的快捷键为 F9，停止录制的快捷键为 F10。如果该键与其他应用程序的热键相冲突，可以在"工具"下拉菜单中选择"选项"，在弹出的工具选项对话框中选择热键选项卡，重新定义一个热键。

提示：如果只录制 PPT 课件，也可在 PowerPoint 中打开 PPT 课件，选择"加载项"选项卡，进行相关的设置并录制。

案例 7-1

录制软件 CourseMaker 的使用

通过本案例熟悉 Camtasia 的录制功能，掌握"录制"工具箱的使用方法。具体操作如下：

(1) 设置电脑屏幕分辨率为 1280×720，将任务栏设置为自动隐藏，将"CourseMaker 解说词.docx"文档打印，运行 CourseMaker 软件，将软件窗口全屏显示。

(2) 在 Camtasia 中选择"文件"菜单中的"新建项目"命令新建项目，在画布窗口中单击右键，选择"项目设置"命令，弹出"项目设置"对话框，将画布的宽度和高度设置为 1280×720，选中"自动标准化响度"。

(3) 单击 Camtasia 功能选项中的"录制"，打开"录制"工具箱，选择全屏、相机关闭、音频打开并选择录制麦克风，单击"rec"开始录制。

(4) 倒计时 3 秒后开始录制，按照准备好的解说词在 CourseMaker 中讲解软件的使用。

(5) 讲解完成后，按下快捷键 F10 结束录制，回到 Camtasia 工作界面，如图 7-13 所示。录制的视频"Rec 04-04-20_012.trec"自动添加到媒体箱和轨道 1，同时在画布窗口显示视频画面。

(6) 将文件保存到 E 盘"案例"文件夹，命名为"案例 7-1 CourseMaker 软件使用的录制.tscproj"。

提示：Camtasia 项目文件名的后缀为"tscproj"，录制的视频源文件的后缀名为"trec"，录制完成后自动命名，"Rec 04-04-20_012.trec"中，04-04 代表录制日期，后面编号自动添加。复制项目文件不能直接复制后缀为"tscproj"的文件，需要先导出"zip"文件，方法：在"文件"菜单中选择"导出"命令，选择"zip"格式导出。复制时复制"zip"文件。

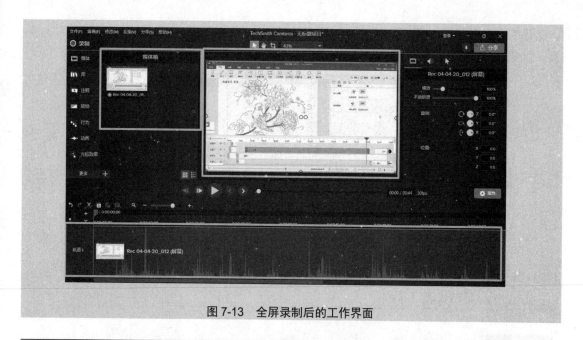

图 7-13　全屏录制后的工作界面

> **技巧**：录屏时，不要频繁地晃动鼠标，慢慢移动鼠标。讲解过程中如有读错的部分，不用停止重录，可以适当停顿一会儿继续录制，方便后期对读错的部分进行剪辑。

7.4　微课的编辑

在 Camtasia 中新建项目后，首先是项目设置，其次是首选项中参数的设置。项目设置和首选项中参数的设置可以提高视频的编辑效率。

选择"编辑"菜单中的"首选项"命令，弹出"首选项"对话框，在对话框中选择"计时"选项卡，如图 7-14 所示，可以查看转换、图像、注释、动画、生成预览和字幕的默认持续时间，根据制作微课的需求，在编辑前修改相应的持续时间。

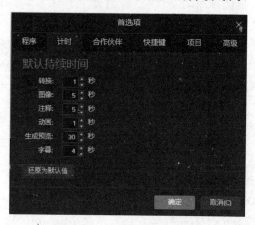

图 7-14　"首选项"对话框

Camtasia 的常用编辑功能，包括导入素材、剪辑素材、添加注释、添加转场、添加动画、添加光标效果、添加音效、添加视觉效果和添加交互等。

7.4.1 导入素材

1. 导入外部素材

素材只有导入到项目中才可以使用。素材导入的方法有如下三种。

方法一：单击“媒体”选项，在“媒体箱”中右击，在弹出的快捷菜单中选择“导入媒体”命令导入素材。

方法二：单击功能选项“更多”右侧的“+”，选择“导入媒体”命令。

方法三：选择“文件”→“导入”子菜单中的“媒体”命令。

导入的素材包括图像文件、音频文件、视频文件和演示文件，如图 7-15 所示，其中视频文件包含录制的视频；当导入 PPT 课件时，每一张幻灯片为一张.png 的图像文件。

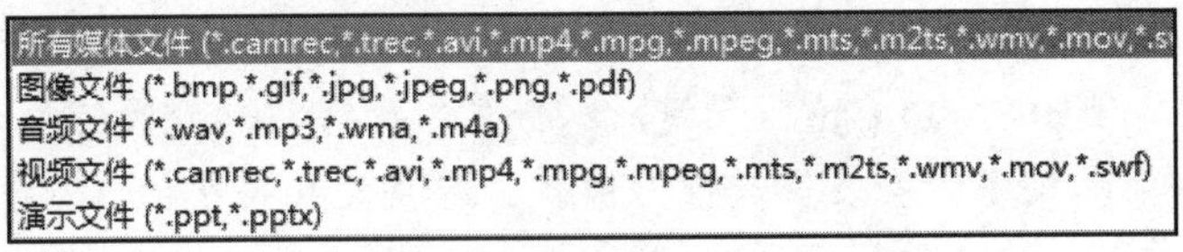

所有媒体文件 (*.camrec,*.trec,*.avi,*.mp4,*.mpg,*.mpeg,*.mts,*.m2ts,*.wmv,*.mov,*.s
图像文件 (*.bmp,*.gif,*.jpg,*.jpeg,*.png,*.pdf)
音频文件 (*.wav,*.mp3,*.wma,*.m4a)
视频文件 (*.camrec,*.trec,*.avi,*.mp4,*.mpg,*.mpeg,*.mts,*.m2ts,*.wmv,*.mov,*.swf)
演示文件 (*.ppt,*.pptx)

图 7-15 导入素材的类型

2. 使用“库”中的素材

“库”是指 Camtasia 里自带的媒体资源，包括片尾、前奏、图标、下三分之一、音乐曲目和运动背景等多种类型，如图 7-16 所示。“前奏”中内置了多种模板可以用于制作微课的片头，“片尾”中内置的模板可以用于制作微课的片尾。

媒体
库
注释
转换
行为
动画
光标效果
更多
库
库 Camtasia 2019
搜索库...
片尾
前奏
图标
下三分之一
音乐曲目
运动背景
下载更多资产...

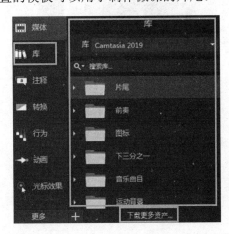

图 7-16 “库”中的素材

如果想往“库”里添加更多的资源，具体操作如下：

(1) 单击“下载更多资产”跳转到官网，进入资产的下载页面，选择自己需要的资产，进行下载，并记住保存位置。

(2) 在下载完成之后，单击图 7-16 “Camtasia 2019”后的下拉三角符号，选择“管理库”中的“导入压缩库”，在弹出的窗口中找到下载的资产。需要注意的是，Camtasia 官网下载的资产都是.libzip 格式的。

(3) 可以将资产导入到已有的"库"中，也可以创建新的"库"。

案例 7-2

微课片头的制作

通过本案例熟悉"库"中媒体素材的使用，学会制作微课的片头。具体操作如下：

(1) 在"库"媒体素材中，选择"前奏"文件夹中的"spinningcomputer"模板作为微课的片头，将其拖曳到轨道 1 上。

> **提示：** 将媒体素材拖曳到"画布窗口"，媒体素材会自动添加至时间轴中播放头所在位置的轨道上。要在轨道上移动素材，单击拖动即可。

(2) 修改片头文字内容。移动播放头至片头模板的中部位置，可以看到画布窗口出现片头模板文字内容为"TechSmith Camtasia"，双击文字内容将其修改为微课名称、作者单位和姓名等，选择相应的文字，在右侧属性面板修改文字的相关属性，如图 7-17 所示。

(3) 保存项目文件。将文件保存到 E 盘"案例"文件夹，命名为"案例 7-2 微课片头的制作.tscproj"。

> **提示：** 在 Camtasia 中，除了可以设置文字的常规属性外，还可以对文字的"垂直间距"和"水平间距"进行调节。对调节的参数不满意，可以使用图 7-17 右上方的"重置"按钮恢复到原始状态。

图 7-17　"文本"属性面板

7.4.2　剪辑素材

剪辑素材是微课制作的一项基本技能，可以对素材进行拖拉、分割、复制、剪切、删除、静音、扩展帧等操作。

1. 拖拉素材

拖拉素材是用鼠标拖拉来剪辑素材的方法，通常用来裁剪视频素材的头部和尾部。如在案例 7-1 中录制 CourseMaker 软件使用的视频时，需要将开头和结尾多录的部分删除，将鼠标指针移动到轨道中素材开始的地方，指针变成左右箭头，按住鼠标左键向右拖动可以删除素材头部不需要的部分，如图 7-18 所示。使用同样的操作方法剪辑素材的尾部。

对于图像、字幕等静态的素材可以使用拖拉的方法将素材延长或缩短。

图 7-18　拖拉素材示意图

2．分割素材

分割素材是对素材进行分段，删除或添加内容的方法。选择轨道上需要剪辑的素材，将播放头定位到要分割视频的时间点，单击"拆分"工具，将所选素材一分为二，如图 7-19 所示，这样一个素材就变为了两段独立的素材，可以分别编辑，如复制、删除等，还可以在分割处使用拖拉的方法将素材还原为原来的时间长度。

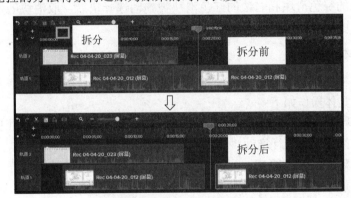

图 7-19　分割素材示意图

多个轨道需要在同一个时间点分割，有以下两种情况：

（1）在同一个时间点中的多个轨道是所有轨道的一部分，将播放头移动到需要分割的时间点，按住 Shift 键加选多个轨道素材，实现多个轨道同时分割。

（2）在同一个时间点中的多个轨道是所有轨道，将播放头移动到需要分割的时间点，使用"编辑"菜单中的"全部拆分"命令，或使用快捷键 Ctrl+Shift+S 来实现多个轨道同时分割。

3．删除素材

删除轨道上的素材分为删除和纹波删除，两者之间是有区别的。

（1）删除。选择轨道上需要删除的素材，使用"剪切"工具、按 Del 键或在素材上右击，在弹出的快捷菜单中选择"删除"命令进行删除。素材删除后，原素材在时间轴轨道上的区域仍然保留。

（2）纹波删除。选择轨道上需要删除的素材，按 Ctrl+Backspace 键或在素材上右击，在弹出的快捷菜单中选择"纹波删除"命令进行删除。素材删除后，原素材在时间轴轨道上的区域也会被删除，其后的素材自动跟进。

4．块选择素材

块选择素材是使用播放头左边的绿色滑块和右边的红色滑块来选定区域进行素材选择的一种方法，对多个轨道的视频同时编辑非常方便，如复制、删除、插入时间、静音、输出等，如图 7-20 所示。

图 7-20　块选择素材示意图

在块选择素材后，需要删除块的素材。与前面不一样的是，使用"剪切"工具的结果是纹波删除，将不需要的内容剪掉，删除后剩下的内容会自动拼接。

播放头左边的绿色滑块和右边的红色滑块被拖动选择块后，取消块的选择可双击播放头，将左右滑块还原回默认状态。

5．扩展素材

扩展素材是将视频素材中的某一帧延长一定的时间，延长的部分为静态帧，以获得更多的编辑时间。具体操作如下：

(1) 延长视频素材的开始帧和结束帧，方法是按住 Alt 键，将鼠标指针移动到轨道中开始帧或结束帧的位置同时进行拖动，增加的时间将会自动添加至视频中。

(2) 延长视频素材中间的某一帧，将播放头移动到需要延长帧的位置，在素材上单击右键，在弹出的菜单中选择"扩展帧"命令，或按 Shift+E 键，弹出如图 7-21 所示的对话框，设置持续时间，单击"确定"，完成素材的扩展。

图 7-21　扩展"持续时间"设置

(3) 设置扩展后，可以对扩展的持续时间进行修改。在扩展素材上右击，在弹出的快捷菜单中选择"持续时间"命令，修改持续时间，单击"确定"，完成修改。

6．其他操作

在时间轴的素材上右击，利用弹出的快捷菜单中的命令还可实现分开音频和视频、静音、编辑音频、调节速度等操作。

7.4.3　添加注释

在制作微课的过程中，添加注释可以起到解释说明的作用，更清晰地向学习者展示教学内容。Camtasia 内置有很多类型的注释，如图 7-22 所示。

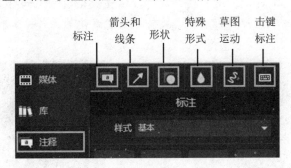

图 7-22　"注释"工具箱

案例 7-3

标注的添加

通过本案例学习使用"注释"功能选项中"标注"的添加，添加"标注"后的效果如图 7-23 所示，对手写笔的使用给出说明。具体操作如下：

(1) 新建项目，从 E 盘"案例 7-3 标注的添加"文件夹下打开"案例 7-3 标注的添加.tscproj"项目文件，导入"Rec 04-04-20_024.trec"素材到轨道 1。

(2) 在"注释"工具箱中选择一种注释，如"标注"基本样式中第一行的第三和第四个，将其分别拖曳至轨道上需要加标注的时间点，如图 7-23 所示。

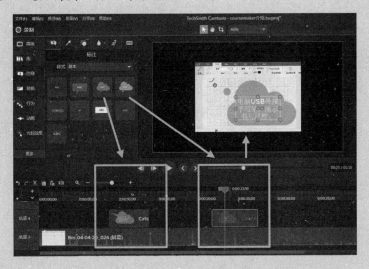

图 7-23　添加"标注"到轨道的效果图

(3) 图像的默认持续时间是 5 秒，可以根据视频中需要标注的时间，使用拖拉素材法调节注释的持续时间。

(4) 选中注释，右侧"属性"面板"**a**"为文本属性，"**a**"的左边为视觉属性，"**a**"的右边为注释属性。文本属性在案例 7-2 微课片头的制作已介绍；在"注释属性"面板中可以修改注释的形状、填充颜色、不透明度、轮廓等属性值，如图 7-24 所示；在"视觉属性"属板中可以修改注释的缩放、不透明度、旋转、位置等属性值，如图 7-25 所示，也可以在画布窗口按住鼠标左键对注释进行缩放、旋转和位置变化等操作。

(5) 保存项目文件。

图 7-24　"注释属性"面板　　　　图 7-25　"视觉属性"面板

技巧：选中注释后，在画布窗口中按住 Shift 键的同时移动鼠标可以按比例调整大小。

7.4.4　添加转场和动画

1．给视频添加转场

一个微课的视频文件实际上是由多个素材片段组成，片段之间的衔接使用转场效果可以增强视频的艺术感染力。转场的作用是使片段与片段之间衔接得更加自然，主要用于两个不同片段之间及单个素材开始或结束部分，主要包括视频转场和图片转场。单击"转换"选项，Camtasia 提供多种转场效果，如图 7-26 所示。具体操作如下：

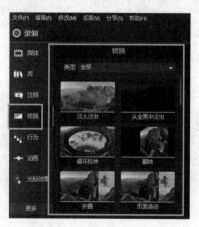

图 7-26　"转换"工具箱

(1) 在项目文件中导入多个素材，并将素材拖曳到轨道上相互连接。

(2) 单击"转换"选项，选择一个合适的转场效果，按住鼠标左键拖到时间轴上两个片段间，此时时间轴上添加转场的位置变成蓝绿色发亮的区域，转场效果添加成功，如图 7-27 所示。

(3) 按住鼠标左键拖动播放头，在画布窗口预览转场效果。

(4) 转场效果的持续时间通过按住鼠标左键拖拽双向箭头来调整。转场默认持续时间为 1 秒，如果要改变默认时间，选择"编辑"菜单中的"首选项"命令，在"首选项"对话框中的"计时"选项卡中修改。

(5) 对使用的转场不满意，可以选择另一个转场拖入到素材的连接处，替换当前的转场效果。若不需要转场效果，可在转场处单击右键进行删除。

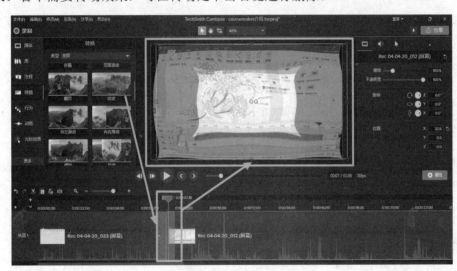

图 7-27　添加转场效果图

2. 给视频添加动画

制作微课时，为了强调或突出显示某部分内容，可以给视频添加动画，添加动画和 PPT 课件中添加动画类似。Camtasia "动画"选项下有"缩放与平移"和"动画"两个工具箱，如图 7-28 所示。

图 7-28　"缩放与平移"工具箱

1) 缩放与平移

"缩放与平移"工具箱可用于快速创建缩放或平移动画。单击"实际尺寸"按钮,将播放头处的画面还原为100%缩放比例;单击"自适应缩放"按钮,使播放头的所有媒体适应画布大小。

案例 7-4

缩放与平移动画的制作

通过本案例学习利用"缩放与平移"制作动画效果,添加"缩放与平移"前后的效果分别如图7-29和图7-30所示,在视频中放大突出显示笔写字的过程。具体操作如下:

(1) 从E盘"案例7-4缩放与平移动画的制作"文件夹下打开"案例7-4缩放与平移动画的制作.tscproj"项目文件。将播放头移动到视频画面中写第二个字的位置。

(2) 单击"动画"选项,在"缩放与平移"工具箱中显示画面,出现带有8个句柄的矩形框,如图7-29所示,拖动句柄调节,将矩形框缩小,如图7-30所示,画布窗口中显示的是矩形框中的画面,即将画面进行了放大操作。

(3) 在时间轴上,出现两个控制点的箭头图标,如图7-30所示,控制点可以左右拖动,改变动画的持续时间。两个控制点间距离越长,则动画的持续时间越长,画面的缩放变化就越平缓。根据预览效果,调节箭头长短以达到适合的效果。

(4) 使用鼠标拖动带有8个句柄的矩形框,调整需要放大的画面部位。

(5) 将播放头移动到需要还原视频画面的时间点,单击"实际尺寸",将出现画面由放大到还原的动画效果,动画的持续时间同样可以调节。

(6) 对制作的动画不满意,可以在时间轴的动画箭头上右击,在弹出的快捷菜单中选择"删除"命令进行删除,重新制作。

(7) 保存项目文件。

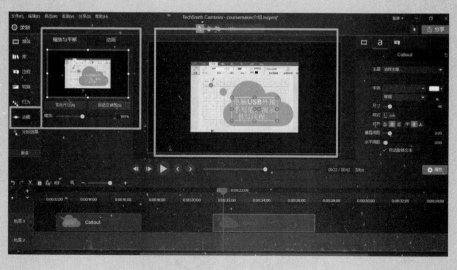

图7-29 添加缩放与平移之前效果图

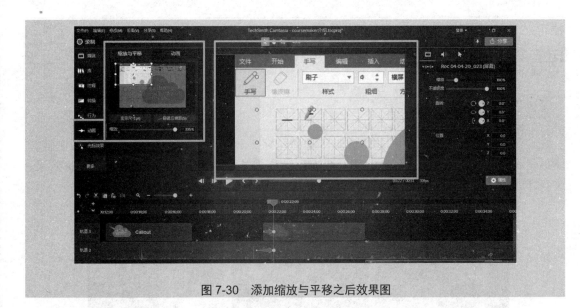

图 7-30 添加缩放与平移之后效果图

2) 动画

"动画"工具箱中包含了多种动画效果,如图 7-31 所示,可以实现画面透明度变化、向左向右倾斜变化、按比例放大和缩小以及自适应缩放等效果,通过运动、旋转、倾斜、缩放等增强画面显示效果。给素材添加动画效果的具体操作如下:

图 7-31 "动画"工具箱

(1) 单击"动画"选项,在"动画"工具箱中单击选择一个动画效果并拖拽至时间轴的素材上。

(2) 通过拖曳箭头图标的前后两个控制点,改变动画的持续时间。

(3) 在画布中调节句柄,或在属性面板调节参数来改变控制点对象的属性。

(4) 在需要还原的时间点,添加"还原"动画,并用相同的方法对还原动画进行设置。

(5) 对制作的动画不满意,可以在时间轴的动画箭头上右击,在弹出的快捷菜单中选择"删除"命令进行删除,重新制作。

提示："动画"工具箱中的"Smart Focus"只支持 Camtasia 2019 软件的录屏文件，文件后缀名为".camrec"或".trec"。

7.4.5 添加光标效果

在制作操作需要显示光标的微课时，普通光标在画面上显示不明显，针对录制电脑屏幕时鼠标指针移动可见性不高的问题，Camtasia 提供了设置光标效果选项，包括光标效果、左键单击光标效果和右键单击光标效果，如图 7-32 所示。

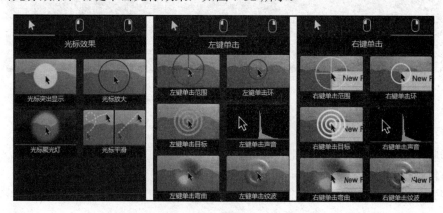

图 7-32　"光标效果"工具箱

案例 7-5

光标效果的添加

通过本案例学习使用"光标效果"功能选项，添加"光标效果"后的效果如图 7-33 所示，光标点击过程中突出显示。具体操作如下：

(1) 新建项目，从 E 盘案例文件夹下打开"案例 7-1 CourseMaker 软件使用的录制.tscproj"项目文件，导入"Rec 04-04-20_024.trec"素材到轨道 1。

(2) 为轨道 1 的素材添加光标效果。有两种方法。

方法一：选择"光标效果"中的"光标突出显示"拖拽至时间轴的轨道 1 上。

方法二：选中轨道 1 上的素材，在"光标突出显示"图标上右击，在弹出的快捷菜单中选择"添加到所选媒体"命令，完成添加。

(3) 使用同样的方法添加"左键单击"和"右键单击"效果。

(4) 将播放头移动到设置手写笔粗细的画面处可以看到"光标突出显示"效果。选中媒体素材后，在"光标属性"中设置光标的大小、不透明度、颜色等属性值。

(5) 单击轨道上媒体素材下的三角图标，可以显示隐藏已经添加的光标效果，如图 7-33 所示，轨道前端显示添加了"光标突出显示"和"左键单击声音"的光标效果。

(6) 保存项目文件。将文件保存到 E 盘"案例"文件夹，命名为"案例 7-5 光标效果的添加.tscproj"。

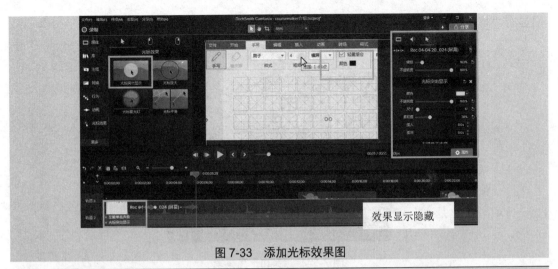

图 7-33　添加光标效果图

> **提示**：光标效果只适用 Camtasia 2019 软件的录屏文件，即文件后缀名为".trec"。若单纯录制 PPT，不需要光标出现，可以将光标的"不透明度"调整为 0%，即可将光标隐藏。

7.4.6　添加音效与视觉效果

1．添加旁白

制作微课时，录制语音可以用第 4 章介绍的专业软件或手机等设备单独录制，也可以用本章第 3 节介绍的语音和画面同步录制等。下面介绍在 Camtasia 中为视频添加旁白的方法，具体操作如下：

(1) 打开需要添加旁白的项目文件，此文件中有视频需要加语音或是有小段素材因语音出错需要重新录制语音等情况。

(2) 将播放头定位到需要添加旁白的位置，在功能选项中选择"旁白"，打开旁白工具箱，如图 7-34 所示，可以进行"自动调平"(根据你的语音和环境设置录制级别)，选择是否需要"录制过程中静音时间轴"。可以在下方的文本区输入解说词，方便在录音时不忘词。

(3) 单击"开始录音"按钮开始录制，录音时要控制自己的语速，使其与视频效果相符。

(4) 录音结束后，单击"停止"按钮，此时会弹出"将旁白另存为"对话框，将录制的旁白保存为.m4a 的文件格式。如果对录音的效果不满意，还可以取消进行重新录制。

2．添加音效

在 Camtasia 中，添加"音效"选项包括去噪、音频压缩、淡入淡出和剪辑速度等，如图 7-35 所示。

1) 去噪

"去噪"即"降噪"，指降低噪声。在录制声音的时候，如果背景噪声比较大，比如

明显有"飒飒"的声音,可以用"去噪"处理声音的效果。具体操作如下:

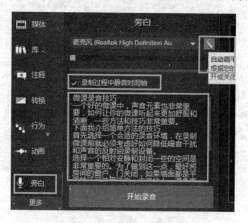

图 7-34　"旁白"工具箱

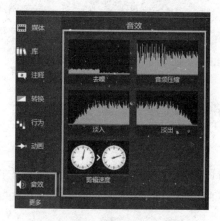

图 7-35　"音效"工具箱

选择"去噪"并拖曳到时间轴带声音的媒体素材上。在属性面板上可以看到"敏感度"和"数量"两个参数值,如图 7-36 所示。依据实际噪声的强弱,调整"敏感度"和"数量"两个参数值,单击"分析"按钮完成降噪。

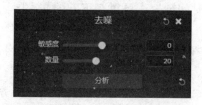

图 7-36　"去噪"属性面板

> **技巧**:录制声音时,尽量在没有噪声的环境下录制,降低物理噪声,或者选择噪声小的设备录制声音。对于录制出来的电流声,可以将"敏感度"参数值设置为20,"数量"设置为30降噪。

2)　音频压缩

可以在"音频压缩"属性面板中调节音量变化、比率、阈值和增益等,如图 7-37 所示。

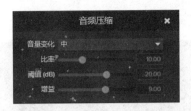

图 7-37 "音频压缩"属性面板

3) 淡入淡出

为了使微课开始和结尾的声音有过渡效果，避免声音进入和结束太突兀，可以选中轨道上需要过渡的音频部分，在"音效"选项的"淡入"或"淡出"工具上单击右键，选择"添加到所选媒体"命令或直接选择"淡入"或"淡出"工具拖拽至音频素材上。在时间轴上，通过拖拉音频调节点，可以更改淡入淡出的持续时间或音量大小，如图 7-38 所示。

图 7-38 淡入淡出效果图

技巧：将鼠标指针移动到绿色线上，指针变成白色的双向箭头，按住鼠标左键向上拖动双向箭头音量增大，向下拖动音量减小。

4) 剪辑速度

剪辑速度用来调节声音的播放速度。"剪辑速度"属性面板如图 7-39 所示，从中可以修改速度和持续时间的属性值。当视频素材中带有声音时，音视频的速度一起被修改。

图 7-39 "剪辑速度"属性面板

技巧：在制作微课时，需要将各种声音进行混合，如讲课的语音、背景音乐等。声音的混合主要是分清主次，不能让语音被背景音乐盖住，一般语音和背景音乐比例为 3∶1。

3．添加视觉效果

添加视觉效果可以增强微课的表现力和感染力，如阴影、边框、着色、颜色调整、移除颜色等，如图 7-40 所示。

阴影：将阴影拖曳到视频轨道上，在阴影功能的属性里有角度、颜色、偏移、不透明度、模糊、缓入缓出的时间等参数可以调整。

着色：若只需要对素材中的一小段视频进行着色，可以将着色的那一部分进行拆分，然后单独使用着色功能即可。对阴影、边框也可以进行分段设置。

设备帧：将素材的内容显示在相应的设备上，如桌面、手机等。

图 7-40　"视觉效果"工具箱

移除颜色：就是常说的"抠像"。微课制作中需要真人出镜的部分，可以在绿幕背景拍摄后，将绿色背景去除，根据微课内容添加其他背景效果。具体操作如下：

（1）将需要抠像的视频或图像素材拖拽到时间轴。

（2）单击"视觉效果"选项，将"移除颜色"拖曳到媒体素材上。

（3）在"移除颜色"属性面板中，单击颜色右边的色块，选择拾色器，在画布窗口中单击要移除的颜色，如图 7-41 所示。

（4）使用"移除颜色"属性面板可以调节容差、柔和度等参数，将背景去除。

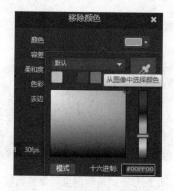

图 7-41　"移除颜色"属性面板

7.4.7　添加交互性

交互性是一种双向互动的性质，在线下教学中广泛存在，表现为教师与学生、学生与学生双向互动的过程。交互是信息化教育中必不可少的环节，在 Camtasia 中，可以通过"交互性"选项来实现。

1．添加测验

通过"交互性"选项可以添加测验，如图 7-42 所示，"将测验添加到"有两种形式，一种是时间线，另一种是所选媒体。具体操作如下。

图 7-42 "交互性"工具箱

1) "将测验添加到"时间线

(1) 将需要添加测验的素材拖曳到时间轴上。

(2) 将播放头移动到需要添加测验的位置，单击"时间线"，这样就把"测验 1"添加到了时间轴上。

(3) 选择"测验 1"，在属性面板进行"测验问题属性"的设置，如图 7-43 所示，其中测验问题类型有多项选择、填空、简答、真/假，可以选择是否显示反馈。

图 7-43 测验问题属性

(4) 在属性面板进行"测验选项"的设置，如图 7-44 所示。

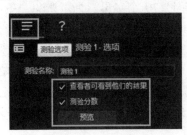

图 7-44 测验选项

(5) 选中时间轴上的"测验 1"，可以拖动改变位置。在没有测验的位置，鼠标指针会变为"+"，单击添加测验。

2) "将测验添加到"所选媒体

(1) 选择时间轴上的媒体素材。

(2) 将播放头移动到下一个需要添加测验的位置，单击"所选媒体"，这样就把"测验 2"添加到了媒体上。

(3) 属性面板的设置方法与"将测验添加到"时间线相同。

2．"将测验添加到"时间线和所选媒体的区别

"将测验添加到"时间线和所选媒体的区别具体如下。

(1) 在时间轴显示的位置是不相同的，如图 7-45 所示，"测验 1"为添加时间线的，"测验 2"为添加到所选媒体的。

图 7-45　测验显示的位置

(2) 添加到时间线的测验是在时间线的某一时刻，测验的位置不变；添加到所选媒体的测验和媒体素材是绑定的，随媒体素材的变化发生位置的变化。

提示： 在视频中添加测验后，自定义生成视频，在生成的文件夹中打开.html 格式的文件，可以进行测验。后缀名为 ".mp4" 的文件，打开后无法查看测验。

7.5　字幕的添加

1．微课添加字幕的注意事项

微课添加字幕的注意事项具体如下。

(1) 时间轴。时间轴力求精准，尽量使每一条字幕的时间段与语音时间段重合。

(2) 字数。双语字幕上行中文，下行英文。16∶9 的视频，一条中文字幕的字数一般不超过 26 个，一条英文字幕不超过 70 个字母。为了避免一条字幕太长导致分两行显示，必须将长句分成两条字幕处理。

(3) 符号。中文字幕中只有双引号、书名号和间隔号保留，其余的标点符号不要出现在中文字幕中，句中的停顿用两个半角的空格代替。英文中的标点符号不做修改，标点符号与下句之间必须有一个空格。

(4) 对话。对话显示在一条字幕中时，两人对话的字幕之间要加空格，并在每个人的语言前面加 "-"。

2．微课添加字幕的方法

给微课添加字幕可以使用 Camtasia 自带的 "CC 字幕" 选项，如图 7-46 所示，"脚本选项"用来导入或导出字幕文件，包括同步字幕、导入字幕、导出字幕和语音到文本。下面介绍使用"添加字幕""脚本选项"中的"同步字幕"和"语音到文本"添加字幕的三种方法。具体操作如下。

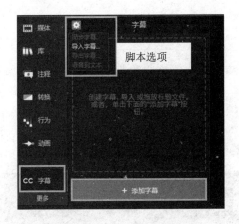

图 7-46　"字幕"工具箱

1)　添加字幕

(1)　将播放头移动到需要插入字幕的位置。

(2)　选择"字幕"选项，单击"添加字幕"，在右边的文本框中输入一条字幕内容，使用" a ▾ "更改字幕的字体属性，调节字幕的持续时间。

(3)　单击文本框下方的" ✚ "添加下一条字幕，直到字幕添加完成。

(4)　在添加字幕的轨道上，使用拖拉素材的方法边播放边调整，做到字幕和语音时间段重合。

2)　同步字幕

"添加字幕"适合少量加字幕的情况，当需要对整段视频添加字幕时，使用"同步字幕"可以提高编辑效果。

(1)　将播放头移动到需要插入字幕的位置，选择"字幕"选项，单击"添加字幕"，在右边的文本框中输入字幕内容，多条字幕之间用空格分开。

(2)　选择"脚本选项"下拉菜单中的"同步字幕"命令，弹出"如何同步字幕"对话框，如图 7-47 所示，单击"继续"按钮，开始视频播放。

图 7-47　"如何同步字幕"对话框

(3)　在"字幕工具箱"中根据视频的播放，单击每一条字幕的第一个字以创建一条新字幕；重复操作，直到完成。

(4)　单击"停止"按钮停止视频的播放。

(5)　在添加字幕的轨道上，使用拖拉素材的方法边播放边调整，做到字幕和语音时间段重合。

3) 语音到文本

使用"语音到文本"命令可以快速将单独录制的音频或语音和与画面同步录制的音频转换为文本，并逐条显示。通常需要对语音识别错误的地方再做修改。

(1) 将单独录制的音频或语音和与画面同步录制的视频导入轨道。

(2) 选择"脚本选项"下拉菜单中的"语音到文本"命令，弹出"语音到文本"对话框，如图7-48所示，单击"继续"按钮，弹出如图7-49所示的对话框。

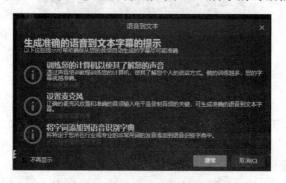

图7-48 "语音到文本"对话框

(3) 选择"整个时间轴"，将导入轨道上的所有音频转换为文本；选择"所选媒体"，将轨道上选中媒体的音频转换为文本。转换完成后文本逐条出现在"字幕工具箱"。

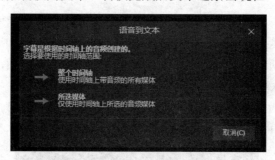

图7-49 语音添加选择对话框

(4) 逐条检查字幕，对文本识别错误的地方进行修改。

(5) 在添加字幕的轨道上，使用拖拉素材的方法边播放边调整，做到字幕和语音时间段重合。

提示：有些电脑的系统不支持语音识别功能，"语音到文本"会显示灰色状态，就不能使用这种方法添加字幕。

技巧：使用"语音到文本"命令添加字幕时，使用手机单独录制的音频相对于使用语音与画面同步录制的音频，识别率更高。

7.6　微课的输出

在 Camtasia 中保存项目，其类型为"Camtasia 项目(*.tscproj)"，编辑完成的项目需要进行分享才能使用。

单击"分享"菜单，如图 7-50 所示，有本地文件、YouTube、自定义生成、将选择生成为、将帧导出为、仅导出音频、导出字幕等多种输出方式。

图 7-50　"分享"菜单

下面以输出 MP4 格式文件为例，介绍微课的输出设置。具体操作如下：

(1) 打开完成编辑的项目文件，其中包含测验和字幕。

(2) 单击"分享"菜单，选择"自定义生成"中的"新自定义生成"命令，弹出"生成向导"对话框。

(3) 选择"MP4 – 智能播放器(HTML5)(S)"，单击"下一步"按钮，弹出如图 7-51 所示的对话框。

(4) 设置"控制器"选项，分两种方式输出。

方式一：不选中"控制器生成"，"选项"为灰色不可用，根据向导，完成后只输出 MP4 格式文件，播放 MP4 文件字幕能正常显示，不能生成 HTML 格式的文件。

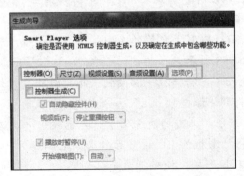

图 7-51　"生成向导"对话框

方式二：选中"控制器生成"，"选项"可用，如图 7-52 所示。选中"字幕"，并在"字幕类型"中选择"刻录式字幕"，根据向导，完成后输出的 MP4 文件有字幕；选中"测验"，会在输出 MP4 文件的同时输出 HTML 格式的文件，可以实现看视频的同时进行测验。

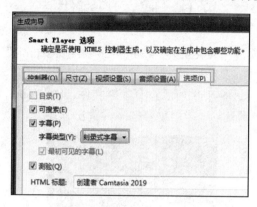

图 7-52 "选项"设置

操作类微课的制作

通过本案例学习使用图片、视频和音频等媒体素材制作一个完整的操作类微课，掌握使用 Camtasia 对准备好的素材进行编辑的整个流程。具体操作如下：

(1) 新建项目，从 E 盘"案例 7-6 操作类微课的制作"文件夹下将"素材 1.mp4""素材 2.png""讲课视频.trec""片尾.mp4"按顺序导入轨道 1。

(2) 选中"素材 1.mp4"，单击右键，选择添加剪辑速度命令，将剪辑速度设置为 1.50x，选中"讲课视频.trec"，开头多录的部分删除并去噪。

(3) 单击"转换"功能选项卡，选择循环拉伸转场效果，拖曳到"素材 1.mp4"和"素材 2.png"之间；选择页面滚动效果，拖曳到"素材 2.png"和"讲课视频.trec"之间；选择向右滑动，拖曳到"讲课视频.trec"和"片尾.mp4"之间。将播放头移到"素材 2.png"，添加缩放效果，如图 7-53 所示，缩放效果时间延长到时间轴 8 秒的位置。

(4) 选中"注释"，在"注释"工具箱中选择第二排第三个，将其拖曳到轨道 2，时间轴上位于"素材 2.png"缩放效果之后，拖拉标注和"素材 2.png"的结尾处对齐，并将文本内容改为主讲教师和姓名(可以写上自己的名字)，右侧属性面板轮廓颜色设置为白色，移动标注到合适位置，如图 7-53 所示。

(5) 选中"讲课视频.trec"，将播放头移动到鼠标指针从"开始"滑动到"录课"的位置，单击"拆分"工具，将"讲课视频.trec"一分为二，并在前后两部分之间添加"淡入淡出"转场效果。选中后一部分，单击功能选项卡"光标效果"，选择光标聚光灯拖曳到轨道，单击动画，拖动句柄将矩形框缩小。设置后效果如图 7-54 所示，移动播放头查看效果，发现光标聚光灯消失，平移矩形框，使光标聚光灯可见。

(6) 将 E 盘"案例 7-6 操作类微课的制作"文件夹下"背景音乐.wma"导入轨道 3 两次，选中音频素材，将背景音乐中的杂音删除。将播放头移动到时间轴 9 秒的位置，单击"拆分"工具，将第一次导入的音频一分为二，前一部分作为片头音乐，后一部分和第二次导入的音频作为讲课视频的背景音乐，调整音频文件长度，和轨道 1 素材时间保持一致。

图 7-53　素材 2.png 添加缩放效果

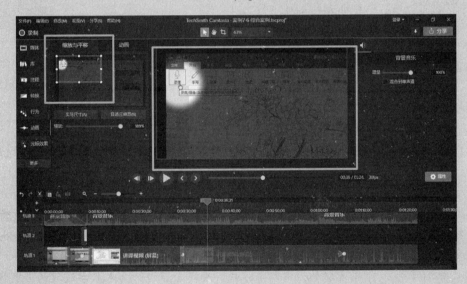

图 7-54　讲课视频.trec 添加光标效果和缩放动画

(7) 单击"音效"功能选项卡，在片头音乐的开始位置添加淡入效果，结束位置添加淡出效果，将播放头移动到时间轴 5 秒的位置并右击，在弹出的快捷菜单中选择"添加音频点"命令，拖动控制点将音量调到 300%左右，将讲课视频的背景音乐的音量调整到讲课视频音量的 25%。

(8) 保存项目文件。将文件保存到 E 盘"案例"文件夹，命名为"案例 7-6 操作类微课的制作.tscproj"，方便后期再编辑，导出"zip"文件，方便复制到其他电脑编辑。

(9) 将微课输出为".mp4"格式。

 实践训练

1. 实验目的

(1) 熟悉 Camtasia 的基本操作。

(2) 学会使用 Camtasia 的录制功能进行微课的录制。

(3) 学会素材的导入和剪辑，会为素材添加注释、转场、动画等操作。

(4) 学会为素材添加光标效果、音效和视觉效果。

(5) 学会为素材添加交互性设置和字幕。

(6) 学会微课的输出。

2. 实验环境

(1) 连接局域网的计算机。

(2) 64 位的 Windows 7 及以上的操作系统。

(3) Camtasia 2019 软件及相应的素材。

3. 实验内容

综合运用所学知识并结合自己的专业学科，制作一个完整的微课作品。

1) 确定微课选题

根据微课的特点确定主题，并做前期分析。

2) 确定设计方案

根据前期分析，确定设计方案，编写微课的教学设计，设定互动环节，确定界面设计风格等。

3) 准备素材

根据方案设计准备素材，如文本素材(解说词、字幕、注释文本等)、音频素材(背景音乐、音效、语音等)、图像素材和视频素材等，同时准备开发制作的软件，如 PowerPoint、Camtasia 等。

真人拍摄(可选)。根据选取的微课制作方式，确定是否进行真人教学过程的专业摄像，如需要真人与视频素材合成，最好在录幕布背景下拍摄。也可采用在真实环境的摄像，其内容为微课的一部分等。

4) 开发制作

(1) 制作 PPT 课件，PPT 课件的界面设计要求简洁、清晰、规范和美观。

(2) 打开 Camtasia 软件，新建项目，并设置项目属性。

(3) 使用 Camtasia 录制微课需要的视频素材，如课件的录制、操作过程的录制、系统声音的录制等。

(4) 导入准备好的素材，在时间轴进行剪辑并添加注释。

(5) 为时间轴上的素材添加转场和动画，如果需要鼠标指针的突出显示，还需添加光标效果。

(6) 为时间轴上的素材添加音效和视觉效果。

(7) 为了防止误操作，可将已编辑到此的项目文件保存，如文件名为"微课编辑"，并输出为 MP4 格式的文件。

(8) 新建项目，导入第(7)步输出的"微课编辑.MP4"文件，使用"库"中的素材或自己准备的素材为微课添加片头和片尾，并将片头、"微课编辑.MP4"和片尾拖曳到时间轴的相应位置。

(9) 为微课添加测验和字幕。

(10) 将此项目文件保存，如文件名为"微课编辑完成"，输出所需的文件格式。

5) 测试评价

将完成的微课在教学中应用，获取教学评价，总结反思，再对微课的设计方案进行调整。

(1) 微课的特点有哪些？

(2) 制作微课的基本流程是什么？

(3) 制作微课时有哪些注意事项？

(4) 你知道哪些微课制作软件？各有什么特点？

(1) 中国大学 MOOC.广西师范学院.微课设计与制作. https://www.icourse163.org/.

(2) Camtasia 中文官网. https://www.luping.net.cn/jiaoxue.html.

教育信息化的根本目的是促进教育的改革与发展。教育信息化发展一般会经历"起步""应用""融合""创新"四个典型阶段。我国教育信息化的"起步"与"应用"两个阶段已基本完成，正进入"融合"和"创新"的新阶段。人工智能、大数据、虚拟现实等技术的迅猛发展，改善了"教与学环境"、改变了"教与学方式"，并在此基础上促进了新型教学模式的出现，进一步实现了教育系统的结构性变革。

第8章 技术促进教育变革

本章学习目标

➢ 了解信息技术与教育教学融合的本质。
➢ 熟悉信息技术与课程融合的原则和途径。
➢ 了解未来的教育新模式。
➢ 掌握 1~2 个常见的信息技术支撑的课程与技术平台的使用方法。

8.1 信息技术与课程融合

"信息技术对教育发展具有革命性影响"的理念已得到教育界的共识，以教育信息化推动教育现代化也成为我国教育发展的重要战略。"革命性影响"的核心内涵是融合创新，其重要特征就是实现信息技术与教育的融合发展，这一理念在不少文件中得以体现：2012年颁布的《教育信息化十年发展规划(2011—2020)》文件首次提出信息技术与教育深度融合的概念，并指出"以信息化引领教育理念和教育模式的创新，充分发挥教育信息化在教育改革和发展中的支撑与引领作用"；2016年6月颁布的《教育信息化"十三五"规划》文件中进一步提出，要"深化信息技术与教育教学的融合发展，强化教育信息化对教学改革，尤其是课程改革的服务与支撑"；2017年1月颁布的《国家教育事业发展"十三五"规划》文件也提出，要"全力推动信息技术与教育教学深度融合，利用信息技术提升教学水平、创新教学模式"的目标。可见，深化信息技术与教育的融合发展是现阶段我国教育信息化发展的目标。

8.1.1 信息技术与课程融合的含义和特征

1. 信息技术与教育融合的发展进程

教育信息化是一个动态的历史进程，是信息技术与教育教学不断融合发展的过程。信息技术与教育的融合经历了"起步""应用""整合"和"创新"四个阶段。信息技术与当代教育融合是一场全面、深刻的创新变革，不仅革新了传统教育模式，而且营造了全新学习环境。

1) "起步"阶段

在"起步"阶段，信息技术与教育教学融合的特点是以教师为中心，信息技术只是作为一种辅助工具协助教师课堂教学，信息技术并没有在学校的教育教学和管理中得以广泛接受和使用。例如基本的计算机知识、办公软件操作、电子邮件使用等加入到教学内容中，教师在课堂教学中使用 PPT 演示文稿，教育管理软件开始在学校初步应用等。

2) "应用"阶段

在"应用"阶段，信息技术与教育教学融合主要体现在教育教学和教学管理普遍使用信息技术来提升教学质量和提高管理效率，教师开始注重在引入信息技术的过程中改变教学方法，教育主管部门和学校开始采用信息技术来支持教师培训和专业发展。在这一阶段，教师体验到信息技术应用于教学的优势，但是此时却面临着信息基础设施和资源难以满足需求的障碍。这一阶段，学校虽然具备了基础设施条件，但因缺乏足够的优质资源，使得信息技术在教育中的应用面临"有路无车、有车无货"的尴尬境地。

3) "整合"阶段

在"整合"阶段，信息技术与教育教学融合主要体现在促进教师的专业能力发展和基于信息化环境的教学方法创新上。在这一阶段，教师充分整合信息技术与课堂教学，组织和开展"以学生为主体"的学习活动，通过积极的引导和辅助，充分发挥学生的自主性和积极性，提升学习效果；同时，利用信息化教学及管理平台，开展基于互联网的教学和教研工作，管理自身的学习过程，提升教师自身信息技术应用能力。信息技术已经被深度引入教学过程，采用信息技术开展基于项目的协作学习和网络协同教研，已经成为越来越多学生和教师的选择，在促进教师专业能力发展中发挥了较大作用。

4) "创新"阶段

在"创新"阶段，信息技术全面融入教育教学，主要体现在信息技术开始改变教学模式。在此阶段，学生成为学习活动的中心，教学活动和教学内容的组织都是围绕着促进学生的学来进行，同时各级教育主管部门和学校的管理效率，不再是由信息技术的处理能力所决定，而更多取决于其内部管理结构和事务处理流程等方面。在我国，虽然信息技术对教育的影响已经受到普遍的关注，但因为各种因素的影响，绝大部分地区和学校离这一阶段还有较大的差距，技术与教学"两张皮"的情况还比较普遍，信息技术与教育教学的融合发展依然任重道远。

信息技术与教育教学的融合涉及多个领域，如教学研究、教育治理、管理服务、学校教育等。在众多领域，学校教育是最根本的应用领域，而学校教育中，课程教学是主阵地，因此，推进信息技术与课程的深度融合显得尤为重要。

2. 信息技术与课程融合的含义

信息技术与课程融合，是将信息技术有机地融合在各学科教学过程中，使信息技术与学科课程结构、课程内容、课程资源以及课程实施等融合为一体，成为与课程内容和课程实施高度和谐自然的有机部分，以便更好地完成课程目标，并提高学生的信息获取、分析、加工、交流、创新、利用的能力，培养协作意识和能力，促使学生掌握在信息社会中的思维方法和解决问题的能力。信息技术与课程融合不是简单的结合、混合，而是融入课程的有机整体中去，成为其有机整体的一部分，并由此引发课程的变革，是信息技术主动的适应过程。

要准确理解信息技术与课程融合的含义，需要对"融合"和"整合"加以区分。在汉语词典中，整合是指通过整顿、协调，重新组合；融合是指相互结合、融为一体的意思。因此，在教学系统中，信息技术与课程的融合比整合更深入、更复杂，它不是将信息技术作为外在的工具、手段，而是作为课程教学的一个不可分割的内在要素。

信息技术与课程整合强调的是把作为教育之外客体的信息技术与作为主体的教育相整合，鼓励教师在课堂教学中，使用信息技术支持老师的教和学生的学。信息技术与课程融合则涉及"信息技术"与"课程"两个系统相互融合、不断适应的过程，是将信息技术融入课程的各个要素，重点是利用信息技术支持课堂教学方法、模式的变革，此时的信息技术已经成为课程的核心要素之一，核心内涵是课程及教学的结构性变革，最终实现构建以学为主的教与学方式、注重学生分析综合创造等高阶思维能力培养的目标。

3. 信息技术与课程融合的特征

虽然融合是二者相互关系、相互作用的过程，但也存在一个立足点的问题。课程是融合的立足点，这决定了信息技术与课程融合的教育属性和培养人的目标。因此，在课程教学中，根据课程的目标及属性来实施融合是必须坚持的实践取向。信息技术与课程融合的特征，主要体现在以下几个方面。

1) 目标多层次

融合的目标不仅仅体现在教学方式、教学模式的改变上，还涉及学生发展目标的更新。从教学层面看，融合的目的不是简单地将信息技术与课程教学相叠加，而是超越了传统信息技术教育应用的朴素应用观，旨在实现"教师主导—学生主体".的双主体教学结构。从学生发展层面看，融合的目的是要培养适应信息化时代的人。改变教学方式、教学结构只是信息技术与课程融合的外在教育形态，信息技术与课程融合的最终目的是指向人的发展，是对"21世纪/未来社会需要怎样的人"的呼应，是从传统知识型人才培养转向创新型人才培养这一目标上来。

2) 要素多元化

融合不仅仅是将信息技术融入课堂教学，还涉及信息技术与更多要素和环节的关联和多向互动。一般来说，信息技术与课程的融合需要重点关注课程理念、教学模式和方法、课程内容与资源、教师能力、实施环境、课程评价等多个要素。

3) 过程动态化

由于课程本身的复杂性以及信息技术的不断发展，因此其融合过程也不是一蹴而就的，而是一个复杂的、长期的、动态的过程。在这个不断深化和发展的动态过程中，不存在普遍适应、一成不变的模式，也无法用严格的量化标准来衡量。

总之，信息技术与课程的融合是我国教育信息化发展的战略要求和必然趋势，其核心内涵是实现课程与教学的结构性变革。

8.1.2 信息技术与课程融合的原则

信息技术与课程融合的关键是融合，融合不是简单地混合，也不是以一个对象为主、另一个对象为辅，是两者自然地融为一体的状态。信息技术与课程融合，首先是硬件建设，包括信息化设备、设施和环境的建设；其次是软件建设，包括支持教学的软件、课程与教材等建设；还有一个重要的内容是融合理论和方法的建设，包括在一定教育理论的支持下，选择合适的信息技术与课程进行融合。尽管在不同的信息化教学中，信息技术应用的方式、信息技术的价值体现各不相同，但是在应用过程中依然有一些需要遵循的基本原则。

1. 运用合适的理论指导融合实践

现代学习理论为信息技术与课程融合奠定了坚实的理论基础。在教学和学习的层面上，每一种理论都具有其特定的适应性。行为主义对需要机械地记忆知识，或具有操练和训练教学目标的学习，有其合理的成分；认知主义学习理论的指导作用，主要体现在激发学生的学习兴趣，控制和维持学生的学习动机；建构主义学习理论则提倡给学生提供建构理解知识所需要的环境和广阔的建构空间，让学生自主地、发现式地学习。相比较而言，建构主义学习理论比较适合于不良结构领域的学习，而对于中小学生来说，他们正处在知识积累和思维发展阶段，其认知结构还比较简单，自主学习能力还没有得到很好的培养，对于这个年龄阶段的学生来说，教师的指导、传授及人格魅力的影响，有着不可替代性。因此，在信息技术与课程融合过程中，应该兼顾各种理论的合理成分，根据教学对象、教学内容及教学媒体等多种变量，灵活地运用理论并指导实践。

2. 根据教学对象选择融合策略

人类的思维类型可按抽象思维、具体思维、有序思维和随机思维进行组合，不同思维类型人的学习成效，与他们所选择的学习环境和学习方法有关。在长期的教学实践中，人们发现，有的学生不能主动地对接收到的信息进行加工，喜欢有人际交流的学习环境，需要明确的指导和讲授；而有的学生在认知活动中，更愿意独立学习、个人钻研，更适应结构松散的教学方法或个别化的自主学习环境。因此，信息技术与课程的融合应该根据不同的教学对象，实施多样化、多元化和多层次的融合策略。例如，如果教小学生"hippopotamus"这个单词，对于视觉学习者，可以使用网络图片资源大量呈现河马图片，让其很快就能领会 hippopotamus 的意思和生活方式；对于听觉学习者可能更喜欢听上一段描述河马的故事或介绍，这样他就能全面了解河马，包括它的发音，可以采用多种感官参与的融合策略；还有学习者可能更习惯把单词学习过程变成玩一场电子游戏，他们在游玩中学得更快，可以采用寓教于乐、情境激励等策略；还有学习者可能更适合采取合作学习、自主探究学习的策略。

3. 根据学科特点选择教学模式

每个学科有其特有的知识结构和学科特点，对学生的要求也不尽相同。如语言教学的一个任务是培养学生运用语言的能力，训练学生在各种不同的场合下，用正确的语言，流利地表达自己的思想，很好地与别人交流。数学属于逻辑经验学科，主要由概念、公式、定理、法则以及它们的应用问题组成，数学教学的重点应放在开发学生的认知潜能，可以通过给学生创设认知环境，让他们经历由具体思维到抽象思维，再由抽象思维到具体思维的思维过程，完成对数学知识的建构。而物理和化学是与人们生产、生活密切相关的学科，应注意学生的观察能力、解决问题的能力和实验动手能力的培养等。对那些需要观察自然现象或事物变化过程的知识，形象和直观的讲解有助于学生理解和记忆，但对培养学生操作能力来说，如果用计算机的模拟实验全部代替学生亲手实验，则违背了学科的特点，背离了培养动手能力的学科教学目标。因此，对于不同的学科，信息技术与课程融合的教学模式也应不同。

4．优化媒体组合提升融合效果

信息技术包括多媒体、网络等多种技术，是一种综合技术，既有简单的交互式电子白板，又有较为复杂的智慧教学系统等。在融合的过程中，除注意媒体和技术的优化组合外，还要考虑适宜性和经济性原则。

在课堂教学中，要避免不恰当使用信息技术的现象，如技术应用不符合学生认知特征、不适合学习内容、不适合学习目标、不具备客观条件等。适宜性原则是指信息技术的选择类型、应用方式、应用时间均符合认知规律、学习内容、学习目标、学科特点、具体情境等，能够真正提高教学效果、效率或效益，从而促进学生的素质发展。因为任何媒体的使用都需要一定的成本，在教学中选用信息技术的过程还需要注意经济性原则。美国传播学专家施拉姆根据经济学的"最省力原理"提出了"施拉姆公式"，媒体选择概率(P)＝媒体的功效(V)/媒体的代价(C)。其中 V 主要是指教学媒体促进教学目标达成的功能和效率，包括创设教学情境、激发学习动机、拓展思维视角、唤醒已有经验、清晰呈现内容、直观显示过程、高效阐释原理、提高学习体验等；C 主要指使用媒体所需要花费的人力成本、时间成本和经济成本。依据"施拉姆公式"，选择教学媒体时要考虑成本、效能的关系。

8.1.3 信息技术与课程融合的途径

近年来，信息技术与课程融合取得了长足的发展，"三通两平台"工程的建设取得了显著的成效，信息化教学环境得到了大幅的改善，信息化教学资源和技术工具不断丰富，这为信息技术与课程的融合提供了多种可供选择的方案；国家实施《全国中小学教师信息技术应用能力提升工程》和《中小学教师信息技术应用能力标准》，中小学教师的理念和能力有了快速的提高。

信息技术与课程的融合是一个系统化工程，实现信息技术与课程融合，要从宏观与微观层面整体进行。宏观层面主要涉及健全管理体制、完善政策环境、优化基础设施、严格过程管理以及灵活培训方式等，是实现融合的有效途径；微观层面主要包括创建丰富的数字化教学资源，形成多元的混合教学模式等。具体介绍如下。

1．加强规划引领，健全管理体制机制

信息技术与课程融合，并非单纯的技术与课程的关系，而是一个系统工程，应从学校、专业、课程等多个层面通盘考虑，包括机构、政策、环境、评价、培训、人才培养方案、课程体系设置、教学设计、教学模式、数字化资源与虚拟仿真等多个方面进行整体规划和

系统设计。

2. 优化基础设施，加强软硬件环境建设

现代教育技术软件与硬件环境的建设是信息技术与课程融合的前提。硬件环境是进行信息技术与课程融合的基础，软件应用是信息技术与课程融合的核心。没有硬件环境支撑，没有好的软件资源，信息技术与课程融合的有效实施也无从谈起。如今大到国家部门，小到各地政府和教育主管部门，都非常重视软硬件环境建设，积极探索与推进基于移动终端、物联网、云计算和大数据等新一代信息技术和人工智能的智慧学习空间建设。

3. 加强教师培训，提高教师信息素养

信息技术与课程融合，对教师的信息技术应用能力有着较高的要求，它不仅要求教师能熟练掌握各种多媒体资源，还要利用信息技术促进学生自主学习、提升认知、激发学生学习兴趣等，为学生提供和创建主动探索、多重交互、合作交流、资源共享等学习环境，让学生的创新思维与实践能力在融合过程中得到锻炼和提升。

通过教师培训，让教师以客观、积极的态度对待课程融合，形成课程融合的正确观念，提高自身的信息素养，掌握信息技术与课程融合教学的设计方法和步骤，实现教学内容和方法的新颖性、趣味性、研究性等，将课程融合的理念贯穿于教学之中，使课堂教学达到最优化。

4. 建设数字化教学资源，形成多元混合教学模式

信息技术与课程融合，在充分发挥学科特色的基础上，根据不同学科的特点使用信息技术来创建信息化教学环境，开发数字化教学资源。信息技术创建的信息化教学环境与数字化教学资源促进了教学模式的变革与创新，形成了多元的混合式教学模式，如线上线下混合式教学模式、翻转课堂教学模式和基于数据决策的课堂教学模式等。

8.2　信息技术促进教学模式创新

8.2.1　人工智能与适应性教学

人工智能技术的发展撬动了经济与社会的发展，引起各行各业的广泛重视。各国政府纷纷将发展人工智能作为重要的国家战略，如我国 2017 年发布了《新一代人工智能发展规划纲要》、欧盟 2018 年发布了《欧盟人工智能行动计划》、美国 2019 年签署了《美国人工智能倡议》，等等。各国政府和机构的资金、人力投入不断增大，吸引着越来越多的顶尖学者、科研团队加入人工智能的研究工作，涌现出大量的成果，深刻地改变着人们生产生活的方方面面。麦肯锡全球研究院的报告指出，到 2030 年，25%～30%的现有工作中近七成的任务有被人工智能代替的可能。随着人工智能的发展和全民学习、终身学习的理念越来越被广泛地认可，学校原来整齐划一的教学范式受到挑战，个性化学习的需求不断增长，未来的教育，在教学模式、师生关系、学校治理等方面将塑造出教育发展的新面貌，其中，自适应技术在教学中的应用，为构建高效的个性化教学和学习模式提供了有力的支撑。

1．人工智能概述

1) 人工智能的定义

人工智能(Artificial Intelligence，AI)是一门研究运用计算机模拟和延伸人脑功能的综合性学科。1956 年夏，以麦卡锡、明斯基、罗切斯特和申农等为首的一批有远见卓识的年轻科学家在一起聚会，共同研究和探讨用机器模拟智能的一系列有关问题，并首次提出了"人工智能"这一术语。计算机出现后，人类开始真正有了一个可以模拟人类思维的工具。1997年 5 月，IBM 公司研制的深蓝(deep blue)计算机战胜了国际象棋大师卡斯帕洛夫(Kasparov)，人类注意到，计算机在一些地方开始帮助人进行原来只属于人类的工作，计算机以它的高速和准确为人类发挥着它的作用。

人工智能的一个比较流行的定义，是由约翰·麦卡锡(John McCarthy)在 1956 年的达特矛斯会议(Dartmouth conference)上提出的：人工智能就是要让机器的行为看起来就像是人所表现出的智能行为一样。此后出现了其他一些定义，总体来讲，对人工智能的定义大多可划分为四类，即机器"像人一样思考""像人一样行动""理性地思考"和"理性地行动"。这里"行动"可广义地理解为采取行动，或制定行动的决策，而不仅是肢体动作。

2) 人工智能的发展

人工智能往往涉及对人的智能本身的研究，其他关于动物或其他人造系统的智能也普遍被认为是人工智能研究领域。人工智能在计算机上实现时有两种不同的方式。一种是采用传统的编程技术，使系统呈现智能的效果，而不考虑所用方法是否与人或动物机体所用的方法相同，这种方法叫工程学方法(engineering approach)，它已在一些领域做出了成果，如文字识别、电脑下棋等。另一种是模拟法(modeling approach)，它不仅要看效果，还要求实现方法也和人类或生物机体所用的方法相同或相类似，遗传算法(generic algorithm，GA)和人工神经网络(artificial neural network，ANN)均属于模拟法。遗传算法模拟人类或生物的遗传-进化机制，人工神经网络则是模拟人类或动物大脑中神经细胞的活动方式。

几十年来，人们从问题求解、逻辑推理与定理证明、自然语言理解、博弈、自动程序设计、专家系统以及机器学习等多个角度展开了人工智能研究，建立了一些具有不同智能程度的人工智能系统。例如人机对弈方面，Garry Kasparov 在 1996 年 2 月 10—17 日，以4∶2 战胜"深蓝"，于 1997 年 5 月 3—11 日，以 2.5∶3.5 输于改进后的"深蓝"。2016年 3 月 9—15 日，Alpha Go 以 4∶1 战胜李世石；2016 年 12 月 31 日至 2017 年 1 月 4 日，Alpha Go 化名 Master，在弈城网和野狐网两大对弈网站横扫中日韩高手，取得 60 连胜；2017 年 5 月 23—27 日，Alpha Go 在乌镇 3∶0 完胜柯洁。

2．人工智能教学应用研究

人工智能在教育教学中的应用越来越受到重视，一方面大量基于 AI 的教育教学工具开始在不同的场景中得到应用，如智能导学系统、智能代理、自动化测评系统、教育游戏等在教学中进行了大量实践，并逐步被教育者和学习者接纳；另一方面研究者也开始对其在教学过程中引发的变革进行积极探讨，包括人工智能对教师职业的再造、人工智能教师在未来教育教学中代替人类所承担的角色、智能时代的教师工具、人工智能时代教师角色与思维的转变等方面。人工智能在可预见的未来并不会完全替代教师，但未来将会是教师与人工智能协作共存的教育新生态。当前，人工智能教学应用研究领域已经形成了两个互相促进的目标，即开发基于 AI 的工具以支持学习，并利用这些工具帮助理解学习的本质。

1) 替代教师重复劳动的研究

人工智能替代教师，可以将教师从低效重复的教学工作中解放出来，从而提升教学效率和教育质量，如智能测评、批改作业、自动答疑等重复性体力劳动。人工智能助教系统作为教学工具来部分扮演教师的角色，没有改变教学本身的结构，属于"替代"，但正在重塑学习者的学习体验，实现优质教育资源共享。

(1) 基于机器学习算法和预测模型，替代教师进行文本测评。

以人类教师的评价标准为基准，借助计算机程序自动对文本内容进行评价，相比传统的人工评价，具有客观性、效率高、能减轻教师工作量。如有研究者通过建立语言特征编码框架和预测模型，实现文本智能测评，在保持高精确度的同时，可以大幅度减少教师的工作量。

(2) 分析学习本质与教学规律，构建智能导学系统。

智能导学系统(intelligence teaching system，ITS)自 20 世纪 70 年代起就受到教育界的广泛关注。随着人工智能技术的进步，智能导学系统的功能在不断完善。当前智能导学系统的构建与应用，形成了以下四个研究主题：开发支架式写作指导系统，提升学习者写作水平；提供多样化智能导学方式，开展学习指导与监控；基于学习者个体特征，支持差异化学习；利用数据驱动方法，为学习者提供个性化提示。

2) 赋能教师的研究

人工智能赋能教师是在人机协同背景下，利用人工智能提供的学习障碍诊断与及时反馈、问题解决能力测评、心理素质测评与改进、元认知支持等功能，为学习者设计个性化学习路径，创设沉浸式体验学习场景，提供智能代理，推送学习资源等，并帮助教师精准了解学习进度、学习效果等，从而进行教学决策。人工智能赋能教师实现了教学功能上的扩增，提升了学业成就与学习动机，凸显了个性化培养优势。

3. 人工智能与适应性教学的结合

多元智能理论认为，人的认识方式和思维是多元的，每个人在多元智能的基础上，都可以有一种或者多种优势智能，这就导致了每个人的智能结构不同，也就是所谓的个性发展。发展不同的智能需要采用与之相适应的教学方法和教学风格。进化教育心理学认为个人的发展不仅受其所处的社会文化环境的影响，也离不开生物遗传的基础，突出学习者的个体差异性。这种差异性表现在智力因素和非智力因素两个方面，如情感、态度、动机、注意力、认知以及学习潜能。学习者的这种个体差异也就决定了不同的学习者即便在同一年龄层也会有不同的能力水平，需要采用不同的学习方式和教学方式。建构主义理论认为学生的知识是通过自己与外部环境的相互作用和联系而逐步建构起来的，这个建构过程是建立在学生原有知识经验以及心理特征的基础上的，不同的学生原有知识经验和心理特征是不一样的，所以建构主义提倡以学习者为中心的个性化学习。

未来随着人工智能技术的结构深化和进化，构建的适应学生个性化学习的场景和自适应学习平台也会越来越丰富。基于此，教师应该具备基本的人工智能知识、人机协同思维、数据思维、人工智能教学应用能力等，构建人工智能教育应用素养框架。在人工智能知识层面，掌握人工智能素养能力的基础知识内容；在人工智能教学应用能力层面，明晰开展人机协同所具备的基本能力；在伦理和安全层面，分析人工智能应用过程中应当具备的道德规范、安全意识和应用边界等。作为师范生的我们，要着力提升教师的人工智能教育应用素养，为开展适应性教学储备知识。

8.2.2 大数据与精准教学

《教育信息化"十三五"规划》指出，"依托网络空间逐步实现对学生日常学习情况的大数据采集和分析，优化教学模式"，"培养教师利用信息技术开展学情分析与个性化教学的能力"。结合学生实际的数据资源库，利用大数据和其他信息技术手段，助力教师探索高效课堂，精准把握学情、精准制定教学目标、精准选择教学内容、精准确定教学方法、精准评估学生的学习结果、精准运用对学生的评估结果进行精准教学，并通过精准教学真正实现学生个性化成长。

1. 大数据

全球知名的麦肯锡咨询机构在其研究报告中指出，数据已经渗透到每一个行业和业务职能部门，逐渐成为重要的生产因素，认为大数据(big data)具有海量的数据规模、快速的数据流转、多样的数据类型和价值密度低四大特征。典型的大数据，来自基于互联网的应用系统，它们在运营中积累了大量的用户网络行为数据。大数据并不在于"大"，其最终价值在于利用，对于国民经济中的很多行业而言，如何利用这些大数据并发挥其作用，已经成为赢得竞争的关键，而技术则是大数据价值体现的手段与前进的动力。大数据目前广泛应用于社会大众的公共服务，如精准营销和搜索引擎，网络购物平台可以通过其搜索交易数据来分析用户行为，从而向用户推送能满足其潜在需求的产品；搜索引擎随着用户的使用而不断进化，使用的用户越多，获取结构化和非结构化数据也越多，搜索引擎也将越优化，优化之后，用户自然也就更多，使用更便捷高效。通过大数据进行智能导航也被我们广泛使用。与其他领域的大数据相比，教育大数据的技术的发展，如学习行为采集技术、学情分析技术和个性化推荐技术，推动了精准教学的转向。

2. 精准教学

斯金纳认为，课堂的有效性如何，最佳的检测指标就是学生的行为本身，因为学习是一种反应概率上的变化，学生对知识技能掌握的准确率越高、速度越快，就说明其学习表现的质量越佳。精准教学(precision teaching)最初由美国学者奥格登·林斯利(Ogden Lindsley)于 20 世纪 60 年代依据斯金纳的行为主义理论提出，他认为精准教学是根据标准变图表(standard celeration charts，SCC)上显示的持续性自我监控表现频率的变化，而做出的教育决策。精准教学中的最大精准在于教学评价，而衡量教学是否达到目标、学生是否真正掌握知识或技能，关键在于检测学生学习的行为过程及其反应。

精准教学起初面向小学教育，旨在通过设计测量过程来追踪小学生的学习表现并提供数据决策支持，以便"将科学放在学生和教师的手中"；后来，精准教学发展为用于评估任意给定的教学方法有效性的框架，逐渐在特殊教育领域、普通小学课堂、初高中数学与语文阅读教学中取得了成功。然而，由于技术的缺失及行为主义理论的局限，精准教学的发展逐步受限，甚至一度受到冷落。信息技术的快速发展尤其是大数据技术，让精准教学再次受到重视。

3．大数据与精准教学的结合

数据是实现精准教学的基础，各类教育信息化系统能够实时采集学生学习过程的各种行为数据，如行为发生的时间、行为发生的方式等，并借助大数据技术工具对学习行为的过程与结果进行跟踪、记录、数据挖掘与分析等，从而诊断学生学习风格、学业与心理状况，辨识学习需求等，做到教师对学情的全面了解，便于决策。大数据时代的精准教学较之于早先的精准教学，呈现新的发展趋势。

1）理论新发展

随着学习科学的诞生与逐步成熟，精准教学不断融合活动理论、情境学习理论及人本主义理论，以适应在大数据时代的发展。活动理论包含主体、客体、工具、共同体、规则和分工等诸要素，它们相互联系、相互作用，使整个精准教学活动的生态系统趋于平衡。其中，主体是教师和学生，教师是活动任务的设计者，学生则是任务的实践者；精准教学目标、个性化学习任务是客体，强调关注人本与个性；大数据智能教育系统、各种教学资源平台是支撑主体作用于客体的工具，最终实现因材施教；线上的专家系统、智能导师等虚拟角色和线下的学习小组构成了共同体，为教与学提供帮助；教学过程中教师与学生、学生与学生、教师与活动、学生与活动、教师与环境、学生与环境等交互的规则构成了一系列规则，保证了精准教学活动的运行；系统自动采集和智能分析数据减轻了教师的负担，让教师有更多精力开展教学，提升教学活力，人机协同分工，是精准教学的特色所在。

精准教学体现在精准把握学情、精准制定课堂教学目标、精准设计教学活动、精准评估学生的学习结果以及精准运用学生的评估结果等方面。其中，精准设计教学活动是让学生在社会化、网络化的活动情境中与实践共同体一起学习知识、生成知识甚至创造知识，在该活动情境中，个体与情境的交互全部被大数据智能教育系统记录，以此精准分析学生行为产生的原因、内在认知特点，使评估精准、科学；精准运用学生的评估结果是学习矫正或强化的体现，通过推送自适应的学习资源供学生自主学习是评估结果运用的主要途径之一。

人本主义理论提倡情感与认知相统一，学习是个体有意义的学习，以学生为中心，学生的全面发展是学习活动的中心，关注学生贯穿于精准教学的课前、课中和课后全过程。课前，教师基于学生对基础知识的掌握情况、熟练度等数据，设计差异化的教学目标；课中，进行学习问题的分析和学习效果的测评，结合所得结果决定个别辅导、集中练习等指导方式；课后，推送个性化的学习资源以强化练习，实现课后知识的内化与巩固。课前、课中及课后的个性化设计以学生为本位，认可差异，理性教学，从而实现有意义学习。凭借先进的大数据技术使得全过程的学习行为数据有了被全面记录的可能，数据背后反映的是学生情感与认知活动相统一的变化历程，进而提供具有针对性的干预措施。

2）方法新变化

(1) 单一维度数据分析转向多维度数据分析。传统精准教学采集的数据主要包括学习行为发生的频次、行为结果的正确率与错误率，大数据环境下精准教学采集的数据不仅有课堂学习表现、网络学习活动参与、移动学习状态监测等学习行为数据，还有个人特征、学习情感、学习表情等学习心理和生理数据，数据的分析维度由单一走向多维。传统精准教学采集的数据以"单位时间内学习行为发生的次数来衡量表现"作为分析维度，囿于单一的数据来源，分析结果易"以偏概全"；大数据精准教学从师生行为、师生情感、教学评价等多维角度观察与分析数据，全面、真实地反映问题，使教学决策更具科学性。

(2) 可直接测量转向可测量。传统精准教学受技术与方法的影响，只关注可直接测量的显性行为，如大声朗读、做数学题、练习写字等，无法对学生的内在、隐性行为进行观察与测量，难以真实全面揭示学习状况。大数据环境下可采集学生的内隐、外显行为数据，如学生情感数据、学生情绪数据、学生问答数据、学生练习数据等，这些基于内隐、外显行为的可测量的行为数据，为差异化教学的开展和学生个性化路径的推荐提供了支撑。

(3) 结果性评价转向过程性评价。传统精准教学注重以行为结果的好坏、优劣、正误等评价每一位学生，大数据环境下的数据流，贯穿于课前、课中、课后全过程，能够对学习行为的全过程数据进行动态采集，借助大数据智能教育系统进行实时分析、诊断、评价与反馈，形成基于行为数据的过程性评价，重构形成性评价体系。该过程性评价不仅关注行为过程本身，还关注产生该行为的认知过程和认知特点，是一种"双过程"性评价。

(4) 标准变速图表转向智能分析工具。传统精准教学使用的标准变速图表，横、纵坐标与刻度涵盖了行为频次的信息记录项，简洁直观，但所能呈现的信息量小，只能反映单位时间内行为发生的频次，同时，还要依靠人工手动记录数据，数据采集不便、数据处理效率低。基于大数据的学情分析工具，集数据统计、数据处理、数据挖掘、数据分析等技术于一体，它能自动生成与记录数据，有效减少人工投入，智能处理数据，提高处理效率，根据学习内容的不同，从多维角度智能呈现相关可视化数据图表，生成班级学情分析报告、特色个人成长报告等，助力精准教学的实施。

3) 教学新要求

大数据时代精准教学通过分析学生基本信息数据、学生学习行为数据等教育教学过程中产生的数据，刻画学生特征和学生行为，提高教学效果，促进教与学。从精准化教的视角出发，需要从融合课前、课中、课后三个教学环节进行考虑，将学生的学习行为、教师的教学行为，以及大数据的技术支持全部纳入该环节，厘清每一个教学环节中教与学之间的关系，重点关注教学行为的变化，依托大数据技术辅助教师的教学设计、课堂讲授和问题诊断等。从个性化学习的视角出发，需要从融合学习资源、学习过程、同伴互动、学习环境四个维度去考虑，通过资源、人力、数据、技术、环境等方面的支持，以学生为本，形成数据生成—数据分析—数据决策的个性化学习闭环数据流，支持因材施教。

面对教育大数据环境，对于中小学教师尤其是师范生，需要改变教学观念，提升自己的信息素养水平，认识利用数据驱动教学的重要性，学习教育大数据、统计学等相关知识，借助教育大数据平台，看懂基于大数据技术的学情工具的各项数据指标、基于学情分析的数据可视化图表，能够依据所需指标创建新的数据图表，依托数据预测学生发展等，提升自身能力，实现自我发展，适应大数据时代发展的需要。

8.2.3 虚拟现实与情境教学

1. 虚拟现实技术概述

虚拟现实(virtual reality，VR)技术也被称为"沉浸式多媒体"或"计算机模拟现实"，是计算机图形学、人机接口技术、传感器技术以及人工智能技术等交叉与综合的结果，使人机界面从以视觉感知为主发展到包括视觉、听觉、触觉、力觉、嗅觉和动觉等多种感觉通道感知。它致力于突破二维显示，实现各种机制的三维显示；突破键盘鼠标的传统输入方式，实现手、眼、动作协调的人景自然交互；突破固定屏幕显示，实现眼镜式自由观看；突破时空局限，使体验者沉浸在历史或未来、宏观或微观的逼真虚拟环境中。VR 技术会对人类社会和生产生活产生重大影响，是包括教育在内的各行业发展的新的信息支撑平台。

2．虚拟现实的教学应用研究

VR 技术可以为教育教学情景设计、展示和实施教学提供全新的平台和手段，拓展并深化教育信息化的维度和内容。

1)　VR 技术在阅读中的应用研究

在教育领域里最早运用增强现实技术的案例是毕灵·赫斯特制作的魔法书(Magic Book)。它根据书本内容制作成 3D 场景和动画，并且利用一个特殊的眼镜就能让儿童看到虚实相结合的场景。研究者以寓言故事为载体，通过阅读来完成故事设定的挑战性任务，对儿童的学习行为进行观测和分析，而后他们又根据数据反馈，设计了针对七岁儿童阅读的 VR 书，主要分析儿童是如何将真实世界的知识技能与 VR 环境建立起有意义的联系的。研究得出，VR 交互与真实世界的交互基本一致，而这种新奇的显示效果使得儿童的阅读兴趣大大提升。

2)　VR 技术在理科教学的应用研究

弗吉尼亚理工大学的研究人员研究了 VR 技术在力学教学中的应用，它利用一个为电脑游戏所开发的物理引擎，来实时模拟在力学领域的物理实验，学生可以积极主动地在一个三维虚拟世界中创建自己的实验并研究它们。在实验前、中和结束后，该系统提供了多样化的工具，用以分析目标物体的受力、质量、运动路径等物理量。结果表明，基于 VR 的软件教学可调动学生积极性，促使其注意力更加集中。

3．虚拟现实与情境教学的结合

虚拟现实技术能够提供丰富的感知线索以及多通道(如听觉、视觉、触觉等)的反馈，帮助学习者将虚拟情境的所学迁移到真实生活中，满足情境学习的需要。虚拟现实能解决教学内容和知识的可视化，增强学习的沉浸感，增加师生、生生及学生与环境之间的交互，给情境教学带了新的变化。

1)　发展了具身认知理论

情景学习理论认为知识是学习者在一定情境中主动建构的，强调学习者与情境之间交互作用。情境学习理论强调学习者自身参与，即具身认知，也被称为身体性认知，它是在皮亚杰认知理论、加涅信息加工理论以及维果斯基社会文化观等理论的基础上，用于解释人类通过身体与外界交互所获得认知的新理论。具身认知是基于身体的，也是根植于环境的。技术支持的具身学习环境，不仅需要通过技术的设计来扩展学习者的知觉体验，还需要通过设计相应的情境交互、感知—行动的反馈来促进学习者逐渐达到相应的学习目标。技术作为学习者与学习环境互动的工具中介，在降低学习者认知负荷、提高学习环境的适应性、调节人与环境的双向建构与互利共生等方面发挥着越来越关键的作用。

2) 迎接 V-Learning 的到来

虚拟现实与情景教学的结合，催生了 V-Learning 时代的到来。V-Learning 是基于虚拟现实及可视化技术的新型教育教学模式，通过情境创设，使教师、学习者和参与者投入可感知的逼真的学习环境，如微观世界的分子、原子运动，人体三维器官及组织、循环系统，太空、太阳系，重大历史事件的场景等，在合理的认知负荷下，提升学生学习动机、投入度和学习绩效。基于 VR 技术可以进行可交互的实验教学和技能训练，特别是危险性高的一些实验操作，如某些物理电磁实验、激光实验、易燃易爆化学物质合成实验、高空作业，或现实生活中不可能真实开展的实验，如体验相对论世界和黑洞等，大幅度提高学习的体验，强化"具身学习"，加速知识的建构。

目前，在实验教学改革进程中，国家大力推进的虚拟仿真实验教学项目，利用网络开展虚拟交互实验的方式，降低对实体实验室的依赖，解决了许多因现实条件、资源不均衡等导致的实验教学问题。此外，VR/AR(增强现实)图书的出现，将传统纸质图书内容动态地、立体化地呈现给读者，形成对传统阅读方式的颠覆，提升了图书的阅读沉浸感和理解效果。

随着 VR 技术和 AI(人工智能)技术的不断发展与相互渗透，VR 交互的智能化和 VR 对象及内容生产的智能化、自动化也在不断增强。VR 技术与 AI 技术的这种融合，适用于分布式虚拟仿真条件下的教育场景应用，可以实现虚拟课堂、虚拟实验、虚拟培训场景中的智能化交互，促进高阶的探究式、自适应学习和情境教学，将对未来教育产生深刻影响。

8.3 信息技术支持的课程与技术平台

新兴技术的快速发展，尤其是大数据、人工智能、虚拟现实技术等快速渗透教育行业，对教育发展产生影响。利用这些新兴技术，构建智能教育系统平台，通过大数据分析，促进对学习过程的理解，并对学习及其发生的环境和生态进行优化，最大限度地将优质师资资源和典型学生学习经验进行分享，给学习者提供更有效的学习支持，给教师提供便捷高效的学习评价诊断平台，给管理者提供更高效的决策和管理支撑。

2020 年初的新型冠状病毒疫情肆虐全球，令许多国家的学校无法正常开学，学生无法正常上课，停课停学致使学生的学业受到冲击，信息技术支持的课程和技术平台在全球疫情的危急时刻发挥了作用。以中国的大学为例，根据教育部吴岩司长在 2020 年 4 月 10 日的在线教学国际平台课程建设工作视频会上的报告显示，以爱课程、学堂在线、智慧树、超星尔雅、好大学在线等 37 家在线课程和技术平台为主，加上 110 余家社会和高校平台主动参与，面向全国高校开放了 4.1 万门慕课和虚拟仿真实验等课程资源，全国高校基本实现了在线开学。报告还显示，这些课程和技术平台在该次疫情中，改变了教师的教，95 万教师采用慕课授课、直播授课、录播授课、研讨授课和教室授课等多种线上教学模式；改变了学生的学，通过 1291 门国家精品在线开放课程、401 门国家虚拟仿真实验课程、4.1 万门各类在线课程，覆盖了本科 12 个学科门类、专科高职 18 个专业大类，参与在线学习人次达到 11.8 亿；改变了学校的管，高校能够利用信息化手段开展线上课堂教学质量监控工作，对线上教学状况及质量进行评价，包括线上教学状况整体评价、课程教学质量具体评价。

通过教育部高等学校教学指导委员会、全国高等学校教学研究中心(高教社)和教育部在线教育研究中心(清华大学)三个平行课题研究组，对海量的各专业、各地区、各高校在线教学质量检测分析报告的研究显示，在线教学的教师开课率、教学满意度、学生到课率、学习满意度、师生互动率和管理有效度等六大指标均有亮点，充分说明这些课程与技术平台，在课程建设、在线教学、在线学习、学习认证与评价、数据服务、网络信息安全保障等方面，起到了好的效果，使得在线教学与面对面的传统课堂教学质量实质等效不仅可以做到，而且一些关键重要指标上还可以做得更好更有效。

8.3.1　促进优质教育资源的开放共享

　　教育资源是指教育系统中支持整个教育过程达到一定的教育目的，实现一定的教育和教学功能的各种资源，是教育系统的基本构成要素，通常包括教师资源、课程资源和物质资源。推动优质教育资源的开放和共享，有利于推进信息技术与教育教学的全面融合。

1. 促进教师资源的开放共享

　　信息化促进优质教育资源开放共享，除了通常意义上的优质数字化课程资源的开放共享之外，还涉及作为优质资源的核心要素——教师资源的开放共享，包括教师的教育思想、教学理念、教学经验等。信息技术支持的课程与技术平台，通过打造精品优质课程、提供教师同步课堂、在线辅导等，促进了高水平教师资源的开放共享。如中国大学 MOOC，是由高等教育出版社与网易公司牵头，联合北京大学、南京大学等 613 所高校共同参与建设的精品课程资源共享的平台，上线课程涵盖教育学、法学、心理学、经济学、艺术设计、医药卫生等多个门类，汇集了大量的名校名师、丰富的教学体验。类似这样的平台，还有清华大学牵头创建的学堂在线、上海交通大学牵头创建的好大学在线、深圳大学牵头全国地方高校创建的优课联盟等。这些信息技术支持的课程与技术平台，提供了优质的教师资源和灵活的学习方式，支持来自不同学校地域、不同学历、不同年龄、不同职业的学习者一起学习、一起讨论交流，悄然改变了传统的封闭学习方式，促进了优质教师资源的开放共享。

2. 促进平台间的资源共享

　　信息技术支持的课程与技术平台，为优质教育资源的建设、传输和使用提供更简便、更快捷的平台和工具，大大丰富了优质教育资源的共享形态。比如，由清华大学和学堂在线共同推出的雨课堂教学平台，通过与学堂在线平台的互联，教师可直接将学堂在线平台上的课程资源，方便地通过雨课堂教学平台应用于自己的课程教学，进一步拓展了学堂在线资源的应用空间。雨课堂可以嵌入微软公司的 PPT，实现线上、线下教学资源的便捷发布，学生通过雨课堂的微信公众号，可利用手机端方便共享教师发布的资源。又如，由新世纪超星公司推出的泛雅平台，与超星图书库的互联，实现了超星图书库资源的开放共享，而且学生在泛雅平台上可直接翻阅查看，不用跳转到超星图书库系统，实现了课程知识点的扩展阅读功能，将知识点进行关联、聚类和扩展，促进课程知识点的深层次理解和应用。

3. 提供便捷的资源再编辑功能

　　信息技术支持的课程与技术平台，提供了便捷的资源再编辑功能。雨课堂支持共享的视频资源，视频插入前可预览、视频插入后播放可控制。超星泛雅平台提供的示范教学包，可供教师快速构建在线课程的教学资源，若其中有不满足实际的教学需要的，教师可方便地在课程资源体系中进行删除或添加。这些便捷的编辑操作，使优质教育资源与实际教学的需要相融合，提高了教师的主动应用的意识和意愿，推动了优质资源的开放共享朝着更深入的方向发展。

8.3.2 促进线上教学的有效互动

1. 互动的作用

互动是指在特定的教学情境下，教师、学生与学习环境相互影响与作用，而追求自身发展的过程。有效的学习是通过互动来实现的，互动是学与教的过程属性，互动的质量直接决定着学与教的效果。线上教学的互动，包含学生—学习资源的交互、学生—教师的互动和学生—学生之间的互动，传统的线上学习过程中，由于时间和空间距离的存在，导致学习临场感的缺失。

2. 信息技术促进学生学习临场感的建立

信息技术支持的课程与技术平台，通过技术手段创设了答题、小组讨论、群聊、弹幕、测验等多种形式的互动，实现了教师、学生和学习资源系统之间跨越时空的多元、智能和深度交互，这种多元互动，让学生能感知到自己被教师、同伴所关注和关心，有一种课堂归属感，促进学生学习临场感的建立，可以有效减轻学生在线学习过程中的孤独和焦虑，形成积极的学习体验和线上学习的持久动力。

雨课堂通过签到、答题、弹幕、投稿和讨论等诸多方式的互动，吸引学生的广泛参与。比如，随机点名方式的答题互动，答题正确率、已提交的学生人数等答题情况，在答题结束即刻就呈现在学生眼前，学生在看到自己参与答题的结果时，心中的那份学习临场感就建立起来了，相比较传统课堂中的答题互动，这种形式的答题互动，轻松活泼，学生的参与度高。再如弹幕互动，是用户观看视频时参与的评论被同步呈现在屏幕上，随视频一起播放的互动形式，原本是用于增加用户观看视频的互动体验。雨课堂将其应用于在线学习中，学生针对教师提出的话题或者问题进行回答，所有回答内容会在大屏幕上以无记名的方式横向滚动显示。因为在大屏幕上不显示回答人的姓名，学生参与的积极性高，活跃了线上学习的课堂氛围。

超星平台通过抢答、选人、分组任务、群聊、测验、投票、主题讨论等诸多形式的互动活动，同样吸引学生的广泛参与。如分组任务互动，学生基于教师设计的某一任务开展，它以组内成员个体学习为前提、组内共同学习为核心，利用任务驱动、问题解决等方式，相互帮助相互学习，共同完成学习任务，在这种完成学习任务的相互交往中，发展认知、提升学习情感、产生了积极的同伴关系；再如群聊互动，可以让每一位学生自由分享观点和看法，分享的每一条信息都可以被其他同学浏览、复制、转发，大家在彼此分享知识和看法的过程中，提出疑问、发表观点以及回答解释，实现知识的深加工，提高了学生学习知识的效果和效率。

8.3.3 促进组卷的智能化

智能组卷是计算机技术与教育测量理论相结合的产物，它运用了人工智能技术、集中了教育专家的知识，通过从题库中自动选择测试题，生成符合知识点分布、难度、区分度等要求的考试试卷。

智能组卷的功能一般由智能组卷系统完成。智能组卷系统以试题库为根基，试题库由满足特定格式规范要求的题目组成，这些格式规范包括试题属性、试题的结构构成等。试题属性包括试题类型、所属章节、难易度、考查的知识点等，它与组卷过程中的选题参数是相对应的；试题的结构构成是指题干、选项、答案、题型、分值、解析等构成试题的部分。各种技术平台提供的组卷模板，一般都有关于这些格式规范的详细说明。信息技术支持课程与技术平台的智能组卷系统，往往具有组卷、智能发放试卷、回收试卷、智能阅卷和智能统计成绩等功能。

雨课堂的智能组卷系统，可以支持教师将以 Word 版本形式拟定好的试卷，批量导入组卷系统，然后再抽取生成试卷。它还能按照设定的考试开始和结束时间以及考试对象，自动完成试卷发放和回收，能根据试题答案智能批阅学生提交的试卷，并将统计成绩即时反馈给学生和教师。超星平台的智能组卷系统，支持在相同参数设置条件下，生成多份试卷。题库可由任课教师自己建设完成，题型有单选题、多选题、填空题、判断题等客观题，还有简答题、论述题、排序题、阅读题、完形填空题等主观题。超星平台的智能组卷系统，还允许学生在限定的考试时间段内参加多次考试，取最高分计为本次考试的成绩，并且多次考试的试卷不相同，以保证考试的公平有效。

8.3.4 促进学习评价的深度应用

学习评价是依据教学目标对教学过程及结果进行价值判断，并为教学决策服务的活动。学习评价是基于证据的评价，具有诊断、导向和激励作用，这个证据必须是基于学习事实的，是确凿的。信息技术支持的学习评价，将信息技术嵌入学习全过程，评价的证据是伴随学生学习的全过程产生的，具有"注重过程、更加精准、及时反馈"等特点，促进了技术环境下学习评价的深度应用。

1. 促进学习起点分析的应用

学习起点分析即课前的学情分析，主要是教师了解学生的性格特点和认知风格、学习态度、学生能力倾向、认知程度等学习背景方面的情况。传统的教学中，由于缺少"量身定制"式学习起点的分析，教师不清楚学生到底需要哪些知识、喜欢哪些类型的知识，这些复杂的学情使教师难以把握设计的教学内容、教学策略是否满足学生的学习需要。信息技术支持的课程与教学平台，支持学生课前预习，并将学生预习活动中客观而真实的数据记录下来，支持教师开展学习起点的分析活动。

雨课堂通过课件页面的标记和语音留言功能，支持学生预习中可在课件页面上添加"不懂"标记，或者通过语音方式直接给教师留言，教师查看这些标记或语音留言，能够清楚学生懂哪些知识点、不懂哪些知识点，哪些知识点略讲、哪些知识点需要重点讲。同时，雨课堂还记录学生预习时长、答题与否、答题对错、视频观看次数等相关学习行为的数据，便于教师掌握学生的预习进度和学习效果，从而明确教学的重点和难点，优化教学目标、教学内容和教学方式，以精准的教学实现教学目标。

2. 促进面向过程评价的应用

面向过程评价是将学生作为发展的主体，关注学生在真实环境中的学习过程，以此判断学习者学习状况的一种过程性评价。传统的面向过程评价，由于缺乏技术环境支持，数据采集通常是根据评价目的有针对性地抽样，且大多是在非自然状态下进行，充满随机性又掺杂人为干预，难以真实全面反映学生的学习行为。信息技术支持的课程和技术平台，能够在师生自然教学活动情况下，精细化记录与采集在线学习中每位学习者的学习行为特征数据，如学习交互、学习进度、学习时间和频率、学习轨迹、情感表现、任务用时等各种数据。

超星平台的统计功能，记载了学习访问量、完成任务点、章节测验、参与讨论、课堂互动、学生签到、观看视频的时长和频次等学习过程中的数据，能再现真实环境中学习者的学习过程，如图 8-1 所示，其中任务点是教师设定的学习任务，它与学生完成相应的学习任务，获得相应学分关联；课堂互动则是通过学习者与同伴的互动、与教师的互动数据，以及参与抢答、投票、评分、直播等的次数，来反映学习者课堂的参与态度，从而可推断学习者是否对知识点感兴趣。超星平台中 PBL 教学，采用小组合作形式开展基于问题解决的学习活动，平台不仅有小组成员组间评价和组内评价，还有自评功能，通过记录学习过程中每位学生使用的资料次数和与小组成员共享资料的次数、参与讨论和发起讨论的次数、给予组员的评价、问题解决的情况等数据，可以真实评价学习者在参加 PBL 学习过程中的学习态度和项目完成的质量。

图 8-1　超星平台的班级统计

3. 促进学习反馈的应用

学习反馈是对学习评价结果的信息传递，是自我调节学习的关键环节，能有效促进学习者建构知识体系、改进认知策略，进而提高学习效果和效率。

在传统教学环境中，一方面教师往往凭借教学经验，根据学生的表情判断学生对知识的掌握情况，反馈效果难以测量；同时针对作业、练习和测试的反馈带有较大的延迟性，难以提供及时的反馈信息；再者反馈的参与面较窄，教师难以同时对多个学生提供反馈，难以面向全体学生。

信息技术支持的课程与技术平台，通过收集和统计学习过程的数据，能相对准确客观地评价学生；通过收集学习者留下的学习痕迹，如资源浏览、参与讨论、在线时间、测验成绩等，可以为其提供即时反馈信息；是面向真实的教学过程和学习过程的，每一个教学环节或学习过程都会产生数据，真正实现信息反馈全面化和常态化。

雨课堂能记录学生到课人数、学习课件人数、答题正确率、弹幕的发起者及内容、教师随机点名的次数以及被点到的学生信息、课堂教学中教师截取的课件页面分享给学生的次数等多维数据，雨课堂在学生完成活动后，能将这些信息反馈给教师和学生，且是用饼状图、条状图或列表形式等可视化方式呈现。超星平台记载了学生签到、查看通知、任务点完成、视频资源浏览、讨论互动、作业完成、章节测量、在线考试等多维数据，学生完成相应活动后，超星平台也通过饼形图、折线图或表格形式等可视化方式即时呈现反馈信息给教师和学生。这些即时、客观、全面而又直观的反馈信息，让教师能及时知晓教学的全过程，清楚学生的学习表现、对知识点掌握的情况，思考教学的重难点是否突破、答题正确率如何提高等问题，反思教学中哪些方面做得较好，哪些地方还有待改进。同时，这些即时、客观、全面而又直观的反馈信息，会帮助学生了解学习进度以及掌握程度，会让学生思考自己的努力程度以及与学习目标之间的差距，从而努力缩小这种差距，实现自我成长。

实践训练

1. 实验目的

(1) 熟悉超星平台的基本功能。

(2) 学会在超星平台上创建课程和添加资源。

(3) 学会利用超星平台进行在线教学。

(4) 学会在超星平台上智能组卷并发布考试。

(5) 学会查看统计并导出数据。

2. 实验环境

(1) 能连接 Internet 的计算机。

(2) 装有学习通 App 的手机。

(3) 建课所需要的素材资源。

3. 实验内容

根据自己的专业选择一门课程，选取其中一节为例，以教师身份，在超星平台上完成建课、上课、组卷、查看统计并导出数据等操作。

超星在线教学分为手机端和电脑端，手机端是学习通 App，电脑端是网页版的网络教学平台 http://i.mooc.chaoxing.com/ 。手机端和电脑端是完全打通的，内容同步。

1) 建课

(1) 在超星平台创建一门课程，并为该课程添加其中一章的章节目录，对章节名称进行编辑。(电脑端、手机端均可)

在学习通 App 中点击"新建课程"后，可以根据提示使用"示范教学包"，检索与自己课程相关的 MOOC 资源，可直接引用。

(2) 进入课程，在"资料"中添加"课程资料"，完成其中一节的内容资源。(电脑端、手机端均可)

"课程资料"的来源包括本地上传、云盘资源、添加网址、在线图书、在线视频、收藏的专题等，资料的类型包括文本、图形/图像、声音、视频、动画、课件、微课等。资源自动同步到云盘。

可以将与本门课程相关的资源均放入"资料"中，方便教师教学过程中随时调用或转发。

(3) 在"资料"中添加"题库"。(电脑端)

题库可以直接添加，适合于题量比较少的情况；也可以"批量导入"，适合于题量比较多的情况。"批量导入"包括快速导入、模板导入和智能导入，其中快速导入和模板导入均需要下载模板，在模板上完成后导入；智能导入可以智能识别在 Word 文档中编辑的题目。

在添加题目时，要确定题目所在的章节和题目的难易程度，以方便智能组卷。

(4) 为对应的章节添加学生可见的学习内容。(电脑端)

在课程的"首页"中，选择添加内容的章节，在"编辑"中按顺序添加学习内容，内容来源包括本地上传、电脑同步云盘、资源库等。电脑同步云盘和资源库的区别是一个教师可以创建多门课程，电脑同步云盘中的内容包括该教师创建的多门课程的资源，资源库只有本门课程的资源。

设置章节资源发放方式，如公开发放或定时发放等。

(5) 创建班级。(电脑端、手机端均可)

创建班级后，生成相应班级二维码和邀请码，邀请 6～10 位同学使用扫码或输入邀请码的方式加入班级。

2) 上课(手机端)

(1) 直播。

利用学习通 App 进入课程和班级，打开"活动库"，选择"直播"上课。"直播"是提供视频形式的在线教学，能将教师的画面和声音同步传给学生。

直播结束时选择回看的方式。如果选择了不允许回看，内容是不保存的，如果选择了允许回看，直播内容进行保存。

(2) 同步课堂。

利用学习通 App 进入课程和班级，打开"活动库"，选择"同步课堂"上课。"同步课堂"提供"PPT+语音"形式的在线教学，能将教师讲解 PPT 的画面和声音同步传递给学生。PPT"教案"的来源包括从云盘选择、电脑上传和教学资源库。

(3) 速课。

利用学习通 App 进入课程，在"教案"中打开 PPT 进行速课录制。"速课"是老师利用学习通 App 通过讲解 PPT 迅速生成的一个微课(PPT+语音)，可以发给学生，也可以编辑到课程章节内容中定时发放。

进入课程和班级，打开"活动库"，组织 1～2 种互动教学活动。活动主要包括签到、投票、抢答、测验、问卷、讨论、评分等。

　　3)　组卷并发布考试(电脑端)

　　(1)　在课程的"考试"中选择"新建"试卷，可以手动创建试卷，也可自动随机组卷。这里使用前面完成的"题库"，练习自动随机组卷。

　　(2)　组卷完成后，试卷自动保存到"资料"中的"试卷库"。选择试卷，单击"发布"，进行班级、发放时间、考试限时等的发布设置，在"高级设置"中设置是否允许重考、题目和选项是否乱序等选项，设置完成后，发布考试。

　　4)　查看统计并导出数据

　　(1)　在手机端查看课程统计。在学习通 App 中，查看"统计"中的课堂报告、学情统计和成绩统计。

　　(2)　在电脑端查看课程统计并导出数据。在课程的"统计"中查看班级统计、资源统计、课程报告和课程统计。在"班级统计"中，包括任务点统计、学生管理、讨论、学习访问量、成绩管理、章节测验、考试统计等方面的全部数据，使用"一键导出"功能，导出所有的数据。

　　5)　练习

　　练习使用超星平台的通知、作业、PBL 等功能。

　　(1)　简述信息技术与课程融合的一般原则。

　　(2)　归纳信息技术支持的课程与技术平台的一般特点。

　　(3)　简要叙述智能化组卷系统的构成要素和功能。

　　(4)　人工智能在教育中的应用有哪些？请列举说明。

　　(5)　请列举 2~3 个虚拟现实技术在教育中的应用案例。

　　(1)　阿里云学院. https://edu.aliyun.com/academy/VirtualAcademy.

　　(2)　人民教育出版社电子教材. http://www.pep.com.cn/.

　　(3)　学堂在线. https://next.xuetangx.com/.

参 考 文 献

[1]雷朝滋. 教育信息化：从 1.0 走向 2.0——新时代我国教育信息化发展的走向与思路[J]. 华东师范大学学报(教育科学版)，2018，36(01)：98-103+164.

[2]雷朝滋. 发展"互联网+教育" 推进教育深层次、系统性变革[N]. 人民政协报，2020-01-08(010) .

[3]信息化教学环境. https://wenku.baidu.com/view/21d75c55f78a6529647d538f.html.

[4]程少良. 基于 VR 技术的实时交互式虚拟教室关键技术研究[J]. 电脑知识与技术，2019，15(27)：213-214.

[5]赵沁平. 虚拟现实综述[J]. 中国科学(F 辑：信息科学)，2009，39(01)：2-46.

[6]杨燕婷，赵沁平. 虚拟现实在教育和培训领域的应用[J]. 中国教育网络，2018(6)：24-25.

[7]赵沁平. 从虚拟现实技术管窥新兴工科人才培养[J]. 中国大学教学，2019(09)：7-9.

[8]中小学 VR 教育解决方案. https://www.gkk.cn/k12.html#first.

[9]马秀麟. 信息化时代教师的专业发展[J]. 教育学报，2018，14(04)：65.

[10]钟苇笛. 教育信息化背景下中小学教师专业发展提升策略[J]，中国电化教育，2017(9)：125-129.

[11]赵建华，姚鹏阁. 信息化环境下教师专业发展的现状与前景[J]. 中国电化教育，2016(04)：95-105.

[12]余胜泉. 人工智能教师的未来角色[J]. 开放教育研究，2018，24(01)：16-28.

[13]中国大学 MOOC. 河南大学. 现代教育技术应用. https://www.icourse163.org/.

[14]中国大学 MOOC. 广州大学. 思维导图的教学应用. https://www.icourse163.org.

[15]刘和海. 符号学视角下的图像语言研究[D]. 南京：南京师范大学，2017.

[16]刘子欢. PS 图形图像处理技术教学中应用项目教学法的实践[J]. 无线互联科技，2020.

[17]曾涛. PS 图形图像处理软件中蒙版技术的运用[J]. 电子技术与软件工程，2020.

[18]李桂春. 计算机图形与图像的区别与联系[J]. 科技资讯，2016.

[19]余妹兰，王利元. 数字媒体中的图形及图像相关性[J]. 新媒体研究，2016.

[20]樊红娟. 技能教育下关于 PS 教学的思考[J]. 计算机时代，2018.

[21]陆玲，何月顺，李祥，王蕾. 基于案例的数字图像处理教学方法改革[J]. 教育教学论坛，2020.

[22]任家友. 音视频在小学思品与社会课堂教学中的应用研究[J]. 科学教育前沿，2018(12).

[23]历菊青. 在教学中如何有效运用音视频资源[J]. 考试周刊，2018，000(071)：12.

[24]杨端阳. 电脑音乐家——Adobe Audition CS6 音频录制/精修/特效/后期制作 268 例[M]. 北京：清华大学出版社，2013.

[25]Roy Thompson. 剪辑的语法[M]. 北京：世界图书出版公司北京公司，2014.

[26]常征，倪宝童. Flash CC 2015 动画设计标准教程[M]. 北京：清华大学出版社，2017.

[27]姜东洋. Flash CS6 动画设计与制作基础教程[M]. 北京：机械工业出版社，2017.

[28]中国大学 MOOC. 南宁师范大学. 教学动画制作与实践. https://www.icourse163.org/.

[29]中国大学 MOOC. 广西师范学院. 微课设计与制作. https://www.icourse163.org/.

[30]中国大学 MOOC. 浙江师范大学. 微课与混合式教学设计. https://www.icourse163.org/.

[31]爱剪辑官网. http://www.aijianji.com/.

[32]张文兰，胡娇. 信息技术与课程深度融合的现实困境与路径选择——兼论基于课程重构的项目式学习模式[J]. 教育信息技术，2018(Z1)：4-7.

[33]杨宗凯，杨浩，吴砥. 论信息技术与当代教育的深度融合[J]. 教育研究，2014，35(03)：88-95.

[34]黄志红. 信息技术与英语教学有效融合的基本原则与案例剖析[J]. 中小学数字化教学, 2018(01)：13-16.

[35]丁继红. 深度学习中的学习者认知网络和动机策略分析——旨向深度学习的U型翻转教学效果研究[J]. 远程教育杂志, 2019, 37(06)：32-40.

[36]张倩, 刘清堂, 张文霄, 吴林静, 张妮. 课堂师生互动视域下教师行为特征分析与策略研究——基于Leary模型[J]. 现代远距离教育, 2019(03)：30-37.

[37]王洋, 刘清堂, 张文超, David Stein. 数据驱动下的在线学习状态分析模型及应用研究[J]. 远程教育杂志, 2019, 37(02)：74-80.

[38]张长蛟. 基于教学数据分析的学习预警系统的设计与实现[D]. 济南：山东师范大学, 2018.

[39]董欢. 网络环境下PBL的教学辅导策略及其行动研究[D]. 重庆：西南大学, 2008.

[40]李巧红. 自适应学习技术及其应用效果[J]. 教育与装备研究, 2019, 35(12)：72-77.

[41]郭炯, 荣乾, 郝建江. 国外人工智能教学应用研究综述[J/OL]. 电化教育研究, 2020(02)：1-9[2020-01-19]. https://doi.org/10.13811/j.cnki.eer.2020.02.013.

[42]付达杰, 唐琳. 基于大数据的精准教学模式探究[J]. 现代教育技术, 2017, 27(07)：12-18.

[43]张剑平. 现代教育技术：第4版[M]. 北京：高等教育出版社, 2017.

[44]郭利明, 杨现民, 张瑶. 大数据时代精准教学的新发展与价值取向分析[J]. 电化教育研究, 2019, 40(10)：76-81+88.

[45]黄奕宁. 虚拟现实(VR)教育应用研究综述[J]. 中国教育信息化, 2018(01)：11-16.

[46]叶新东, 仇星月, 封文静. 基于虚拟现实技术的语言学习生态模型研究[J]. 电化教育研究, 2019, 40(02)：105-112+128.

[47]沈阳, 逯行, 曾海军. 虚拟现实：教育技术发展的新篇章——访中国工程院院士赵沁平教授[J]. 电化教育研究, 2020, 41(01)：5-9.

[48]范文翔, 赵瑞斌. 数字学习环境新进展：混合现实学习环境的兴起与应用[J]. 电化教育研究, 2019, 40(10)：40-46+60.

[49]郑旭东, 王美倩, 饶景阳. 论具身学习及其设计：基于具身认知的视角[J]. 电化教育研究, 2019, 40(01)：25-32.

[50]沈夏林, 张际平, 王勋. 虚拟现实情感机制：身体图式增强情绪唤醒度[J]. 中国电化教育, 2019(12)：8-15.

[51]杨宗凯, 吴砥, 郑旭东. 教育信息化2.0：新时代信息技术变革教育的关键历史跃迁[J]. 教育研究, 2018, 39(04)：16-22.

[52]任友群, 万昆, 赵健. 推进教育信息化2.0需要处理好十个关系[J]. 现代远程教育研究, 2018(06)：3-11.

[53]杨宗凯, 吴砥, 陈敏. 新兴技术助力教育生态重构[J]. 中国电化教育, 2019(02)：1-5.

[54]钟绍春. 人工智能支持智慧学习的方向与途径[J]. 中国电化教育, 2019(07)：8-13.

[55]钟丽霞, 胡钦太, 胡小勇, 张华阳, 张彦. 在线课程资源动态生成与应用的影响因素研究[J]. 现代教育技术, 2019, 29(06)：83-89.

[56]张进良, 魏立鹏, 刘斌. 智能化环境中基于学习分析的学习行为优化研究[J]. 远程教育杂志, 2020, 38(02)：69-79.

[57]王冬青, 韩后, 邱美玲, 凌海燕, 刘欢. 基于智慧课堂动态生成性数据的交互可视化分析机制研究[J]. 电化教育研究, 2019, 40(05)：90-97.

[58]王小根, 单必英. 基于动态学习数据流的"伴随式评价"框架设计[J]. 电化教育研究, 2020, 41(02)：60-67.